“十二五”国家重点图书出版规划项目

社会学文库 SOCIOLOGICAL LIBRARY 主编 郑杭生

当代中国的阶层结构分析

李路路 秦广强 等 / 著

An Analysis of Class Structure in Modern China

中国人民大学出版社
·北京·

总　序

现在，文库不少，社会学文库也有几个。在这样的情况下，接受中国人民大学出版社的委托，主持一套社会学文库，就不得不追问自己：这套文库只是单纯在数量上增加一个文库而已，还是应该在质量上力求有自己的某些特点？这就是本套文库不可避免要面对的定位问题。经过考虑，本套文库的定位至少涉及如下四个方面：

第一，它是一套研究性的文库。就是说进入本套文库的著作，必须是研究性、探索性的。研究性、探索性的必备要素是与某种新的东西联系在一起的，即有某种创新性，因此，它们不同于一般资料性的、介绍性的、编译性的作品。这并不是说后者不重要，而是说，因为类别不同，后者应该有自己的出版渠道。

社会学研究无疑涉及诸多方面，有理论研究和经验研究，定性研究和定量研究；有对现实社会现象的研究，又有对社会学本身的研究，等等。本文库欢迎一切真正有研究价值的著作；同时，根据社会学国际化与本土化相结合的要求，根据本国的国情，把重点放在如下几个方面：

——对转型中的中国社会的认识有所深化的研究著作。

——对有中国特色的社会学理论有所贡献的研究著作。

——对世界社会学的新发展和走向有所把握的研究著作。

第二，它是一套精品性的文库。就是说，在研究性的著作中，我们更看重精品之作。所谓精品，在内容上至少要符合下述几条中的一条或同时具有：一是能够从社会学的视角对人们普遍关心的社会热点和焦点问题作出有说服力的分析，公认有真知灼见，经得起时间和历史的考验。二是能够对实现“增促社会进步，减缩社会代价”的社会学深层理念有所贡献。三是对社会学的学科建设和理论创新有所推动。四是对中国社会学的国际化和本土化有所促进。而在形式上，要有与内容相匹配的叙述形式，要有较好的可读性，力求深入浅出，尽可能雅俗共赏，为大家所喜闻乐见。

第三，它是一套使社会学界新生力量脱颖而出的文库。就是说，通过研究性的精品之作，使那些在社会学界没有什么知名度，或知名度不高的“无名小卒”、新生力量、后起之秀程度不同地提高知名度，把他们实实在在地介绍给学界和社会，使他们尽快成为学界名人，在这个意义上，本文库也许能够成为培养社会学人才的有效渠道之一。众所周知，没有或缺少新生力量的学科和学界，是没有什么希望的。这当然在任何意义上都不是说可以忽视现在的学界名人，他们是我们最重要的依靠力量，他们负有提携后进的重任。我们真诚希望现有的学界名人和即将脱颖而出的学界名人，共同使本文库成为名副其实的名人文库，在学界和社会上发挥更大的作用。

第四，它是一套供不同学派观点争鸣的文库。一个没有不同学派争鸣的学界，不能说是成熟的。我在社会学界多次强调“要多一点学派，少一点宗派”。因为学派之争是学术问题、学术观点的争论，用的是学术标准，可以争得面红耳赤，但过后仍然是朋友；宗派之争则用非学术标准，党同伐异，大有“谁不和我们歌唱，谁就是我们的敌人”的“气概”。因此，学派之争，与人为善，相互切磋，推进学术；宗派之争，与人为恶，相互攻击，阻碍学术。如果本文库在促成不同观点的社会学学派形成方面、在促成不同学派展开富有成果的争鸣方面，起到了应有的积极作用，我们将会感到非常高兴和欣慰。本文库将对各种不同观点的学派一视同仁。

总之，我们真诚希望本文库能够出研究成果、出精品、出名人、出学派。简言之，我们把“四出”作为中国人民大学出版社社会学文库的定位。

古人曾说过这样的意思，定位于“上”，可能得乎“中”，定位于“中”，可能得乎“下”。本文库这种“四出”的定位，从目标上说应该属于“上”，但结果仍有两种可能：或“上”或“中”。我们希望能够争取前一种可能，避免后一种。最后究竟如何，当由读者和时间来鉴定。

应当指出，本文库是在一个不平常的时候出版的。

首先，无论是就政策环境和体制条件来说，还是就国内氛围和国际环境而论，中国社会学正处在新中国成立以来最好的大有可为的发展时期。现在，社会学的学科地位，即作为要加强的哲学社会科学基本学科之一，得到了确认。人们越来越体会到社会因素即非经济因素对改革、发展、稳定的重要性，从而也认识到以非经济因素为切入点的社会学，也和以经济因素为研究对象的经济学一样，是一门与每个人的实际生活息息相关的学问，是一门推进改革、发展、稳定的科学，感受到有许多问题需要从社会学的视角来看待和解读，并领悟到社会学的理论研究和经验研究是制定符合实际情况的社会政策的基础环节。人们对社会学从不了解、不甚了解甚至误解到逐步了解；一些社会学的用语（如社区、社会化、弱势群体、社会转型、良性运行等）日益普及化、大众化，其中一些还被政府部门所采纳和使用。这使中国社会学的发展不仅有了自上而下的体制条件，而且有了自下而上的社会氛围。经过激烈竞争，中国社会学界获得了第三十六届世界社会学大会的主办权，该届会议的主题是“全球化背景下的社会变迁”，由中国社会科学院社会学研究所承办。现在欧美社会学界都十分关注中国社会的变化、中国社会学的研究。无疑，在世界社会学的格局中，与欧美强势社会学相比，无论是从规模、投入，还是从成果、影响等方面说，中国社会学仍然是弱势社会学。强势社会学界如此关注中国社会的研究，对植根于本土社会的中国社会学界来说，既是一种沉重的压力，同时又是进一步发展的强大动力。在这样的情况下出版本文库，应当说是正当其时。我们希望不要辜负这样好的条件。

其次，这种不平常性还表现在世界社会学正处在自我反思和重建的过程之中。这种自我反思和重建的趋势并不是凭空而生，而是有现实根据的。这就是旧式现代性的衰落、新型现代性的兴起。我认为，这种旧式现代性的衰落、新型现代性的兴起，既影响着中国社会学的国际化，又影响着中国社会学的本土化。关于这一点我想多说几句。

所谓旧式现代性就是那种以征服自然、控制资源为中心，社会与自然不协调、社会与个人不和谐，社会和自然付出双重代价的现代性。20 世纪向 21 世纪的过渡时期，全球社会生活景观呈现出重大转折的种种迹象，人们看到：人类对自然的倒行逆施造成了越来越严重的“绿色惩罚”，导致了天人关系的紧张，甚至“人类对自然的战争，变成了人类自我毁灭的战争”；人欲的激发和资源的匮乏所引发的对资源控制权力的争夺，又不能不导致价值尺度的扭曲、伦理准则的变形、个人与社会的关系的恶化。旧式现代性已经进入明显的危机时期。这样，在世界、在中国，探索新型现代性便成为一种势在必行的潮流和趋向。

所谓新型现代性，是指那种以人为本，人和自然双赢、人和社会双赢，两者关系协调和谐，并把自然代价和社会代价减少到最低限度的现代性。从中国社会转型加速期取得的巨大社会进步和付出的种种社会代价中，我们都能从正反两方面，亲身体会到新型现代性的深刻意涵。

就两种类型的现代性与社会学的关系而言，过往的旧式现代性锻造了以往的社会学——它的感受力和想象力、设问和眼界，甚至它的理论抱负和期望所能达到的限度。当现代性面临重大转折之时，必定也是社会重构、个人重塑、个人与社会的关系发生重建之日。社会学不可避免地卷入其中，经历预设的根本变化、视野的重大调整、理论的重铸和再生过程。

对旧式现代性作出反应的，不仅有新型现代性，而且有后现代性。如果说，新型现代性是对旧式现代性的一种积极、正面意义的反思，那么，主张后现代性的后现代主义则一般是对旧式现代性的一种消极、否定意义的反应。后现代主义批评旧式现代性的弊病是对的，但它的解决方法不是革除弊病，而是连现代性也加以抛弃，从而走向了极端。它对社会和知识基础的所谓“解构”，无助于增进社会的和谐。

因此，处在这样一个旧式现代性步入没落、新型现代性勃然兴起的历史时期，中国社会学必须顺应时代的要求，跟上世界社会学重建的步伐，结合中国的实际，在理论研究上开拓出新的学理空间。而经过我国快速转型期独特经验的熏陶，中国社会学界的主体性、自觉性和敏锐性已经大为提高，将有助于达到这一目标。

我们也真诚希望，本套文库能在实现上述目标的过程中发挥应有的促进作用。

以上权且作为本文库的序言，与大家共勉。

郑杭生

前　言

中国改革开放三十多年来，波澜壮阔的市场转型过程对社会生活的各个领域、各个层面均产生了前提性、整体性的深远影响。从社会分层与不平等领域来看，资源配置与利益分配的格局及其决定机制出现了明显转换，阶级阶层结构及其评判依据发生了深刻调整，社会不平等领域出现了许多新的形式和变化，导致社会不平等生成的结构性因素（如体制、区域、制度）及其作用形式变得更为错综复杂。市场转型为我们提供了一个鲜活的理论“试验场”，也为我们分析社会分层和不平等领域的新问题、新特征、新趋势提供了宏大背景。

本书面向当代中国社会转型的实际，基于阶级分析理论范式的新发展，以大规模社会调查所提供的数据为基础，分析了当代中国社会阶级阶层的结构、性质和影响，并从不同角度揭示了当代中国社会不同领域中社会不平等的基本状况及演变趋势。

从总体上来看，本书聚焦于三个核心议题。一是对阶级理论和阶级结构问题的探讨：通过对当代西方社会学以及中国社会学中阶级理论范式和分析逻辑的梳理、讨论，重点提出了一个分析当代中国社会阶级阶层结构的新视角——权力/权威阶级体系。二是对日益成长和壮大起来的中间阶层（中产阶级）问题进行研究，重点分析了中间阶层的内部构成、类型及异质性、社会生活状况、主观认知以及社会政治功能等问题。三是探讨了“主观社会不平等”议题，揭示了客观社会变迁和社会分化在人们主观认识及价值观上的反映，对民众在社会不平等上的认知、公平性价值判断（“公平感”）、阶层关系及其紧张程度感受（“冲突感”）等进行了分析。

进入新世纪以来，面对中国社会的剧烈转型和社会矛盾的新表现，与国际学术界20世纪90年代以来出现的对阶级分析范式的质疑潮流有所不同，在中国社会分层研究领域中出现的一个引人注目的现象，就是阶级分析范式的重新崛起。阶级分析是研究社会不平等和社会矛盾与冲突的一种最为基本的理论范式，在我们看来，阶级分析视角的核心是基于社会关系定义的结构性位置，是关于社会不平等及社会矛盾与冲突现象系统化的结构性解释。阶级分析在研究对象、分析思路、解释逻辑等方面均具有多元范式：研究对象包括解释大规模社会变迁和转型事件的宏观层次与解释阶级对个人态度、行为和生活机会的影响的微观层次；分析思路包括“结构—意识—行动”模式和“结构—状况—选择”模式；解释逻辑包括“剥削和利益形成逻辑”、“状况逻辑或理性行动逻辑”以及“结构化或同质性逻辑”。本书引言和第一章对阶级分析的理论范式和分析逻辑进行了梳理、探讨，澄清了人们在阶级分析上存在的误读和片面性，为转型期的阶级分析提供了清晰的概念工具和理论发展的基础。

在对阶级理论进行探讨的基础上，结合中国社会的特色和现实，本书提出了一个分析中国社会阶级结构的新框架——权力/权威阶级体系或阶级图式。权力/权威一直是社会学特别是社会分层研究中的核心变量，无论在传统中国社会还是在现代中国社会，都具有十分重要的意义。因此，承袭分层和阶级分析中的权力/权威传统并考虑到中国社会实际，我们以财产权力关系和工作组织中的权威关系为基础，特别是以对工作组织中权威关系的详细、直接测量为基础，通过体力/非体力劳动、直接管理下属、决策权和管理监督权以及工作自主性等四个工作状况指标，构建了一个旨在反映社会权力分配及社会权力结构状况的阶级结构体系。

经验分析显示，该阶级框架对中国社会的现实具有足够的解释力，为解释各种社会现象（包括社会行为、消费模式、主观态度等）提供了一种新的结构性变量，为认识中国阶级结构及不平等问题贡献了一个新的（系统化的）视角。本书第二章至第六章从思想渊源、理论基础、解释逻辑、经验构建和效度检验等层面着手，对权威阶级体系的构建进行了充分的理论探讨和经验分析。

在市场转型过程中，改革之初相对固化的社会结构开始向多元发展，"两个阶级（工人阶级、农民阶级），一个阶层（知识分子阶层）"的基本论断已难以反映现实，无论在工人阶级内部还是在农民阶级内部均出现了显著的分化。在城镇社会中，中间阶层的成长和壮大无疑是社会结构转型过程中最为引人注目的变化，一个由管理人员、专业技术人员、办事人员和私营企业主、自雇佣者组成的庞大的中间阶层正日益崛起，其内部构成与类型、基本生存状态、社会—政治功能问题等是近年来学界持续热议的焦点话题，因而也成为本书探讨的重点问题。

基于"再分配—市场"转型的分析框架，我们首先对当代中国中间阶层进行了一个基本的类型学划分，即延续再分配体制特征的"内源中产阶级"和在市场化体制中产生发展的"外生中产阶级"。以上述二分框架和其他多维分类框架为依据，我们对中间阶层在代际传承、社会生活（居住模式、社会交往、婚姻匹配和生活方式）、阶层意识（阶层分化认知、地位归属、阶层划分依据）、政治与消费意识等方面的基本状况和差异性进行了"确认"，并重点构建了一个分析中间阶层社会—政治功能的多维分析框架。在这个框架下，中间阶层的社会—政治功能具有多样性。中间阶层如何彰显特定的社会—政治功能，从根本上来说取决于经济发展阶段、特定社会的政体性质和社会秩序状况三个基本变量，以及三个基本变量的不同组合方式。在此框架下可更好地认识中间阶层的社会—政治功能，为中国社会未来的变迁提供前瞻性的预测。本书第七章至第十章结合历年综合社会调查数据（CGSS），揭示了当代中国中间阶层的内部结构、基本生活状况、主观认知和社会政治功能等问题。

改革开放以来，两个充满张力甚至矛盾的过程得到了国内外各界越来越多的关注，即：一方面，中国取得了经济飞速发展、人民生活水平大幅度提高的历史性成绩；另一方面，贫富差距拉大、阶层分化加剧、社会冲突与不稳定因素增加。普通民众对不断上升的社会不平等和不公平程度越来越表达出不安甚至是不满。如果说使用基尼系数、恩格尔系数、阶级与阶层结构、社会经济地位指数、社会流动表等指标和工具对现实社会不平等状况进行描述与测量是一种客观社会不平等研究的话，那么，对民众在社会不平等上的认知与公平性价值判断等议题进行的分析则属于主观社会不平等研究的范畴，这是近年来国内外不平等研究中一个新颖的分析切入点。

从根本上讲，主观社会分层和社会公平感研究揭示的是客观社会变迁和社会分化在人们主观认识及价值观上的反映，相比于客观不平等分析，它涉及公众主观感知及价值判断，因而得出的结论更为真实和具体。本书第十一、十二章描绘了转型期民众对于收入分配差距的公平性认知以及阶层间关系紧张程度的感受状况，并进行了国际比较分析。通过对主观不平等的研究，本书系统地提供了一个理解当代中国社会矛盾冲突日益尖锐，但社会维持相对稳定的新视角，揭示了人们的主观“公平感”、“冲突感”随改革、社会矛盾、社会焦点的变化而变化的趋势和特征。

本书最后以社会结构演变和社会建设面临的挑战为结束语，揭示了在经济发展和体制转型达到一定阶段，社会结构阶层化、利益关系市场化对于社会建设、社会管理所带来的挑战，并提出从“公开”、“参与”、“平衡”三方面入手展开社会管理体制创新，整合日益分化的阶层结构，处理不同阶层和群体之间日益市场化的利益矛盾与冲突，并对涉及利益或资源分配的权利（和权力）结构进行重组，形成一个新的协调利益矛盾与冲突的社会体制。

目　录

引　言　社会分层研究及其研究范式的转变[①]

一、研究范式的转变

当代中国社会的转型，其核心特征即是从“以阶级斗争为纲”转向“以经济建设为中心”。在这样的背景下，在当代中国社会结构的分析领域，除了20世纪80年代何建章先生主持的关于中国阶级结构的研究之外，曾经在很长时期内，阶级分析作为一种概念工具在学术界几乎销声匿迹，即使是在社会分层领域中也是如此，层级差别成为最受关注的社会差别，层级不平等成为最主要的社会不平等，层级矛盾成为最重要的社会矛盾。但是进入新世纪以来，面对日益剧烈的社会分化和社会矛盾，中国社会分层研究领域中一个非常引人注目的变化，是国内学者对于重返阶级分析，尤其是重返马克思主义阶级分析的呼声日益高涨。作为这种呼声的延续，孙立平、冯仕政在对此前讨论进行分析的基础上，比较了阶级分析和分层研究这两大范式的差异，并且提出“只有重新引入阶级分析视角，才能对中国社会不平等的结构和形成作出更有洞察力和前瞻性的分析”[②]。冯仕政在他的论文中分析了阶级分析和分层研究不同的本体论想象、研究议题、价值立场以及方法论取向，进而比较了阶级分析和分层研究的历史发展和它们在社会学中的转换。作为“重返阶级分析”洪流的一部分，冯仕政的分析不无其示范价值。而林宗弘、吴晓刚则在“把

---

① 本部分的主要内容曾发表在《中国社会学年鉴（2007—2010）》（北京，社会科学文献出版社，2011）。

② 冯仕政：《重返阶级分析？——论中国社会不平等研究的范式转换》，载《社会学研究》，2008（5）。

阶级带回来”的口号下为我们呈现了一个以“新马克思主义阶级理论”为基础的实证研究。[①]

“重返阶级分析”（包括“回到马克思”等）这一口号的提出，事实上标志着国内社会分层研究领域中的范式转换。这种范式转换一方面体现为对新范式的召唤（如对“阶级分析”的呼唤），另一方面彰显了对旧范式的不满甚至批判。尽管学术批评是学术发展的动力，但至少在中国社会学领域中还不是一种普遍现象。正因为如此，张乐和张翼对在国内社会分层研究领域中具有重大影响的《市场转型与社会分层：美国社会学者分析中国》一书中的若干论文进行了较为系统的批评和反思。[②] 他们认为，国外学者对中国转型时期社会分层的研究，无论是在数据来源（主要体现在抽样方法和样本选取上）上，还是在变量构建（体现为对核心概念的界定以及对概念的操作化）上，都存在很多缺陷。更重要的是，在他们看来，国外学者对中国社会分层的分析大多沿用的是西方工业化理论范式，这导致了他们在研究中“机械套用地位获得模型、关键变量的设计不考虑中国社会当时的实际情况以及研究结论上的‘循环论证’和‘自相矛盾’等诸多研究问题和疏漏”[③]。为此他们提出必须重新思考中国研究的范式问题，并且要从操作化和现实性两个方面来促成范式的转换。[④]“批评”当然不意味着正确，但至少严肃的批评精神可嘉。

与上述范式转变相呼应，孙立平提出并呼吁“利益群体的模式应在中国引起更多的重视”[⑤] 的观点，他的理由是，中国现在已经进入了经济利益博弈的时代。王天夫和李博柏则重新分析了“再分配”概念，批判了再分

---

① 参见林宗弘、吴晓刚：《中国的制度变迁阶级结构转型和收入不平等：1978—2005》，载《社会》，2010（6）。

② 参见张乐、张翼：《从结论看方法：社会学研究的现实性维度思考关于美国社会学者对中国社会分层研究的讨论》，载《社会》，2008（1）。

③ 张乐、张翼：《从结论看方法：社会学研究的现实性维度思考关于美国社会学者对中国社会分层研究的讨论》，载《社会》，2008（1）。

④ 参见张乐、张翼：《从结论看方法：社会学研究的现实性维度思考关于美国社会学者对中国社会分层研究的讨论》，载《社会》，2008（1）。

⑤ 孙立平：《利益关系形成与社会结构变迁》，载《社会》，2008（3）。

配理论以精英为中心的研究取向。他们认为，社会主义再分配是由国家级层面上的再分配等级体系和地方官僚控制的再分配过程这两个部分组成的，前者体现了平等主义的理念，而后者则体现了区隔主义，这种差别导致了社会主义不平等的基本结构。他们运用"与再分配中心的距离"这一概念，揭示了再分配中心和官僚政治实践之间的矛盾与冲突，提出"再分配本身并不产生不平等，而是再分配过程中的官僚及官僚政治行为造成了社会主义的社会不平等"[①]。

二、社会分层图式的新探索

社会分层图式（schema of stratification）指的是社会学家为研究某一具体社会的分层结构而划定的一套分类体系，比如常见的赖特（E. Wright）的多元剥削模型和戈德索普（J. Goldthorpe）的雇佣关系模型，以及甘泽布（H. Ganzeboom）的国际标准职业社会经济指数（ISEI）和豪瑟（R. Hauser）的社会经济指数等，都是社会分层图式的具体例子。我们可以把社会分层图式看作是社会学家研究社会分层现象的一种"工具"，因此在一定意义上，社会分层图式的构建是研究社会分层的基础。但是实际上，很多研究往往在经验分析中在一定程度上忽视了社会分层图式的选择或构建，或者更准确地说，并没有把社会分层图式放到一个应优先考虑的位置上，而仅仅把它作为众多可选自变量中的一种。这一点在研究处于转型过程中的中国社会来说，其缺憾就尤其显得突出，因为这一缺憾背后的基本问题是：在分析中国社会的不平等或者社会分层结构时，什么样的社会地位指标是最重要、最基本的？上文所讨论的范式转换在一定程度上可以说是对这种"忽视"的反思。

其实，从陆学艺主编的《当代中国社会阶层研究报告》开始，社会分层的研究者就开始重视适应中国情况的社会分层图式的构建，如孙立平的

---

① 王天夫、李博柏：《平等主义国家理想与区隔主义官僚体系：一个社会分层结构的新模型》，载《社会》，2008（5）。

“断裂社会”（2002）、刘欣的制度主义理论（2005，2007）、李强的“碎片化”理论（2005）、周晓虹关于中产阶级的研究（2005）等。值得关注的是林宗弘和吴晓刚在阶级图式探索上的新进展。他们研究中国的收入不平等时，结合制度主义理论和新马克思主义阶级理论，建立了一套他们认为更适合中国的阶级分类。[①] 两位作者根据所有权的排他性、获益性和生产关系的反向依赖性三大特征，把户籍制、单位制、身份制和所有制作为在当前中国社会中发挥作用的生产性资产（前三种资产大致对应于新马克思主义阶级分析中的劳动力、组织资产和权威/技能资产），并进而根据这四种资产提出了一个新的中国社会阶级图式。该文的特点之一是以自己的阶级图式与 EGP 图式[②]和十阶层图式[③]在统计效度上进行了比较。应该说，林宗弘和吴晓刚所建立的阶级图式尽管在理论上有很多问题仍有待商榷，但可以说是近年来有关中国阶级结构分析的新探索。

一个新的现象是，近几年来，有学者对我国具体少数民族地区和外国的社会分层结构进行了研究。如方晓玲和仓木拉对西藏社会分层结构的研究，陈顺强对新时期凉山彝族社会分层的研究，韩建伟对伊斯兰革命后伊朗社会分层结构的研究，等等。

三、社会分层结构及其变迁

一方面是源自中国社会的转型，另一方面也许是因为“市场转型”争论的影响，关于中国社会分层结构在转型过程中的变迁问题，一直是社会分层理论研究的重点之一。借助于总结中国改革开放 30 周年，社会分层结构变迁，特别是社会分层机制变迁的研究有了新的进展，并在一定程度上摆脱了“市场转型”争论的影响，制度因素、政府政策、官僚博弈、利益

---

① 参见林宗弘、吴晓刚：《中国的制度变迁阶级结构转型和收入不平等：1978—2005》，载《社会》，2010（6）。

② See Erikson，R.，Goldthorpe，J. H.，Portocarero，L.，“Intergenerational Class Mobility in Three Western European Societies：England，France，and Sweden，” *The British Journal of Sociology*，1979，30：415 - 441.

③ 参见陆学艺主编：《当代中国社会阶层研究报告》，北京，社会科学文献出版社，2002。

对抗等因素都开始被用来分析中国社会分层结构的形成过程。

李路路用"从'决定性'转向'交易性'"，概括了中国阶级阶层关系的变革。他试图通过阶级关系结构的这种变化，提示中国社会整合的新模式。[①] 孙立平在近期的研究中提出了中国进入利益博弈时代和中国社会结构处于定型化过程之中的观点。他认为，由经济利益博弈所导致的社会分层结构正趋向定型化，即：阶层之间边界开始形成，阶层内部认同开始形成，阶层之间流动开始减少，以及社会阶层开始出现再生产。[②]

在中国社会分层结构或机制变迁的研究中，国家（政策）的作用一直都得到了关注，如周雪光以及其他人运用事件史方法所做的分析。这一研究取向在近三年来得到了延续，并有进一步的推进。除了李强关于当代中国三个重大历史时期国家政策对社会分层机制变化的影响的研究之外，朱旭峰从一个新的角度，即国家决策模式的角度，揭示了国家决策模式转型对于社会分层机制变化的影响，在他看来，政府决策转型是导致社会分层机制发生变迁的重要因素。另外一点值得关注的是，朱旭峰把他的论题与市场转型理论中广泛存在的市场替代论—权力维续论之争联系起来，认为中国的政策决策模型正在从原来的政治/行政精英垄断模式逐步向社会精英参与模式转变，并且给出了基于经验资料的四种类型。[③] 邵书龙在研究农民工随迁子女的教育机会问题时，也引入了中央政府和地方政府之间以及政府和社会之间的政策博弈因素。[④]

四、社会分层领域的其他关注点

（一）教育与社会分层

教育议题在近年来的国内社会分层研究中占据了非常大的比例。这些

---

① 参见李路路：《社会分层结构的变革：从"决定性"到"交易性"》，载《社会》，2008（3）。

② 参见孙立平：《利益关系形成与社会结构变迁》，载《社会》，2008（3）。

③ 参见朱旭峰：《政策决策转型与精英优势》，载《社会学研究》，2008（2）。

④ 参见邵书龙：《社会分层与农民工子女教育："两为主"政策博弈的教育社会学分析》，载《教育发展研究》，2010（11）。

研究的关注焦点集中在以下四个方面，即：（1）社会分层结构对教育公平的影响；（2）城乡间教育不平等；（3）族群间教育不平等；（4）高等教育扩张与教育机会不平等。

社会分层结构对教育公平的影响是一个常规课题，且吸引了社会学家和教育学家共同参与其中。钟云华和沈红研究了社会分层结构对高等教育的起点不公平、过程不公平以及结果不公平的影响，其结论是社会分层扩大了高等教育在这三个面向上的不公平。[①] 值得指出的是，与国内一般社会学研究中利用家庭背景（如父亲的职业、教育水平和收入等）来研究社会分层对教育的影响这一做法不同，钟云华和沈红的上述研究采用了陆学艺课题组的社会分层框架，把社会分层划分为社会上层、社会中上层、社会中层、社会中下层和社会下层五个层次，作为模型中的自变量，这是一个有意义的进展。

传统的城乡差别在教育与社会分层研究中一直是被关注的对象。一个新的进展是，利用新的调查资料，“族群差异”也开始进入教育与社会分层的研究中。洪岩璧使用2004年中国西部抽样调查数据，分析了在教育获得方面的“族群差异”和“族群不平等”。他的结论是：少数民族和汉族之间的教育不平等更多地来自城乡和阶层之间的差异。[②]

教育发展与教育机会不平等也是该领域中的传统主题。中国高等教育的“扩招”和中国社会的转型，为该主题的研究提供了新的机会，在近几年形成了值得关注的成果。吴晓刚利用1990年和2000年的人口普查样本数据，分析了中学教育扩招与教育机会的关系。[③] 李春玲则使用国家统计局2005年1%人口抽样调查的一个次级数据集，分析了高等教育扩招与教育机会的关系。[④] 他们二人的研究尽管在一些具体方面有所差别，但都在一定

---

① 参见钟云华、沈红：《社会分层对高等教育公平影响的实证研究》，载《复旦教育论坛》，2009（5）。

② 参见洪岩璧：《族群与教育不平等——我国西部少数民族教育获得的一项实证研究》，载《社会》，2010（2）。

③ 参见吴晓刚：《1990—2000年中国的经济转型：学校扩招和教育不平等》，载《社会》，2009（5）。

④ 参见李春玲：《高等教育扩张与教育机会不平等》，载《社会学研究》，2010（3）。

程度上证实了由拉夫特瑞和豪特提出的最大化维持不平等假设[①]（MMI 假设）。

（二）收入不平等与劳动力市场

收入不平等问题几乎可以说是社会分层研究中最受关注的问题之一。从社会分层研究的角度看，新的进展表现在，林宗弘和吴晓刚结合制度主义理论和新马克思主义阶级分析，用新马克思主义取向的新的阶级模型分析了 1978—2005 年中国的收入不平等问题。[②] 对于其模型中的三个因素，即单位制、（干部）身份和所有制对收入的影响力的变化，他们指出，单位制对收入的影响先上升后下降、干部身份对收入的影响持续上升、所有制对收入的影响也在不断上升。他们还推论，单位与户口对收入的影响将会缓慢减退，而资本与干部身份的获益能力则会逐渐上升。[③]

与上述林宗弘和吴晓刚的新马克思主义阶级模型不同，李培林和田丰则用人力资本理论对收入不平等问题进行了分析。他们的一个新举措是把人力资本划分为知识人力资本、技能人力资本和经验人力资本三种类型，分析了三种人力资本类型对职业阶层间收入水平以及对职业阶层内收入水平差异的影响。[④] 近年来有大量的研究在关注性别和收入不平等的关系问题。王天夫等人运用前述的"与再分配中心的距离"概念以及区隔主义官僚政治模型，对 1995—2003 年中国城市的收入性别差异进行了研究。他们指出，在中国，不同群体和阶层中的女性所受到的性别歧视程度是有差异的，越是接近再分配中心，则基层官僚行为任意性越弱，女性所受歧视越小，从而男女之间收入差异就越小；而越是远离再分配中心，则基层官僚

---

① See Adrian E. Raftery, Michael Hout, "Maximally Maintained Inequality: Expansion, Reform, and Opportunity in Irish Education, 1921 - 75," *Sociology of Education*, 1993, Vol. 66, No. 1: 41 - 62.

② 参见林宗弘、吴晓刚：《中国的制度变迁阶级结构转型和收入不平等：1978—2005》，载《社会》，2010（6）。

③ 参见林宗弘、吴晓刚：《中国的制度变迁阶级结构转型和收入不平等：1978—2005》，载《社会》，2010（6）。

④ 参见李培林、田丰：《中国劳动力市场人力资本对社会经济地位的影响》，载《社会》，2010（1）。

行为任意性越强，女性所受歧视越严重，从而男女之间收入差异就越大。[①] 吴愈晓和吴晓刚利用2003年中国综合社会调查数据和2000年人口普查数据，对中国城镇中职业性别隔离与收入分层进行了研究。[②] 两项研究虽然都得出了非国有部门的性别收入差异程度大于国有部门的结论，但是对于造成这种现象的原因存在不同意见。例如，王天夫等人认为非国有部门由于与再分配中心的距离较远，因此性别歧视比国有部门严重；但是吴愈晓和吴晓刚指出，职业的性别隔离作用仅限于国有部门，它对非国有部门的收入分配和性别间收入差异没有影响。又比如，王天夫等人认为教育程度的高低对于非国有部门的女性与男性收入差距没有任何影响；相反，吴愈晓和吴晓刚指出，在非国有部门中，决定性别收入差异的主要因素恰恰是男女个体人力资本上的差异。

五、小结

尽管目前国内社会分层研究无论是在研究水平、研究方法上，还是在研究范围上，都有了新的进展，但是，我们仍然必须非常清醒地认识到当前的研究存在的缺陷和不足。

第一，当前的社会分层研究理论探讨不够深入。多年以来，欧美社会分层领域的很多理论范式都断断续续地被引入中国，然而遗憾的是，目前国内社会分层学界对这些理论范式的掌握是不完整和不充分的。《市场转型与社会分层：美国社会学者分析中国》和《社会分层与流动：国外学者对中国研究的新进展》这两本书几乎成了被引用最多的文献。据张乐和张翼的统计，从2002年到2006年5月，国内学术论文把《市场转型与社会分层：美国社会学者分析中国》一书列入参考文献的共有119篇。[③] 与此相应的是，尽管出现了阶级分析范式的崛起，但西方社会分层研究中的诸多阶

① 参见王天夫、赖扬恩、李博柏：《城市性别收入差异及其演变：1995—2003》，载《社会学研究》，2008（2）。

② 参见吴愈晓、吴晓刚：《城镇的职业性别隔离与收入分层》，载《社会学研究》，2009（4）。

③ 参见张乐、张翼：《从结论看方法：社会学研究的现实性维度思考关于美国社会学者对中国社会分层研究的讨论》，载《社会》，2008（1）。

级分析范式［如戈德索普的新韦伯主义，赖特的新马克思主义，索伦森（A. Sørensen）的新李嘉图主义，格伦斯基（D. Grusky）的新涂尔干主义等］、组织视角［如巴荣（J. Baron）的工作组织理论］等很少在研究中被体现出来。

由于理论上的缺失和偏向，国内社会分层研究对于一些在理论前沿一直存在激烈论战的议题——比如关于阶级和地位群体的区分、关于"阶级死亡"的论战、关于阶级分析中真实主义和名义主义的争论等——都表现出某种"失语"的状态。这再一次提醒我们，如果分层研究只依靠方法上的精进，而没有相应的理论探讨的深入，就永远无法实现研究水平上质的飞跃。

当然，有必要指出的是，这里绝非是要"唯欧美社会分层理论的马首是瞻"，而只是想主张，借鉴欧美社会分层理论，有助于激发社会分层研究理论的想象力，有利于推动研究的深入。

第二，目前系统的社会分层研究范围还比较狭窄。近年来大部分的社会分层研究都在关注社会分层结构、教育不平等、收入不平等少数几个议题，而对于社会分层对健康、工作满意度、生活方式、消费模式、社会态度的影响等论题的关注严重不足。

第三，也许是因为中国社会分层的现象过于丰富，也许是过于关注理论上的"对话"，除了少数研究之外，近年来的社会分层研究很少就一些重大的理论议题展开论战，夸张一点说，在很大程度上处在一种"邻国相望，鸡犬之声相闻，民至老死不相往来"的状态。这涉及学术共同体的产生和组织的问题，布迪厄在《实践与反思——反思社会学导引》中曾经指出，一个真正的科学场域，其实应是这样的一个空间，在这里，研究者们对各自所持异议的根据，对运用哪些方式途径解决这些异议，能取得共识，除此之外，别无其他共识。① 如布迪厄所说，科学共识的前提是"异议"。没有异议，没有争论，就不会有科学共识。

① 参见［法］布迪厄：《实践与反思——反思社会学导引》，北京，中央编译出版社，1998。

以上简短的引言，最终是想说明，中国社会转型时期的社会分层研究，必须立足于理论上的创新。而本书的主要内容之一，即是在阶级分析的框架下，引入新的分析范式，为认识和研究转型期中国社会的分层结构提供一个新的理论视角和分析框架。

第一章　当代社会学中的阶级分析：理论视角和分析范式[①]

阶级分析一直是社会学理论中的核心内容。马克思和韦伯奠定了经典阶级分析的基础。曾经有一段时间，“阶级概念看起来已经逐渐被包围在一种衰败枯萎的气氛中了”[②]，但在第二次世界大战结束之后，自 20 世纪 50 年代到 70 年代，面对社会结构的巨大变迁，当代社会学界又出现了阶级理论的复兴高潮，一大批社会学家开始重新关注阶级问题并试图发展或重建阶级理论。尽管 20 世纪 70 年代以来出现了大量反阶级分析的呼声，以后工业主义阶级理论和后现代主义阶级理论为代表，很多社会学家都在谈论阶级的瓦解、死亡，预言并呼吁从阶级分析中“撤退”，但是，坚持和发展阶级分析的学术努力一直持续到了当代。本章对阶级分析理论的关注将集中于马克思和韦伯之后的当代发展。现在人们一般根据这些理论的知识起源把它们划分为以下几种分析范式，即新马克思主义、新韦伯主义、新涂尔干主义和新李嘉图主义等。其中，无论是从理论的完整性还是从理论的应用性来讲，新马克思主义阶级理论、新韦伯主义阶级理论和新涂尔干主义阶级理论都是具有广泛影响的理论范式。

本章将着重讨论阶级分析理论最重要的几个理论支点。首先，我们将分析阶级理论的共同内核，即共同的前提假设和核心理论视角，以区分阶级分析理论和非阶级分析理论。其次，我们将以上述三种阶级分析范式及其代表性人物为对象，分别从研究对象、分析思路和解释逻辑三个方面揭

① 本章的主要内容曾发表于《社会》2012 年第 5 期。

② Giddens, A., *The Class Structure of the Advanced Societies*, London, Hutchinson, 1973.

示不同分析范式上的差异。需要指出的是，有关阶级结构框架或图式（schema）的问题也是阶级分析中最重要的理论支点之一，将另文讨论。最后，结合中国社会的现实，我们将对本文针对阶级分析理论所做的分析做一个小结和讨论。

我们的分析表明，阶级理论中存在共享的理论“硬核”和不同的分析范式，这种共享理论核心与不同分析范式的结合，恰恰符合拉卡托斯（Imre Lakatos）对所谓“科学研究纲领”的描述①，而这也正是阶级分析理论具有相当学术“韧性”、面对经验事实的挑战保持强大生命力的重要原因。

第一节 阶级是社会学中唯一的自变量吗？

“社会学只有一个自变量，那就是阶级。”1973 年，当时的加州大学伯克利分校社会学教授斯廷奇科姆（Arthur Stinchcombe）对他的学生们说了这一句话，这些学生中就包括后来大名鼎鼎的新马克思主义阶级分析家赖特。当然，赖特承认，斯廷奇科姆的这句话“是在故意地做出一种夸张的陈述”，或者说有点儿“自命不凡”了，但赖特仍然认为，这句话也确实抓住了某种重要的东西，也就是说，“被深刻地结构化的不平等问题，一般来说（即不仅仅是对于马克思主义而言），是社会学的核心问题，而‘阶级’就是谈论这一问题的众多方式之一”②。

说社会学中的核心问题是被深刻结构化了的社会不平等，这很可能会引起争论；但要说阶级分析是社会学中分析社会不平等的最重要的理论方式，则很少会受到质疑。也就是说，阶级当然不是社会学中唯一的自变量，但是对于分析社会不平等以及相应的社会现象来说，阶级是最重要的变量

---

① 拉卡托斯认为，科学的评价和检验对象不是单个的命题或理论，而是一个理论系列，即他所谓的“科学研究纲领”，是由“硬核”、保护带、反面启示法和正面启示法等四个部分组成的，其中“硬核”是构成科学研究纲领的基础理论部分或核心部分，它是坚韧的、不许改变的和不容反驳的。参见刘放桐等编著：《现代西方哲学》，800～808 页，北京，人民出版社，1990。

② Kirby Mark, “An Interview with Erik Olin Wright,” *Social Science Teacher*, 2001.

之一。要恰当地理解这一命题，首先必须回答阶级分析的核心是什么，然后我们就可以理解，阶级为什么会被一些人看作是社会学中的唯一自变量。

一、阶级分析视角的核心：基于社会关系的结构性不平等

研究者们曾经从不同角度论证了阶级分析视角和非阶级分析视角之间的差别，以揭示前者的核心特征。例如，类别的/连续的和多维/一维的，阶级的/等级的，关系的/等级的，以及奥索斯基的二分、等级、功能三范式，等等。在笔者看来，所有这些说法中最为核心的，也最能代表阶级分析视角核心的，是所谓阶级分析中的"关系论"和非阶级分析中的"等级论/分配论"之间的差别，或者说是"分类别的阶级模型"(categorical models of class）和"分等级的分层模型"（gradational models of stratification）之间的差别。克莱克尔（Reinhard Kreckel）较为精确地揭示了这种差别，他指出，当"各个个人、团体或社会在一个社会或普世结构中所占据的（归属或成就）地位具有不平等的行动或互动权力或可能性，并因此长期不利或有利于相关者的生活机会"时，此即为关系的不平等；而当"普遍可供使用且有追求价值的社会财富的获得持续受到限制，并因此不利或有利于相关的个人、团体或社会的生活机会"时[①]，此即为分配的不平等。

虽然马克思和韦伯在阶级概念上存在很大差别，但他们都采取了关系的阶级概念。如赖特所说："他们都没有把阶级简单地定义为在某些等级次序（gradational hierarchy）上的名义水平。对这两人来说，阶级概念源自对处在彼此之间相互关系的各社会行动者的系统互动所做的解释。"[②] 同样，尽管现代阶级分析理论在分析范式上存在不同，但这种对关系性存在的关注一以贯之地体现他们的理论之中。例如，赖特强调生产领域中的剥削关系，戈德索普强调劳动力市场和生产领域中的权威关系和雇佣关系，索伦

---

① Kreckel，Reinhard，*Politische Soziologie der Sozialen Ungleichheit*，Frankfurt/Main，Campus Verlag，1992，p. 20.

② Wright，E. O.，"The Shadow of Exploitation in Weber's Class Analysis，" *American Sociological Review*，2002，6：832 - 853.

森强调市场交换过程中的剥削关系，而格伦斯基强调各阶级之间基于职业“裁决权”的相互斗争。阶级分析就是这样一种从社会关系的角度分析社会不平等的理论视角。借用赖特的话来说：“一个给定的阶级定位是借助把它与其他阶级定位相连接的社会关系来定义的。”[①] 这意味着阶级不是简单的等级秩序，而是一种关系性的存在，无论这种关系指的是阶级双方（或各方）之间的生产关系、雇佣关系、剥削关系还是统治关系，也无论这种关系发生在劳动力市场中还是发生在组织内部。

有学者曾批评说，也可将地位等级看作是处在某种相互关系之中（如高低、多少的关系），所以关系论并非阶级分析视角的核心，相反，冲突论和功能论才构成了阶级分析视角和非阶级分析视角的本质区别。这是一种对量的关系和社会关系差别的误解。事实上，几乎所有的阶级分析都强调社会不平等建立在社会关系不平等的基础之上，同时，并非全部阶级分析都强调阶级间的冲突（在本章后面将有集中的讨论）。

有必要进一步澄清阶级分析所关注的“结构性的不平等”：

第一，这些不平等不是简单地由个人禀赋上的差异决定的，如个人在财产、教育、技能和劳动力上的差异。在阶级分析看来，阶级不平等和一般社会不平等的区别在于，由阶级所引起的差异是独立于在某一时点占据各阶级位置的那些个人的特征而形成的。[②] 财产、教育、技能和劳动力等个人禀赋之所以反映了阶级差异，是因为一些结构性因素（如生产资料所有制、财产制度、权力结构）以及一些结构性机制（如社会封闭机制、再生产机制、剥削机制等）在背后起作用。简单来说，“结构既比个人获得更加重要，而且在逻辑上还先于个人获得而存在。”[③]

第二，这些不平等根植于经济、社会和政治的制度之中。尽管社会学

---

① Wright, E. O. “The Continuing Relevance of Class Analysis,” *Theory and Society*, 1996, 25: 697-716.

② See Sørensen, Aage B., “On the Usefulness of Class Analysis in Research on Social Mobility and Socioeconomic Inequality,” *Acta Sociologica*, 1991, 2: 71-87.

③ Baron, James N. and Bielby, William T, “Bringing the Firms Back in: Stratification, Segmentation, and the Organization of Work,” *American Sociological Review*, 1980, 45: 737-765.

理论中的“文化转向”已被看作是一种潮流，在阶级分析中用文化分析取代结构分析也非常盛行，并且在一部分阶级理论家看来，阶级“同样是一个文化和政治概念”[①]，阶级的文化和符号维度越来越受到人们的青睐，但是，阶级的“故土”仍然在经济制度中[②]，社会秩序、国家制度在很大程度上是阶级秩序和阶级利益的反映[③]，即使是生活方式或消费模式也不过是阶级“场域”和“惯习”的产物[④]。

正因为阶级被看作是社会关系结构的表现，所以基于阶级结构的不平等是一种稳定的、基础性的社会不平等。这一陈述体现了社会学所强调的结构首位，即“社会存在中被称为结构的那些特征倾向于被物化，并被看作是最为基本的、硬的和永恒不变的，就像是一座建筑的大梁一样，而它们所构造的那些事件或社会过程则倾向于被看作是次要的和表面的”[⑤]。

在这个意义上，还有必要澄清阶级分析和利益群体分析之间的差别，以凸显阶级作为一种结构性视角的性质。简单地说，利益指社会中值得追求的东西（包括物质性的和非物质性的）；而利益群体就是基于这种“追求”而形成的社会群体。利益群体模式和阶级模式的差别在于：由于利益追求是经常改变的，因而利益群体通常是不稳定的。借用格伦斯基等人的话来说，利益群体只是“一群凑巧在给定议题上具有相似利益的个人”，因此他们只能聚结成若干“暂时的”集团，而不是“始终如一具有根本性的

---

① Wright, E. O.,“The Continuing Relevance of Class Analysis,” *Theory and Society*, 1996, 25: 697 - 716. Devine, Fiona, “Class Analysis and the Stability of Class Relations,” *Sociology*, Vol. 32, No. 1, 1998.

② 参见［德］韦伯：《经济与社会》（下册），260页，北京，商务印书馆，1997。

③ 关于阶级和国家政权以及意识形态的关系，马克思和恩格斯在《共产党宣言》中写道：“现代的国家政权不过是管理整个资产阶级的共同事务的委员会罢了。”（《马克思恩格斯选集》，2版，274页，北京，人民出版社，1995。）在《德意志意识形态》中写道：“统治阶级的思想在每一时代都是占统治地位的思想。这就是说，一个阶级是社会上占统治地位的**物质**力量，同时也是社会上占统治地位的**精神**力量。”（《马克思恩格斯全集》，中文1版，第3卷，52页，北京，人民出版社，1960。）

④ See Bourdieu, Pierre, *Distinction: A Social Critique of the Judgement Taste*, New York, Cambridge University Press, 1984.

⑤ William H. Sewell, Jr.,“ A Theory of Structure: Duality, Agency, and Transformation,” *The American Journal of Sociology*, 1992, 98: 1 - 29.

社会群体”[①]。当然，在一些阶级理论家看来，阶级也是一个基于利益而形成的利益群体，但阶级这样的利益群体不同于一般的利益群体，它是基于社会关系的分化所形成的利益群体，由此它和其他的利益群体有了本质的区别。“阶级分析的目的就是要确认具有始终如一重要性的社会分化。”[②] 所以，我们将基于社会分化而形成的利益群体称为“阶级”，而不是笼统地称为“利益群体”。

二、阶级分析是一种系统的结构性视角

必须承认，即使是结构性的不平等，也存在多种分析视角。例如，众所周知的以“分割劳动力市场理论”为代表的所谓“新结构主义”，同样强调各种结构性要素而非个体特征对持续的社会不平等的影响，包括对收入不平等、贫困、失业等的影响。尽管该理论在 20 世纪 70 年代产生了巨大影响，但导致该理论衰落的根本原因是：它从来没有形成一个连贯一致的概念系统和相应的“科学研究纲领”，不同研究者在不同的结构层次上，使用了大量不同的描述性概念，但没有形成统一的核心概念，并提供形成机制方面的证明，因而无法有效地揭示社会不平等的形成和影响。

阶级分析理论则不同，尽管阶级理论的传统中也存在大量竞争性的分析范式（我们在后面会集中讨论这些不同的分析范式），相互之间甚至存在激烈的争论和批评，但在核心概念上，即在认为阶级是基于社会关系的分化而形成的结构性位置的集合这一点上，还是达成了“共识”，从而为阶级分析理论提供了逻辑的起点和系统化、理论化的基础，形成了一个包括阶级基础、阶级结构、阶级形成的过程和机制、阶级关系、阶级的社会后果和阶级的未来等内容的相对系统、完整的理论体系。阶级分析虽然经历了并且还在经历巨大的挑战，但之所以仍然能够保持生命力，重要原因之一

---

① Grusky, David B., Kim A. Weeden, and Jesper Sorensen, “The Case for Realism in Class Analysis,” *Political Power and Social Theory*, 2000, 14: 291-305.

② Grusky, David B., Kim A. Weeden, and Jesper Sorensen, “The Case for Realism in Class Analysis,” *Political Power and Social Theory*, 2000, 14: 291-305.

就是具有一种“科学研究纲领”式的理论系统。这一“硬核”的存在使得阶级分析视角能够在多元化的范式中捍卫自己的价值和相关性，延续自己的生命力。当然，阶级分析不是社会不平等研究的全部，更不是社会学乃至社会分析的全部。过多的赞誉和过多的诋毁都是不恰当的。“无论如何，对于想要构建一个值得追求的研究项目的阶级分析来说，只要它能够确认重要的因果机制就足够了；我们没有必要说，阶级是社会现象的最为重要的或根本性的决定因素。”①

在共享一个“内核”的基础上，阶级分析理论内部存在着各种不同的分析范式。下面将从分析对象、分析思路、解释逻辑等不同方面揭示前述三种主要分析范式之间的差异。

第二节 阶级分析对象：宏观与微观

阶级分析范式的差异首先体现在研究对象的层次界定上。

一般来讲，阶级分析的研究对象可以被划分为两大类，即宏观层次的现象和微观层次的现象。格伦斯基等人在区分阶级分析的宏观对象和微观对象时指出，阶级分析的任务，一是在宏观层次上解释转型事件和大规模社会变迁，二是在微观层次上解释阶级对个人态度、行为和生活机会的影响。② 宏观层次研究典型地表现为各种基于阶级理论的历史社会学，如斯考切波的《国家与社会革命》；微观层次研究则表现为各种基于个人调查数据的定量研究。在当代社会学中，一个趋势是阶级分析的议程从宏观分析向微观分析的转移。薇登和格伦斯基总结说：“在过去的 25 年里（笔者注：1980—2005 年），阶级分析的目标已经从发展对集体行动、革命和其他宏

---

① Wright, E. O. , “The Continuing Relevance of Class Analysis,” *Theory and Society* , 1996, 25: 697-716.

② See Grusky, David B. , Kim A. Weeden, and Jesper Sorensen. , “The Case for Realism in Class Analysis,” *Political Power and Social Theory*, 2000, 14: 291-305.

观水平的结果变量的解释，转移到去解释在个人层次生活机会、态度和行为上的变异。”① 他们甚至断言，“陈旧的宏观水平议程实际上已经被放弃了”②。③

结合上述宏观和微观的区分，对于现代阶级分析中的三种分析范式，我们可以列出一个阶级研究对象的清单，主要包括：（1）阶级结构和阶级流动，即划分当代阶级结构，研究阶级分化的形成过程、阶级位置在代内和代际的分配和再分配过程，以及阶级的跨边界可渗透性等；（2）阶级形成和阶级行动，主要是宏观层次的研究，既包括以阶级为基础的历史变迁理论，也包括对阶级结构与阶级意识、阶级形成以及阶级斗争之间相互关系的研究；（3）阶级影响，主要是微观层次的研究，即阶级所产生的个人生活机会和生活选择后果，包括阶级对个人的收入、社会态度、生活机会、生活方式和消费实践等造成的影响。

虽然上述三种分析范式对宏观层次与微观层次的区分有很大的一致性，但是赖特、戈德索普和格伦斯基的阶级理论在研究对象的具体范围以及侧重点上仍然存在很大差异。

戈德索普所代表的新韦伯主义范式集中于对阶级流动和阶级影响的研究，他把阶级形成和阶级行动问题看作是应从实证上处理的议题，并且倾向于认为“高水平的阶级形成和阶级行动都是历史上的特例而不是常规”④。实际上，戈德索普强烈主张从阶级分析议事日程中删除阶级形成和阶级行动问题。因此，有学者认为，反向地看，戈德索普的阶级分析可以被称为

---

① Weeden, K. A., Grusky, D. B., "Are There Any Social Classes at All?" *The Shape of Social Inequality: Stratification and Ethnicity in Comparative Perspective*, edited by David Bills, Volume 22, Research in Social Stratification and Mobility, Amsterdam, Elsevier, 2005, pp. 3-56.

② Grusky, David B., Kim A. Weeden, and Jesper Sorensen, "The Case for Realism in Class Analysis," *Political Power and Social Theory*, 2000, 14: 291-305; Sørensen, Aage B., "Toward a Sounder Basis for Class Analysis," *American Journal of Sociology*, 2000, 6: 1523-1558.

③ 正如我们已经指出的，西方阶级理论发生的这种转移的社会背景和环境与当代中国社会截然不同，它只是发生在西方阶级理论中的对西方现实的反映，而不应该成为评判中国社会和阶级理论的标准。

④ Goldthorpe John H., *On Sociology Volume One: Critique and Program*, Stanford, California, Stanford University Press, 2007.

“四个没有”理论，即没有历史理论、没有阶级剥削理论、没有以阶级为基础的集体行动理论、没有政治行动的还原论。① 格伦斯基所代表的新涂尔干主义范式与戈德索普的主张针锋相对。格伦斯基特别强调对阶级身份认同和阶级行动的研究，认为如果阶级理论家放弃了对阶级主观维度和阶级行动问题的研究，则无异于拿阶级理论的前途做一场没有丝毫胜利希望的豪赌。② 赖特在阶级分析对象的选择上则较为传统和均衡，代表了一种温和的学院派马克思主义阶级范式。

当代三种主要阶级理论在研究对象上的差异，如表1—1所示。

表1—1　三大阶级理论的研究对象

	微观层次		宏观层次	
	生活机会	社会态度	阶级行动	历史变迁
戈德索普	√√	√√	×	×
格伦斯基	√√	√√	√√	×
赖特	√√	√√	√	√

注：表中的符号表示强烈的程度，两个“√”表示强烈，一个“√”表示一般，“×”表示没有。

第三节　分析思路：集体行动者与生活条件综合信号

不同的阶级分析范式在研究对象上的差异，集中反映在要不要研究阶级形成问题，以及要不要研究与阶级形成密切相关的阶级行动问题上，由此形成了对阶级的社会意义的两种分析思路。

---

① See Goldthorpe, J. H. and Marshall, G., “The Promising Future of Class Analysis: a Response to Recent Critiques,” *Sociology*, 1992, 3: 381-400. Holton, R. and Turner, B., “Debate and Pseudo-Debate in Class Analysis: Some Unpromising Aspects of Goldthorpe and Marshall's Defence,” *Sociology*, 1994, 3: 799-804.

② See Grusky, David B., and Kim A. Weeden, “Decomposition without Death: A Research Agenda for the New Class Analysis,” *Acta Sociologica*, 2001, 44 (3): 203-218. Grusky, David B., and Jesper B. Sorensen, “Can Class Analysis Be Salvaged?” *American Journal of Sociology*, 1998, 103: 1187-1234. Weeden, K. A., Grusky, D. B., “Are There Any Social Classes at All?” pp. 3-56 in *The Shape of Social Inequality: Stratification and Ethnicity in Comparative Perspective*, edited by David Bills, Volume 22, Research in Social Stratification and Mobility, Amsterdam, Elsevier, 2005.

一、"结构—意识—行动"：阶级作为集体行动者

传统的阶级理论，尤其是马克思主义阶级理论，都把阶级形成和阶级行动作为极其重要的研究议题。如果说阶级结构是被客观地定义了的社会空间，那么阶级形成就是被集体性地组织起来进行阶级斗争的社会行动者形成的过程[①]，实际上这也是经典马克思主义中"自在"阶级到"自为"阶级的转化问题。在以阶级斗争和社会变迁为研究主题的宏观阶级社会学中，阶级形成问题一直占据着核心位置，因为只有阶级成员被组织起来，为了其自身的阶级利益而进行阶级斗争，才能够说他们形成了一个真正的阶级。宏观阶级社会学中一般都包含一种基于阶级的集体行动理论，根据这种集体行动理论，"在阶级结构内占据相似位置的个人，会发展出共同的意识和对其阶级利益的把握；继而，共同的阶级意识和阶级利益会激发他们采取共同行动以追求他们共同的阶级利益"[②]。这种理论逻辑可被称为"结构—意识—行动"链条，帕尔（R. E. Pahl）把它看作是一种"咒语"[③]，认为它具有明显的决定论色彩。

在阶级理论复兴的前期，就有大量社会学家重新阐释阶级形成和阶级行动问题。例如：吉登斯的"阶级关系结构化"理论从"间接结构化"和"直接结构化"这两个方面来论证发达工业社会的阶级形成；帕金从社会封闭的角度论述了阶级形成和与此相关的阶级行动问题。但是，随着社会经济的发展，阶级的影响在主观方面和客观方面都发生了很大变化。在主观方面，有调查表明，人们对阶级的主观感知和身份认同日趋衰落。格伦斯基经常举的一个例子就是艾米森和韦斯特恩于1990年对澳大利亚人阶级意识的研究，他们的研究表明，所有澳大利亚人中，仅有7%把他们所处的社

---

① 参见［美］赖特：《阶级》，北京，高等教育出版社，2006。

② Goldthorpe, J. H. and Marshall, G., "The Promising Future of Class Analysis: a Response to Recent Critiques," *Sociology*, 1992, 3: 381-400.

③ Pahl, R. E., "Is the Emperor Naked? Some Questions on the Adequacy of Sociological Theory in Urban and Regional Research," *International Journal of Urban and Regional Research*, 1989, 4: 711-720.

会阶级视为一种“非常重要的”身份。[①] 在客观方面，以阶级（利益）为基础的阶级行动和阶级斗争日益减少，现在人们看到的更多的是以民族（如各种各样的民族独立甚至民族分裂运动）、性别（如女权主义运动以及同性恋权益运动）、人类关怀（如西方的“绿党”和环保主义运动）、群体利益（如拆迁区群众的抗议活动）等为基础的新形式的社会运动。所有这些，构成了前文所提及的，以后工业主义和后现代主义为代表的对阶级分析的批评与攻击的重要基础。

正因为如此，西方阶级理论家的很大一部分精力都投入到了对“阶级不行动”问题的解决上。主要的解决方案可以分为三种：第一种是强调“结构—意识—行动”链条中的各种随机因素，认为这些因素会对阶级形成和阶级行动产生“干扰”或者“阻挠”[②]；第二种是求助于“虚假阶级意识”概念，即认为工人阶级内部出现的一些新阶层对于他们真实的阶级位置和真实的阶级利益具有一个“错误的”阶级意识，从而有损于工人阶级的团结[③]；第三种是主张重新构建阶级分类图式，以正确地反映资本主义社会中的阶级结构，这种应对认为，过时的阶级分类图式无法正确地反映资本主义目前的阶级结构，也因此必然无法正确地捕捉阶级成员的阶级意识[④]。在20世纪四五十年代到八九十年代期间，重新构建阶级分类图式的努力成为很多阶级理论家的重要工作内容。

但是，总的来看，面对“阶级不行动”的批评和攻击，在阶级分析复兴运动中存在着一种“雄心壮志缩减”的趋势，这指的是越来越多的阶级理论家开始放弃宏观层次上的阶级分析（其典型表现就是“以阶级为基础的历史理论”，以及与这种理论密切相关的“阶级形成问题”），放弃阶级分

---

① See Grusky，David B.，Kim A. Weeden，and Jesper Sorensen，“The Case for Realism in Class Analysis，” *Political Power and Social Theory*，2000，14：291－305.

② 参见 Dahrendorf. R.，*Class and Class Conflict in Industrial Society*，Stanford，Stanford University Press，1959；[美] 赖特：《阶级》，116～119页，北京，高等教育出版社，2006。

③ See Lockwood，D.，*The Black coated Worker*，London，Allenand Unwin，1958/1989.

④ See Weeden，K. A.，Grusky，D. B.，“The Case for a New Class Map，” *American Journal of Sociology*，2005，1：141－212.

析中的“结构—行动模型”，而阶级分析的微观层次研究（如阶级对收入水平、社会态度等个人层次结果变量的影响）变得越来越占据统治地位。赖特以及戈德索普的阶级理论都可以被看作是阶级分析家们“雄心壮志缩减”的典型例子。

与那些缩减了雄心壮志的阶级理论家们不同，格伦斯基等人认为，如果不研究阶级形成和阶级行动，阶级理论家就无法反驳后现代主义所谓“阶级死亡”的主张。格伦斯基等人主要从三个方面来回应反阶级分析的论调以及阶级分析家内部的“雄心壮志缩减”的举动：第一，阶级利益的形成和阶级行动的发生与“阶级结构化”有着密切关系，阶级结构化促进阶级利益的形成，促进阶级团结，并促成阶级行动。当代社会的技术变迁、组织变迁以及职业协会的变迁等一系列客观事实都表明，阶级结构化的趋势并未减弱。① 第二，之所以社会学家没有捕获到显著的阶级行动，很大程度上是由于他们使用了错误的阶级分类框架，阶级分析从宏观层次向微观层次的转移并未伴随着阶级构图（class map）上的相应转移，社会学家还在沿用传统的大阶级聚类图式，而这种聚类图式极大掩盖了阶级关系的“局部结构化”，掩盖了职业层次上的阶级利益、阶级团结和阶级斗争。② 第三，阶级集体行动已经不是以往意义上的社会革命或大规模的阶级斗争，而是在职业群体层次上出现的各种为争夺裁决权（jurisdiction）而展开的职业封闭实践，如美国眼科大夫和验光配镜师之间围绕谁有权控制眼部矫正手术这一业务而展开的相互斗争。③

其实，否认阶级集体行动与强调阶级集体行动之间的分歧并没有那么绝对，更多的是“雄心壮志的缩减或弱化”而不是消失。一个明显的例子是，当戈德索普和格伦斯基争论大、小聚类阶级的优劣时，戈德索普争辩

① See Grusky, David B., and Jesper B. Sorensen, “Can Class Analysis Be Salvaged?” *American Journal of Sociology*, 1998. 103: 1187 - 1234.

② See Grusky, David B., and Jesper B. Sorensen, “Can Class Analysis Be Salvaged?” *American Journal of Sociology*, 1998. 103: 1187 - 1234.

③ See Grusky, David B., and Kim A. Weeden, “Class Analysis and the Heavy Weight of Convention,” *Acta Sociologica 2002*, 45 (3): 229 - 236.

道，基于大的阶级分类的集体性阶级行动不是不存在了，只是不再表现为革命的“冬宫风暴”模型所描述的那种行动，而表现为北欧国家的“新法团主义”（neo-corporatism）或“社会合作主义”（social partnership）制度，只不过这种制度的目的在于“顺应而非加强阶级冲突”[①]。

二、“结构—状况—选择”：阶级作为生活条件综合信号

当阶级分析者从宏观层次的阶级行动问题转向微观层次的阶级影响问题时，他们对阶级概念的使用也会同时发生变化。具体来说，就是阶级概念从集体行动者变成了生活条件的综合信号（omnibus signal of life conditions）[②]。

微观层次上的阶级影响研究在目前的阶级分析文献中占据较大比例。格伦斯基甚至指出，这类分析无处不在，“对几乎任何一个个人层次的变量，我们都可以找到一篇完善的研究文献，把这一变量看作是由阶级所决定的”[③]。按照帕库尔斯基和沃特斯的总结，这些微观层次现象包括政治偏好、生活方式选择、儿童抚养实践、身体和精神健康的机遇、对教育机遇的获得、婚姻模式、职业继承、收入，等等。[④] 薇登和格伦斯基更系统地把这些“待解释对象”归为三个主题领域，分别是：（1）生活机会，如收入、教育、工作条件等；（2）生活方式，如消费实践、制度参与等；（3）文化，如政治偏好、社会态度等。[⑤]

---

① Goldthorpe, J. H., “Occupational Sociology, Yes, Class Analysis, No: A Comment on Grusky and Weeden's Research Agenda.,” *Acta Sociologica*, 2002, 3: 211 - 217.

② 此概念见于薇登和格伦斯基合写的一篇论文。关于其具体含义，可参考文中的下面这段话：“我们主张，这一……阶级图式的主要目的，是去识别出生产场所中的一些结构性位置，它们提供了最强烈的关于‘生活条件’的可能信号，这指的是定义了我们社会生活的质量和特征的那些‘境况’（circumstance）的全副甲胄，包括我们控制的经济流和经济资源、我们的制度性的亲密关系和承诺、我们所过的生活方式类型，以及我们的意见和态度。”（Weeden and Grusky, “The Case for a New Class Map,” *The American Journal of Sociology*, 2005, Vol. 111, No. 1: 141 - 212.）

③ Weeden, K. A., Grusky, D. B., “The Case for a New Class Map,” *American Journal of Sociology*, 2005, 1: 141 - 212.

④ See Pakulski, Jan., Waters, Malcolm, “The Reshaping and Dissolution of Social Class in Advanced Societ,” *Theory and Society*, Vol. 25, No. 5, 1996.

⑤ See Weeden, Kim A., Grusky, David B., “The Case for a New Class Map,” *American Journal of Sociology*, Vol. 11, No. 1, 2005.

微观层次的阶级分析，实际上就是将阶级作为客观的结构性位置，研究它是如何影响阶级成员的生活机会和生活选择的。同解释集体行动的“结构—意识—行动”链条一样，在对微观层次现象进行解释时，阶级理论家也都遵循着一条大致类似的链条，即“结构—状况—选择”。这同样也是一种结构主义解释，只不过它把社会结构更明确地指定为阶级结构。微观层次的研究就是要确认在“结构—状况—选择”链条上发挥作用的各种因果机制。具体地说，“结构—状况—选择”链条的内容是，“那些拥有类似资源并且因此占据类似的结构性位置的人，将会共享类似的、关于‘生活机会’的可能性和约束……因此，他们可能也会被预期以相似的方式行动”①。

事实上，在阶级理论研究中，有很大一部分内容就是论证阶级与其他变量——年龄、性别、种族等——相比到底有无解释上的特权。如霍尔顿和特纳所说：“对阶级理论之前途的评估（取决于）……与其他寻求解释相同现象的更广泛的理论相比，‘阶级’理论的卓越之处。”② 换用索伦森的话来说：“当它得出了对流动和获得过程的新的洞察时，阶级分析是一个有用的工具。但是如果它产生了一些但并非全部的可以由其他理论提供的洞察时，和/或它很少为富有成效的问题和研究程序提供启发时，阶级分析就不是一个那么有用的概念了。”③ 在这个意义上，其实阶级分析和各种非阶级分析在分析形式上的区别仅在于：研究者是使用阶级作为自变量，还是选择其他的自变量，如人口统计学变量、教育、城乡、组织、政策等变量。

很多反对阶级分析的批评者认为，人们无法解释阶级效应被再生产时所借助的过程。例如，帕尔指出，阶级概念不再是有用的了，因为阶级和各种结果变量之间的关联“大概混合了许多相当截然不同的（因果）过程，

---

① Rose，D. and Pevalin，D. J.，*A Researcher's Guide to the National Statistics Socio-economic Classification*，London，Sage，2003.

② Holton，R. and Turner，B.，“Debate and Pseudo-Debate in Class Analysis：Some Unpromising Aspects of Goldthorpe and Marshall's Defence，” *Sociology*，1994，3：799－804.

③ Sørensen，Aage B.，“On the Usefulness of Class Analysis in Research on Social Mobility and Socioeconomic Inequality，” *Acta Sociologica*，1991，2：71－87.

这些过程应该保持分析上的独立性”[①]，也就是说，我们应该对这些过程分别加以分析，而不是把阶级作为一个包罗万象的“综合”信号。布瑞恩（Richard Breen）和罗特曼（David Rottman）也认为，阶级理论没有得到足够的发展，并且阶级机制一直未被明确指定，因为人们一直忽视了阶级在决定施加于行动上的机会和约束时所采用的方式。我们需要诸如对纵贯数据集的定量分析等新的研究方法，来解释“阶级是如何产生它所具有的效应的”这一问题。[②] 所有这些批评都指向了连接阶级和各种结果变量的因果机制。我们下面就来阐释阶级分析的解释逻辑问题。

第四节　阶级分析中不同的解释逻辑

本文所说的解释逻辑（logic of explanation），是指构成研究者对社会现象所做解释之基础的那一潜在的行动理论，这种行动理论需要详细阐明行动者所面临的约束、行动者的动机和意向以及他们所遵循的行动步骤。它实际上是社会学近年来一直强调的因果解释中的“解释机制”（mechanism of explanation）或者“行动叙述”（action narratives）。正如戈德索普所言，社会过程中的因果关系无法从定量分析本身中建立，而是“在逻辑上依赖于”[③] 行动叙述。所以，研究者在用自变量解释因变量时，必须从行动理论的角度有逻辑地阐明自变量的作用过程，只有这样，研究者所提出的对于某一社会现象的解释才是能够令人信服的。而如果社会学研究者满

---

① Pahl, R. E., “Is the Emperor Naked? Some Questions on the Adequacy of Sociological Theory in Urban and Regional Research,” *International Journal of Urban and Regional Research*, 1989, 4：711 - 720.

② See Breen, R. and Rottman, D., “Class Analysis and Class Theory,” *Sociology*, 1995, 29：453 - 473；Devine, Fiona., “Class Analysis and the Stability of Class Relations,” *Sociology*, 1998, Vol. 32, No. 1.

③ Goldthorpe, J. H., “Class Analysis and the Reorientation of Class Theory：The Case of Persisting Differentials in Educational Attainment,” *The British Journal of Sociology*, 1996. 3：481 -505.

足于对经验现象的简单描述和对变量之间相互关系的简单说明，而没有从机制角度解释自变量和因变量之间的因果关系，那么这样的研究就会成为所谓“变量社会学”[①]。因此，赖特、戈德索普和格伦斯基都非常注重解释逻辑问题，而且他们在解释逻辑上的差异甚至比他们在研究对象上的差异更加鲜明。

一、阶级作为自变量和因变量

分析三种范式的解释逻辑，首先必须区分作为自变量的阶级和作为因变量的阶级，因为这两个概念与社会学乃至社会科学研究中基本的解释逻辑相关。

阶级位置作为一种社会结构，既是决定的（determining）又是被决定的（be determined）。换句话说，阶级既是被决定的社会位置，又是决定（他者）的社会结构。因此从分析上来讲，阶级既是一个自变量也是一个因变量。然而实际上，自变量和因变量的划分是一个颇为复杂的问题。例如，当我们用阶级去解释宏观层次上的集体行动和社会变迁时，阶级就是一个自变量。但当我们把阶级作为集体行动者时，阶级又是一个因变量，也就是说，此时阶级是被决定的，我们要对决定阶级流动、阶级形成、阶级行动的各种影响因素进行分析。同样地，当我们把阶级作为生活条件的综合信号，用以解释微观层次上的个人生活机会和社会态度时，阶级就是一个自变量。但是作为生活条件综合信号的阶级概念仍然可以被看作是一个因变量，例如，格伦斯基等人就列举了如下四种阶级作为因变量的传统情形，即阶级再生产和流动、以阶级为基础的选择性交配、以阶级为基础的友谊和网络纽带，以及阶级或职业的分割，他们认为“一个能够提供强烈的生活条件信号的阶级图式能够最好地满足这些研究传统”[②]。

---

① ［美］赫斯特洛姆：《解析社会：分析社会学原理》，南京，南京大学出版社，2010。

② Weeden, K. A., Grusky, D. B., “Are There Any Social Classes at All?” *The Shape of Social Inequality: Stratification and Ethnicity in Comparative Perspective*, edited by David Bills, Volume 22, Research in Social Stratification and Mobility, Amsterdam, Elsevier, 2005, pp. 3 - 56.

自变量和因变量的划分与阶级理论的具体解释逻辑密切相关，因为这关涉到解释逻辑中的解释物和被解释物（explanans/explanandum）。也就是说，自变量和因变量的划分导致了阶级在解释逻辑中所处的地位是不同的。但是正如上面指出的，无论研究者在分析中把阶级作为自变量还是因变量，在提供解释逻辑时，都必须以某种行动理论为基础。

二、三种分析范式的解释逻辑

基于不同的理论渊源和研究对象、分析思路上的差异，形成了三种分析范式不同的解释逻辑。

赖特的解释逻辑具有典型的结构主义色彩，我们可以称其为“剥削和利益形成逻辑”。这一逻辑包含两个基本假设：第一，阶级关系是对抗性的社会关系；第二，阶级关系的对抗性根源在于各个阶级之间存在的剥削和被剥削关系。这种剥削（而非简单地压迫）意味着剥削阶级的物质福利与被剥削阶级的物质生产之间存在因果关系，前者依赖于对后者的剥夺。[①] 进而，剥削的客观存在使得剥削阶级和被剥削阶级分别形成了榨取劳动果实和保卫劳动果实这两种客观利益。而赖特认为，阶级利益的形成是一切阶级态度和阶级行动的基础。

赖特对剥削机制的强调，是其之所以能够自称马克思主义者的根本基础。但他对利益机制的阐释，以及他在解释阶级行动时对博弈论和搭便车理论的使用，则不可避免地使其阶级理论蒙上了一层“理性选择马克思主义”的色彩。这一点从他与理性选择马克思主义的代表人物埃尔斯特（Jon Elster），尤其是罗默（John Roemer）之间的个人交往和学术借鉴中就可见端倪。

戈德索普同样倾心于理性选择（行动）理论，但是与赖特的剥削和利益机制不同，戈德索普的解释逻辑强调的是“状况逻辑”。“状况逻辑”

① 参见［美］赖特：《后工业社会中的阶级》，12～14页，沈阳，辽宁教育出版社，2004；［美］赖特：《阶级》，39、68～93页，北京，高等教育出版社，2006。

(logic of the situation) 由科学哲学家波普尔 (Karl Popper) 提出，指的是各种政治历史事件既不是由帝王将相决定的，也不是由所谓的“历史规律”决定的，而是由事件中的个人根据所处状况而采取的“必须”的反应决定的。[①] 以“状况逻辑”为基础，哲学家和社会学家发展出了一种理性行动理论的变体。按照这种理性行动理论，在构思关于某种（已发生的）行动的具体解释时，理性从一开始就被假定了，即分析者必须首先假设个人会根据他们自身所处在的那些状况而适当地或充分地行动，这样，分析者的注意力就能够集中到“状况”上。[②] 换句话说，在这种理性行动理论下，分析者所要做的就是对历史事件进行“理性重建”(rational reconstruction)。

与赖特不同，戈德索普并不假设阶级关系是对抗性的，相反，他主要把阶级看作是一些具有不同约束和机会的位置集合。与赖特的另一个不同是，戈德索普认为阶级分析的任务不是去解释历史上“并不存在的某种生成性过程”（即阶级形成和阶级瓦解），而是解释阶级关系的稳定性，尤其是解释与阶级相关的生活机会和社会行动模式所展示出来的持续的统计规律性。[③] 在戈德索普看来，阶级分析所要做的事情，一个是“去解释为什么处在同一群体中的人会拥有许多共同的属性，包括获得物质成功的相似机会”[④]，即解释生活机会的阶级变异；另一个是解释人们“如何动用他们的资源”行使选择权，即解释生活选择的阶级变异。戈德索普认为，处于不同阶级位置的社会行动者的行动都可以被看作是“对他们的阶级状况的相当理性的回应”[⑤]，尽管选择的引入在对个人行动的分析中添加了一种不确定因素，但是对人们来说，（总的）趋势是在相似的境遇中会做出相同的选

---

① 参见［美］波普尔：《历史决定论的贫困》，116～120页，上海，上海人民出版社，2009。

② See Goldthorpe, J. H., *On Sociology Volume One*: *Critique and Program*, Stanford, California: Stanford University Press, 2007.

③ See Goldthorpe, J. H., “Class Analysis and the Reorientation of Class Theory: The Case of Persisting Differentials in Educational Attainment,” *The British Journal of Sociology*, 1996, 3: 481-505.

④ Breen, R. and Rottman, D., “Class Analysis and Class Theory,” *Sociology*, 1995, 29: 453-73.

⑤ Goldthorpe, J. H., “Occupational Sociology, Yes, Class Analysis, No: A Comment on Grusky and Weeden's Research Agenda.,” *Acta Sociologica*, 2002, 3: 211 - 217; Chan, Tak Wing and John H. Goldthorpe, “Class and Status: The Conceptual Distinction and its Empirical Relevance,” *American Sociological Review*, Vol. 72, 2007; Devine, Fiona., “Class Analysis and the Stability of Class Relations,” *Sociology*, Vol. 32, No. 1, 1998.

择，所以人们的选择能够表现出统计上的规律性。

格伦斯基等人强烈地批评戈德索普的解释逻辑，认为戈德索普的阶级概念是名义主义的，其解释逻辑过于贫乏。格伦斯基认为，首先，戈德索普所建构的阶级"无非就是一堆约束和机会集合"[①]，这样的阶级没有阶级文化，没有阶级团结，没有阶级行动，而且无法明确地界定阶级边界，一言以蔽之，这样的阶级无论是在结构化程度上还是在同质性程度上都非常低，因此，戈德索普的这种名义主义实际上就是一种"以变量为中心"的方法，这种方法使得戈德索普所构建的阶级可以被称为"条件集合"而不能被称为"阶级"。[②] 其次，由于未能把阶级图式建立在职业细类水平上，戈德索普无法发现多种多样的机制，而只能求助于有限的状况逻辑和理性行动理论。格伦斯基甚至不无讽刺地挖苦道："理性行动解释可能是（戈德索普等）'大阶级理论家'能够打出的最强的一张王牌了，但是，比起'制度化阶级类别理论家'（即格伦斯基本人）可利用的那些同质性诱导机制来，他的这张牌就要虚弱得多。"[③]

与戈德索普只强调阶级的经济意义，而避免参照阶级文化的做法不同，格伦斯基等人强调阶级是一个"经济文化群体"，阶级的经济意义和文化意义是阶级概念的两个面，缺一不可。另一方面，与戈德索普对阶级集体行动及阶级同质性的漠不关心不同，格伦斯基等人一直致力于探索阶级同质性的各种表现以及产生阶级同质性的各种机制，他们在多篇论文中不厌其烦地论述身份认同、阶级意识、社会封闭、职业亚文化、集体行动等阶级同质性现象，但是在某些批评者看来，这些论述没有在阶级同质性的各种表现与产生阶级同质性的各种机制之间作出明确的区分[④]。不过在最近的一

① Grusky，David B.，and Kim A. Weeden，"Class Analysis and the Heavy Weight of Convention，" *Acta Sociologica*，2002，45（3）：229－236.

② See Grusky，David B.，and Kim A. Weeden，"Class Analysis and the Heavy Weight of Convention，" *Acta Sociologica*，2002，45（3）：229－236.

③ Weeden，K. A.，Grusky，D. B.，"The Case for a New Class Map，" *American Journal of Sociology*，2005，1：141－212.

④ See Grusky，David B.，and Jesper B. Sorensen.，"Can Class Analysis Be Salvaged?" *American Journal of Sociology*，1998，103：1187－1234；Grusky，David B.，Kim A. Weeden，and Jesper Sorensen，"The Case for Realism in Class Analysis，" *Political Power and Social Theory*，2000，14：291－305.

篇论文中，他们明确提出了解释机制问题，并把此前提出的各种机制总括为三大类机制：即配置机制，指的是劳动力市场上劳动力的供给和选择机制；社会调节机制，包括技能培训、社会封闭、利益形成和学习的普遍化等四种子机制；条件的制度化机制，指的是相同职业内工作条件的趋同化趋势。① 格伦斯基等人认为，通过上述三类机制的作用，具有内部同质性的各个阶级得以在职业细类的层次上出现（即“同质化”），而且作为一种经济现象的阶级得以被转化为一种“真实的社会群体”（即“结构化”）。基于此，格伦斯基的解释逻辑可以恰当地被称为“结构化逻辑”或者“同质性逻辑”。

不同学者的解释逻辑之所以不同，根源之一在于研究者在对社会行动（阶级行动）动因的把握上存在分歧。赖特认为，阶级行动必然是阶级成员的一种联合行动（集体行动），这就需要存在对抗性的阶级利益、对这些利益的清晰把握（即阶级意识），而后才能产生阶级的组织（阶级形成）和阶级斗争。格伦斯基则不满足于单纯地用利益来解释一切，他认为，通过配置、社会调节等机制，某一阶级内部成员的性情倾向、品位、文化等都将趋于同质，而各个阶级之间则趋于异质，这样，阶级内部的行动和各个阶级之间的互动（即原始意义上的阶级行动）才能得到恰当的解释。戈德索普的逻辑显然与他们不同，戈德索普首先不认为阶级行动是必然出现或必须被研究的，其次不认为阶级行动是有组织的、集体性的，他所强调的阶级行动的“统计规律性”，只承认在统计上能够发现处于同一阶级的成员具有类似的行动或行动倾向。戈德索普认为用状况逻辑和理性行动就能令人满意地解释这种统计规律性，而无需借助共同利益、同质性的阶级文化等概念。

在这里，有必要对十分重要但无法做详细讨论的阶级图式问题做一简单论述，即阶级的解释逻辑与阶级图式构建之间的关系。社会分层图式

---

① See Weeden, K. A., Grusky, D. B, “The Case for a New Class Map,” *American Journal of Sociology*, 2005, 1: 141-212.

（阶级图式）是社会学家研究阶级现象的一个“基本工具”，更是研究阶级问题的基础，研究者采用的解释逻辑一定程度上决定了阶级图式的建构和选择。正如薇登和格伦斯基指出的，“如果阶级分析的目标是去理解对立的利益如何可能产生阶级对抗，那么围绕一个能定义阶级利益的关键变量（如财产所有权、权威关系）来构建一个阶级构图，是讲得通的”，而“如果目标是去理解差别化的生活条件”，那么我们就应该在阶级分类图式中尽可能地捕捉各种重要差异，以完整地描绘一幅“社会结构的地理图”①。

第五节　小结与讨论

当代阶级分析理论对分析中国转型社会来说具有重要的借鉴意义。

一、阶级分析作为分析转型社会的重要概念工具

正处于社会转型关键期的中国社会，已经经历了并且还在经历巨大的变革。在国内有关社会结构变革、社会不平等以及社会矛盾与冲突的研究领域中，近十年来出现了一个引人注目的、我们称之为“分析范式转变”的现象，即相对于其他关于社会不平等和社会矛盾与冲突的分析，阶级分析视角得到了特别的强调和应用。在国内重返阶级分析的呼声中，研究者们从不同角度论述了阶级分析在当代中国社会不平等或社会分层研究中的重要性，几乎都把正在经历急剧变迁的中国社会以及日益加剧的社会紧张和社会冲突作为凸显阶级分析意义的现实前提。

有的学者提出，在当前的社会中，相对于“谁得到了什么”这样的表层结构来说，“怎样得到的”更能揭示社会的深层结构，而阶级分析则是分析社会深层结构的有力工具。② 还有学者提出，阶级分析的内在逻辑是社会

① Weeden, K. A., Grusky, D. B., "The Case for a New Class Map," *American Journal of Sociology*, 2005, 1: 141-212.

② 参见仇立平：《回到马克思：对中国社会分层研究的反思》，载《社会》，2006（4）。

冲突，所以相对于强调社会功能的阶层概念来说，阶级概念是解析社会冲突的最恰当的概念工具之一。[①] 另一个更为基础的理由则认为，要理解中国这样一个正在经历基本的社会安排和社会框架变化的社会来说，阶级概念是能够反映宏观社会结构变化的更好的概念。[②] 孙立平则在社会结构定型化的前提下，从五个方面论证了阶级分析相对于阶层分析的优势。[③]

这种理论分析范式的转变，再一次揭示了阶级分析的理论“硬核”以及相应的理论系统所独具的分析意义和生命力。当然，竞争性的分析范式同样存在，例如，国内学者关于社会结构的碎片化和阶级化的争论就是证明。正因为如此，对于中国的阶级分析理论来说，其生命力不仅取决于对现实的认识，还取决于理论体系的建构。

二、多元的分析范式和解释逻辑

这是一个简单的，但常常被忽视了的认识。

近年来，中国国内很多研究阶级问题的社会学者都在谈论阶级（或集体）行动以及与此相关的阶级（或社会）冲突问题，而且，国内目前“重返阶级分析”的呼声的原初动机就是为了解释和分析阶级（集体）行动问题。即使是竞争性的分析范式，也关注社会行动问题，例如，孙立平呼吁在社会学分析中用利益集团来代替社会阶级，他认为，“从一般的意义上说，利益群体是更现实的行动主体。在现实生活中，人们很少直接看到阶级或阶层在行动，人们看到的现实行动者主要是利益群体”[④]。可以理解，这种对行动、矛盾和冲突的关注是中国社会剧烈变迁和冲突加剧的社会现实所使然。

然而必须看到的是，虽然关注阶级行动和矛盾冲突是阶级分析中非常重要的部分，但并不是该理论的全部。我们在有关生活条件和社会机会分

---

① 参见冯仕政：《重返阶级分析？论中国社会不平等研究的范式转换》，载《社会学研究》，2008（5）。

② 参见沈原：《社会转型与工人阶级的再形成》，载《社会学研究》，2006（2）。

③ 参见孙立平：《警惕上层寡头化、下层民粹化》，载《中国与世界观察》，2006（3）。

④ 孙立平：《利益关系形成与社会结构变迁》，载《社会》，2008（3）。

配的研究中（如地位获得、收入、教育、就业、消费、态度、价值观等），就很少能够看到作为自变量的阶级概念。这不能不说是阶级分析理论的缺憾。

三、阶级图式的建构

无论是宏观还是微观的分层层次，也无论是强调阶级行动还是强调生活条件的综合信号，阶级分析都建立在两个前提之上：其现实前提是现实世界中存在较高程度的“阶级形成”（按赖特的理论），或者发生定义阶级边界的“符号过程”（按布迪厄的理论）；其理论前提是必须发展出能够抓住基本阶级关系的有效的阶级图式。

近些年来，国内一些学者逐步重视阶级分类图式的作用，并且也提出了若干分类框架，如陆学艺①、刘欣②、郑杭生和李路路等③，以及林宗弘和吴晓刚④，等等，这是非常值得肯定的努力。但是，由于中国社会的急剧变革，由于阶级分析理论在中国社会转型期本身就正在经历一个再形成的过程，在这些分类图式的建构逻辑、效度检验以及相应的解释逻辑等方面还有很多的工作需要去做。而中国现实社会中阶级形成程度的争论，在理论上归根结底取决于阶级图式的建构。

---

① 陆学艺主编：《当代中国社会阶层研究报告》，北京，社会科学文献出版社，2002。

② 刘欣：《当前中国社会阶层分化的制度基础》，载《社会学研究》，2005（5）；刘欣：《中国城市的阶层结构与中产阶层的定位》，载《社会学研究》，2007（6）。

③ 郑杭生、李路路等：《当代中国城市社会结构：现状与趋势》，北京，中国人民大学出版社，2004。

④ 林宗弘、吴晓刚：《中国的制度变迁阶级结构转型和收入不平等：1978—2005》，载《社会》，2010（6）。

第二章 “经济决定”到“权威支配”：阶级分析的理论转向①

在任何一个时期的任意一种社会类型中，社会成员都会因在权力、有价值的资源和机会的占有上的差别而分布在社会空间的不同位置，而阶级阶层结构就是这种成员间相对位置的分布形态和基本关系模式。阶级阶层结构作为社会不平等形态的结构性根源，不仅对于作为微观个体的社会成员的物质利益、生活机会形成了根本性的约束，而且对社会结构的其他方面甚至是社会的运行及变迁而言都是一种重要的结构性因素。对一个社会的阶级阶层结构展开研究的重要意义与价值已得到无数社会学者的共识与论证，对此已无须赘言。

在展开具体的论述之前，有必要对本项阶级分析的一些基本问题事先做出说明，以利于读者的阅读。

第一，阶级分析是考察社会不平等状况的众多工具和视角中的一个，但它具有独特性和重要性。首先，阶级阶层结构只是众多社会结构形态中的一种而非全部，城乡结构、区域结构、所有制结构、产业结构、职业结构等都是制约个体社会地位与生活机会的宏观结构性因素；其次，社会成员个体的先赋性因素（如性别、种族、年龄、出身）与后天自致性因素（如教育、党员）等都对个体间的经济与社会不平等施加着重要影响。从一定程度来讲，阶级结构或曰阶级位置与其他宏观和微观的因素相比，都是一种造成社会不平等的因素，这是它们的共同之处。然而，阶级结构本身也有其独特的地方，正是这种独特性使得阶级分析具备一定的优先解释权。与其他宏观因素的影响制约作用体现在纵向的条块分割、内部差异基础之

① 本章主要内容曾发表于《中国人民大学学报》2013年第6期。

上相比，阶级阶层结构是一种横截面的切割线，是贯穿于各结构性因素的一条区分社会成员地位的基本分割线。在城乡内部、不同所有制单位内部、不同产业和职业内部，都可以依据一致的阶级标准区分出不同的阶级位置，并且阶级的内在作用机制和逻辑在各宏观结构因素内部基本类似。与微观个体性因素相比，阶级位置的优势在于它是一种结构性社会位置，是一种“空的空间”（empty places），独立于占据这些位置的个人而存在。[①] 结构性位置对应着一系列不以人的特征或意志为转移的特定的权利、义务、责任，占据这个位置的成员无论是谁，都必须扮演位置所规定的社会角色，同时也享有位置所赋予的社会地位或物质利益。因此，阶级位置有着其他个体特征因素所无法具备的客观性、稳定性等优势。

第二，本研究是在对西方阶级理论的发展理路及演变的逻辑问题进行阐述的基础上，构建基于中国经验现实的阶级模型的，它更多的是对当前社会阶级结构的勾勒与描绘，对为何以此为标准来识别位于劳动力市场和生产组织中的结构性位置进行的理论解释，以及对阶级结构之于成员生活机会等结果性社会形式的制约性影响的探索。

第三，本研究在一种“弱阶级”的意义上使用阶级概念，强调客观阶级位置对阶级成员物质利益、生活机会的约束，尤其是那些对成员的经济保障、工作稳定性和职业发展前景有影响的约束和机会；并不主张强调阶级结构与阶级意识、阶级行动，甚至是历史变迁之间的必然因果联系。“强阶级”与“弱阶级”在解释力度和理论风格上展现出了截然不同的特征，其背后均不乏支持者和追随者。在本研究中，我们选择后者，一方面是因为不想将作为自变量的阶级的解释链条拉得太长或过于复杂，另一方面是因为我们更加赞同韦伯的主张，即阶级位置与阶级意识、阶级行动之间是一种或然的关系，二者的统一有赖于特定的、具体的历史和社会条件。或者退一步讲，即使接受二者间存在内在关联模式的主张，我们仍认为可以

---

① See Sørensen, Aage B.,“On the Usefulness of Class Analysis in Research on Social Mobility and Socioeconomic Inequality,” *Acta Sociologica*, 1991, 2: 71-87.

将二者做分析上的分离，在经验研究上将二者作为不同的现象来处理。[①]

第四，本研究不涉及意识形态层面的阶级议题。十年“文革”时期，中国片面地坚持“以阶级斗争为纲”，将阶级与极左的政治实践连接在一起，给经济社会发展及人们的生活带来了极大的负面影响，由此也导致改革开放之初相当一段时期内学术界谈“阶级”色变。本章开展的阶级分析是一项独立、客观的社会学研究，是对社会基本结构状况的描述及对阶级位置与生活机会等社会议题之间关系模式的阐述。开展阶级分析不意味着要寻找阶级认同及阶级力量的结构源泉，更不意味着要进行基于阶级身份的集体行动与阶级斗争。阶级研究能为我们认识社会结构及不平等状况提供一种独特的分析视角和解释逻辑，有的阶级研究传统还提供了一种有关社会现实的批判性反思，这对于解决社会矛盾、增进社会和谐是大有裨益的。相反，压制或限制阶级研究并不意味着不存在特定的阶级结构，也并不意味着阶级成员间利益摩擦、矛盾对立等问题会自动消除或不会显现。

不同学者可以从各种不同的角度揭示阶级研究的理论演变。我们认为，其中一个重要的演变轨迹是：从社会学古典时期重视“市场状况”（经济状况）转向当代社会重视“工作状况”（权威状况）。这一转向为我们从权威要素（尤其是组织权威）出发建构阶级图式提供了思想灵感和理论基础。

正如库恩所说，“一种范式通过革命向另一种范式的过渡，是成熟科学通常的发展模式”[②]。在科学研究中，理论范式的更迭或曰库恩意义上的“科学革命”的发生大多缘于旧有范式在适用范围和解释力上的衰退，而导致衰退的原因无外乎以下几点：其一，时代变迁与社会发展导致旧有范式没有考虑或无法解释的新事物、新现象出现；其二，原有理论范式本身的内在逻辑存在漏洞或缺陷，亟须补充与反思；其三，原有理论范式在精确性（如体现在定量方面）、简洁性或者艺术性上表现不够完美，有进一步提

① 参见［英］克朗普顿：《阶级与分层》，108页，上海，复旦大学出版社，2011。

② ［美］托马斯·库恩：《科学革命的结构》，11页，北京，北京大学出版社，2003。

升和完善的空间。

第一节　经验背景与理论困境

20世纪中叶以来，西方资本主义获得了长足的发展与进步，社会结构形态也随之发生了巨大的变迁。历史的车轮并未按照马克思在其经典著作中预设的方向前行，恰恰相反，马克思所预言的资本主义社会将日益分裂出的两大相互直接对立的阶级在其内部都出现了分化。在资本和资产阶级一端，股份制公司的出现所带来的企业所有权与控制权分离的现象造就了一个全新的管理者群体，原本由资本家亲自承担的对企业生产过程进行监管的职责通过委托代理的方式落到了他们身上，另一方面，股份制的出现所带来的资本主义所有制形式的变化使得公司和企业不再由某个个体所有，所有者、管理者甚至是普通雇员都有可能成为多元化资本主体中的一员；处于马克思阶级关系另一端的工人阶级则随着技术进步和劳动分工的深化而至少可以划分成专业技术人员、半熟练人员及非熟练工人等几类群体。一个庞大的中间阶级（middle class）伴随着资本的分解和劳动的分解而日益崛起。[①] 经理、官僚、专业技术人员、办公室职员的人数大量增加，并且在劳动力人口中的比例稳步上升。

与此同时，二战以来的资本主义社会在其结构形态上还有一些显著的变化，集中表现为组织规模化和理性化程度不断加深，大量公共组织出现。随着生产力的发展，第二产业在国民经济中的比重逐步下降，以服务业为主体的第三产业发展迅速。由此，生产领域的组织数量急剧下降，以商贸、市场营销、咨询、物流为代表的交换、分配性市场组织和以医院、学校、政府机构、非营利组织为代表的社会公共组织大量出现，这些组织吸纳了众多的管理人员、技术人员和办公室职员。与此同时，组织内部的科层化

---

① See Dahrendorf. R., *Class and Class Conflict in Industrial Society*, Stanford: Stanford University Press, 1959, pp. 41 - 57.

和理性化程度不断加深。组织结构在纵向等级上层级增加，权威链条不断延伸且分化明显；在横向上，随着劳动技术的分工及细化分工（sub-division），各职能部门分工明确、功能互补。与以往的组织类型相比，当代社会的各类生产性组织及公共性组织更像是一部分工复杂、任务明确、运转高效的大型机器。正是在组织和工作场所里，生产技术得以应用和推广，生产资料和劳动力资源得以配置，权力或权威得以组织和实践。个体逐渐从一个“社会人”变成了“组织人”，组织在决定或影响个体生活机会及物质利益获得上扮演的角色越来越明显，也越来越重要。

总之，资本领域所有权与管理权的分离、劳动力的技术分化、中间阶级的崛起以及组织的科层化、理性化发展等社会现实，构成了对传统阶级理论的冲击与挑战，同时也构成了当代阶级分析家理论研究与拓展的重要经验背景。

首先，中产阶级的崛起构成了马克思阶级理论的忧伤之源。[①] 如何在既有的“两分阶级结构”理论框架中安置这一群体，抑或如何突破传统的两分理论框架，构建新的、能够将新生群体囊括在内的阶级体系，是马克思主义阶级分析面临的重要时代课题。对韦伯主义传统来说，看似中产阶级并不构成一个特别的难题，因为在韦伯看来，社会成员在市场交换中的能力与表现，决定了其阶级位置与生活机会，中产阶级的存在有其内在的空间。但是问题在于，一方面，韦伯对所谓的“职业阶级”并没有进行清晰、深刻的讨论，对不同职业阶级以及职业阶级和有产阶级的关系都仅仅有一些语焉不详的描述；另一方面，即使“市场状况等于阶级状况”，但与古典时期相比，当代资本主义市场状况的形式、构成尤其是其作用发挥的空间、逻辑也都发生了变化。对新形势、新要素的回应构成了韦伯主义阶级分析范式发展的内在推动力之一。

其次，社会组织领域的变革同时作用于马克思和韦伯的阶级理论。一方面，非生产性组织及生产领域延伸组织的大量出现，使得马克思的生产

① 参见［美］赖特：《阶级分析方法》，101页，上海，复旦大学出版社，2011。

资料占有的阶级决定逻辑存在适用上的难题：日益增长的大量的“非生产性活动”和“非直接生产者”在社会中获得越来越重要的地位，对物质生产具有越来越重要的影响作用；另一方面，对韦伯传统而言，社会组织化程度不断加深，影响资源市场化配置的结构性因素日益生长，成员带入市场中进行交换的资源与其市场回报之间的必然性对应链条变得越来越脆弱，成员所拥有的市场资源若要获得预期的市场回报，必须经过社会组织这一中间环节，韦伯的市场状况决定生活机会的逻辑也面临适用上的难题。

最后，现代工作组织实质上即是一套以科层制结构为特征的权威关系体系。工作组织是权威分化、资源与机会分配实际发生的领域，在其中能够更为清晰地定义阶级的结构性位置，并发展有关中间作用机制的完备理论解释。与之相比，马克思和韦伯在经济领域这一社会整体层面或抽象关系中展开的阶级分析，则很难清晰地阐述阶级位置与资源获得之间的确切关系。在工作组织中，处于分化了的权威关系的不同位点的雇员，不仅实践着带有明显差异的支配与服从的角色，而且享有着与权威地位和角色相伴随的一系列不均等的生活机会。与手中掌握的物质财产和市场资源相比，在工作组织内获取的职位更加直接、稳定、有保障地与报酬相连。对于马克思主义传统来说，生产场所（工厂）的特征直接影响了阶级关系和阶级形成，统治或支配关系构成了“占有关系”的新维度[①]；而对于韦伯主义传统来说，人们的“市场状况”已经越来越多地由工作组织状况决定[②]。因此，在当代社会中，工作组织已经构成了资源转换与分配的关键环节，由此展开的阶级分析更接近于社会的现实，也有助于将分析推进到更加具体的社会过程。

---

① See Wright, E. O., “The Biography of a Concept: Contradictory Class Locations in John Holmwood,” eds., *Social Stratification*, Volume Ⅲ, London: Edward Elgar Publishing Limited, 1985, pp. 46 - 48、80 - 81.

② See Goldthorpe, J. H., “On the Service Class, Its Formation and Future,” In Giddens, A. and MacKenzie, G. (Eds), *Social Class and the Division of Labour: Essays in Honour of Ilya Neustadt*, Cambridge: Cambridge University Press, 1982.

第二节 殊途同归的转向路径：从“经济决定”到“权威支配”

在对阶级分析范式转向这一核心议题进行详细论证之前，我们首先对研究中的一些基本概念和问题加以说明和交代。

第一，虽然“生产资料所有权”与“剥削”、“市场状况”与“生活机会”分别作为马克思与韦伯阶级思想中的核心标识，代表了二者间的关键分歧，但是需要特别指出的是，古典时期阶级分析的两位开创者都是从经济领域考察物质资源、生活机会的不平等分配问题，都是在经济关系之中定义阶级位置，具体地说都是从经济资产（如马克思的生产性资产、韦伯的货物占有与获利机会）对成员的决定性意义这一初始起点定义阶级的。只不过马克思看到的是在经济的生产领域，围绕生产性资产（主要是生产资料所有权）而产生的剥削，以及是否占有生产资料对个体阶级地位的决定意义；而韦伯看到的是在市场交换中因货物占有利益和获利利益的实现而造成的成员生活机会的分化与差异。

冒着有些过度概括的危险，我们可以说在“因经济资产的占有而享有共同的物质利益和生活机会”这一点上，韦伯和马克思的阶级思想可以统一到一起，“经济决定”可以视为二者共有的标签。

第二，本章所要论证的这种分析范式的转向并不是以“彻底抛弃古典时期的经济决定思想而代之以权威支配”的形式呈现出来的，而是指向这样一种意涵：在当代社会，仅仅从财产所有权和市场地位的角度定义阶级显然难以成立，大量社会经济活动人口是在经济领域之外从事职业活动的，且社会资源分配的真实过程更多的是在具体的工作组织领域而非一般的经济市场领域展开。由此，工作组织内的权威地位分化及其对成员生活机会的制约性影响越来越成为各派阶级分析共同认可与重视的通约性要素，从而被部分地（比如在赖特和戈德索普那里）或完全地（比如在达伦多夫那里）应用到对阶级位置的确立和划分上。在我们看来，这是一种理论重心的转移或一种范式转换。

第三，本章所指的“转向”既包括理论实质的转向，也包括研究层次和分析视角上的转换。前者是指从重视社会整体层次的要素到重视组织层次的要素，也就是从“一般社会”的视角转向“组织”视角。后者是指从“经济决定”转向组织权威。“经济决定”（市场状况）的阶级观都从“一般社会”层次（市场领域的资源与权力、生产领域的生产资料所有权）考察不平等问题；而新韦伯主义和新马克思主义者对“工作权威状况”的重视则是从组织层次审视和定义阶级。

第四，如果说马克思和韦伯的阶级分析仍拘泥于经济生产领域和市场交换领域之间的严格区分的话，那么对于后世的新马克思主义者和新韦伯主义者而言，则难以继续维持如此明确的界限划分。他们的阶级分析已呈现出相当程度的交叉融合之势①，即共同体现为在工作组织的权威关系中寻求阶级定位的新维度。当代阶级分析尽管在理论解释的逻辑上仍存有差异，但在指标选取、阶级模型、效度检验等形式性议题上已然高度相近。因此，下文论及的新马克思主义者和新韦伯主义者是根据两大研究范式的传统进行区分的，不再代表生产领域与市场领域的严格分野。

一、韦伯主义传统及其理论转向

（一）韦伯：阶级状况等于市场状况

在阶级研究的理论传统中，从市场领域出发定义阶级的经典阐述源自韦伯，他首次提出“市场状况”（market situation）的概念并论述了“阶级状况等于市场状况”的观点。韦伯关于阶级的明确定义是：

“阶级不是确定意义上的共同体，而仅仅是某一种共同体行为的可能和

---

① 帕金和赖特分别作为新韦伯主义和新马克思主义代表人物的带有交锋性质的言论可以视为两大阶级流派相互交融明证的一个注脚。在前者（1979）以其出名的嘲讽口气指出“在每一个新马克思主义者那里似乎都有一个呼之欲出的韦伯主义者”之后，后者针锋相对地回应道，“在每一个左派韦伯主义者那里似乎都有一个躲躲藏藏的马克思主义者”。具体参见［美］赖特：《后工业社会中的阶级》，35页，沈阳，辽宁教育出版社，2004。

经常的基础。在下述情况下，我们想说的是一个‘阶级’：(1) 对于为数众多的人来说，某种特殊的、构成原因的生活机会的因素是共同的；(2) 只要这种因素仅仅通过经济的货物占有利益和获利利益来表现；(3) 它是在商品和劳动力市场条件下展现出来的。”①

“对于阶级概念来说，在市场上的这种机会是表现个人命运的共同条件的机制。‘阶级状况’在这个意义上归根结底是‘市场状况’。”②

进一步地，根据拥有财产的状况及可以给市场提供的服务类型，韦伯划分出了资本主义中的四个主要的社会阶级：“有产者和由于受教育而享有特权者的阶级；没有产业的知识分子和训练有素的专业人员；小资产阶级；拥有劳动力的工人阶级”③。

韦伯关于阶级的论述内容不多，且较为零散，但韦伯将个人在资本主义市场中的位置与生活机会分配的不平等连接起来的这一思想却给后人以极大的启发，在社会分层领域形成了影响深远的“以韦伯为灵感的阶级分析传统”④。新韦伯主义者对韦伯思想的发展就基本逻辑而言可以划分为以下几类：

第一，既然个体的生活机会（或阶级地位）是由其带入市场中进行交换的资源决定的，那么就可以将占有相同或类似资源的个体聚集到一起，形成基于市场资源（或市场能力）的阶级；但是，由于在市场关系中所处的位置所导致的市场利益的多样性和冲突性，市场资源/能力与阶级形成之间还不能直接画等号，这时候就需要在特定的市场能力和作为可辨识的社会组群的阶级形成之间架起一座沟通二者的桥梁，直接和间接的结构化机制形塑了阶级形成的中间过程。这种逻辑思路典型地体现在吉登斯的思想中。

第二，人们借以交换资源和物品的市场并非对每个成员都是开放和机

---

① ［德］韦伯：《经济与社会》（下册），246页，北京，商务印书馆，1997。

② ［德］韦伯：《经济与社会》（下册），248页，北京，商务印书馆，1997。

③ ［德］韦伯：《经济与社会》（下册），336～337页，北京，商务印书馆，1997。

④ Wright, E. O., “The Shadow of Exploitation in Weber's Class Analysis,” *American Sociological Review*, 2002, 6: 832 - 853.

会均等的，某些社会集团通过把资源和机会获得限制在某些具有特殊资格的成员范围之内，排斥其他成员获得，以达到最大化自身利益的目标。这种方式在形成社会封闭或固化的同时，也导致了阶级结构及社会结构的出现。帕金的最大贡献就在于他从韦伯那里发展了用以解释阶级形成机制的社会封闭理论。

第三，固然社会成员带入市场中的资源在决定其生活机会上的意义重大，但更为重要的是这些资源在市场中得以交换并最终实现其价值。洛克伍德开拓的思路在于，从“市场结果”的角度对韦伯的“市场状况”进行重新诠释，从经济报酬的来源与多寡、职业晋升前景、就业的稳定性和保障性等指标出发考察成员的阶级位置，并且进一步纳入了对成员工作状况（工作组织内的社会关系与权威关系）及地位状况（社会声望）的考察。

第四，这一支脉出现的缘由与第三条基本类似，而提出的应对策略则大不相同。他们认为，在现实社会，社会成员带入市场中的资源与其所获得的报酬之间并不存在必然的、决定性的因果关联。相比于市场能力和市场资源，个体在市场关系中所处的结构性位置对个体的机遇和命运而言有着更为直接也更为根本和基础的意义。戈德索普等人的理论努力就在于寻找那些约束个体生活机遇，同时又独立于个体所占据的位置的结构性位置。当然，戈德索普阶级图式的构建在相当程度上继承了洛克伍德的阶级思想，尤其是在 EGP 图式出现早期，其理论标签或理论基础完全承袭了洛克伍德的说法，而后期随着理论标签的多次演化，“状况”理论的说法逐渐淡化了，并且戈德索普的实际操作化更是与洛克伍德的思想毫无瓜葛了。

（二）新韦伯主义的理论发展

在经由不同路径发展韦伯阶级思想的过程中，后韦伯主义者不仅注意到当代资本主义经济社会发展及社会结构形态变迁中体现的新变化、新特点，如中间阶级的崛起，社会组织的规模化、理性化，而且对决定人们生活机会的内在机制的转变有所洞见，社会成员的组织权威状况（工作状况）展现出的决定和约束意义受到越来越多的重视。下面着重从吉登斯、洛克伍德、戈德索普的阶级思想中寻求对上述论点的论证。

吉登斯从韦伯那里发展出了“市场能力”（market capacities）的概念并用其定义阶级。在他看来，“存在三种市场能力类型，可以说在构造阶级上通常都具有重要意义：对生产资料形式的财产的所有权、占有教育或技术资格，以及占有体力的劳动力……这就产生了资本主义社会中基本的三大阶级系统的基础：‘上层’阶级、‘中间阶级’，以及‘下层’或‘工人’阶级”[①]。然而，吉登斯并不认为个体拥有的市场能力直接决定了其阶级位置，因为市场状况纷繁复杂、无穷多样，如果从直接的市场能力出发定义阶级，那么也会出现无穷多样的阶级。因此，吉登斯主张努力从这些市场关系中，辨析出作为结构化形式而存在的阶级出来。[②] 他认为，在确定的市场能力和阶级形成之间还有一个阶级关系的结构化过程，在此之后，尽管不同的市场能力能产生出一个无穷多样的相互交错的利益的复合体，但阶级类别的数量却是有限的。

社会流动机会的分布形态是吉登斯所谓的间接结构化，而直接结构化则有三种形式：生产性企业中的劳动分工、企业中的权威关系、分配性群组。其中前两者均涉及组织内的社会关系与阶级定位之间的关联。在他看来，权威关系的分化不仅能强化劳动分工对阶级关系直接结构化的影响，而且权威本身的支配与服从体系也会带来组织内的地位分化，如吉登斯论述道：“企业的权威结构应该既不被看成是现代工业生产中超技术关系的一个不可分的部分，也不应如达伦多夫的看法一样，被看成是构成了一个自成一格的‘阶级系统’，而应该被看作是促进阶级关系结构化的一个因素。从这后一个方面，我们可以接受洛克伍德的做法，即把权威看作是引起白领工人和蓝领工人之间一般阶级分化的一个重要元素。在所有的资本主义社会中，工业企业的权威结构都基本上是管理部门内部的等级；但当体力工人在面对管理部门时，就是一组受到指示命令影响的群体，而他们自己

① Giddens, A, *The Class Structure of the Advanced Societies*, London: Hutchinson, 1973, p. 107.

② See Giddens, A, *The Class Structure of the Advanced Societies*, London: Hutchinson. 1973, p. 107.

则不是命令等级的一部分。”[①] 洛克伍德提出，新的阶级位置测量方法首先源于马克思主义阶级理论在当代社会面临的困境。马克思曾预言，工人阶级必然从自在阶级走向自为阶级，实现阶级地位与阶级意识的统一。然而，20 世纪 50 年代崛起的中间群体尽管与工人阶级同处于被雇佣的地位，但他们在阶级认同、阶级行动中的表现却与后者相去甚远，如何解释这一问题构成了当时阶级研究的热点话题。当时学界有一种很流行的观点指出，中间群体表现出来的是一种“虚假的（或错误的）阶级意识”（false consciousness），与工人阶级一致的意识与行动才是他们应该表现出来的。正是在这一背景下，洛克伍德试图通过严格的实证方法考察中间群体中的一类典型人员——办公室职员的详细阶级状况，回应并试图解答上述争议性话题。其结论表明，不存在所谓的“虚假的阶级意识”，如果详细地考察这部分群体的阶级状况并与工人阶级相比较，就会发现二者的阶级处境完全不同，因此中间群体在阶级意识上的表现与其阶级地位是相吻合的。以前在这一问题上的错误判断应归结于他们在一种宽泛的意义上——即同处于没有生产资料的雇员阶级位置——使用“阶级地位”概念。

洛克伍德在对办公室职员开展的研究中提出了新的阶级地位定义，它包括三大要素：市场状况、工作状况和地位状况。[②] 就实质内涵而言，市场状况是对韦伯市场状况概念的发展和具体化，地位状况则是对韦伯声望与荣誉概念的操作化。洛克伍德研究的创新性在于他提出了工作状况（组织中在权威关系中所处的位置）作为定义阶级位置的一个标准的意义和价值。

就职员自身的工作状况而言，他指出，现代组织平均规模的快速增长及与之相伴随的组织的理性化与机械化，典型地表现为组织标准程序的确立及功能的专门化和细化，由此管理与监督位置从组织中分化出来并得到成倍增加。“在很大程度上，职员们不仅被分配到不同的部门，与管理者和

---

① Giddens, A., *The Class Structure of the Advanced Societies*, London: Hutchinson, 1973, p. 183.

② See Lockwood, D., *The Black coated Worker*, London: Allenand Unwin, 1958, pp. 15－16.

监督者一起构成小的工作群体，而且根据公司的权威体系与地位等级，职员彼此之间也被分开了（出现了分化）。”①

职员与体力工人之间也出现了明显的工作状况上的差异，如果说办公室内部的横向部门分割与纵向权威等级分化并没有彻底切断职员与管理者、监督者之间的亲密和私人的联系的话，那么办公室职员与工厂工人之间、管理者与工人之间的隔阂则是明显的、日益扩大的，原因在于彼此处于截然不同的权威关系链条上。

“与职员和管理者的工作合作相反，职员与体力工人之间有一种社会隔阂。这两大工作群体的完全分离或许是工业组织最显著的特征。鉴于‘办公室’（office）和‘工厂’（works）之间的这种严格区分，我们可以毫不夸张地说，从体力工人的视角来看，‘管理’（management）工作是在最低级的日常办事员那里终止的。尽管职员可能并不处于权威关系上，且来自上级的管理工人的命令是由工头而非职员转达的，但职员与管理权威相连。”②

戈德索普及其合作者提出的 EGP 图式是学界公认的当代新韦伯主义阶级图式的主要代表。该图式的经验操作化在过去二十多年时间里均没有发生实质变化，职业和雇佣地位始终是定义成员在阶级图式中的位置的两大核心指标，但其理论基础则发生了多次变迁：从个体“状况”论到“服务阶级”理论，再到雇佣关系理论，最后则借鉴理性行动/选择理论为雇佣关系分化寻求理论解释。

戈德索普早期的阶级思想深受洛克伍德的影响，他于 20 世纪 80 年代初提出的阶级图式即明确以市场状况和工作状况为理论基础，指出阶级类别就是由共享相似的市场状况和工作状况的职业群体聚类构成的。此时，戈德索普完全复制了洛克伍德对市场状况概念的界定并且扩展了工作状况的含义，在他那里，“工作状况”不仅包括成员在组织权威体系中的位置和

---

① Lockwood，D.，*The Black coated Worker*，London：Allenand Unwin，1958，pp. 79 - 80.

② Lockwood，D.，*The Black coated Worker*，London：Allenand Unwin，1958，p. 81.

在生产过程中的控制权，还包括洛克伍德所没有涉及的成员对自身工作任务及角色的自主性控制的程度。①

戈德索普的阶级思想几经变迁，但他对于工作状况的重视则比吉登斯、洛克伍德等人更甚，如果说工作状况在后两者那里都是定义阶级位置时考量的重要因素之一的话，那么在戈德索普的阶级思想中，“工作状况”逐渐“游移”到理论中心的位置。

首先，也是最为重要的一点是，戈德索普明确提出过，相比于市场状况，工作状况在他的理论构想中占据着更为重要的位置。在1982年的那篇重要文献中，他曾指出：“服务阶级在工作状况上的一致性——一定程度的自主性和在完成角色过程中做出决策的权力，是其市场位置（状况）一致性产生的基础，应被看作基于更基本的水平上。”② 原因在于：“出于对组织外部性的考虑和回应，雇主和雇佣组织必须面对下放权威关系和吸引专业知识、技能的问题。为保持雇员的工作与组织的目标、利益、价值相一致，必须授予他们一定的权威或某项专业职能责任，必须给予他们一定的合法化的权威领域和做出决定的领域，在他们采取行动——如做出决定、选择、判断等——的过程中，必须有信任关系。因此，那些实践着雇主下放权力的雇员与未获得下放权力的雇员在与雇主的关系上存在明显的差别。此时雇主提供给他们的报酬不仅仅是对他们所提供工作的直接回报，更是对他们承担某种责任的‘补偿’和‘考虑’。”顺着这一逻辑，可以说“存在这样一种趋势，报酬的水平和雇员管理权限的大小相关”③。可见，服务阶级在市场状况上相比于其他阶级的“优越性”，更多的是其内在的在组织权威体系中占据重要位置的外在表征。

---

① See Goldthorpe, J. H., Llewellyn C., Payne, C., *Social Mobility and Class Structure in Modern Britain*, Oxford: Clarendon Press, 1980/1987.

② Goldthorpe, J. H., “On the Service Class, Its Formation and Future,” In Giddens, A. and MacKenzie, G. (Eds), *Social Class and the Division of Labour: Essays in Honour of Ilya Neustadt*, Cambridge: Cambridge University Press, 1982.

③ Goldthorpe, J. H, “On the Service Class, Its Formation and Future,” In Giddens, A. and MacKenzie, G. (Eds), *Social Class and the Division of Labour: Essays in Honour of Ilya Neustadt*, Cambridge: Cambridge University Press, 1982.

其次，尽管理论标签几经变更，但职业和雇佣地位始终是EGP图式经验操作化中的两大指标。其中，“职业头衔是市场状况的衡量指标，而雇佣地位是工作状况的衡量指标”①。雇佣地位指标（大雇主、小雇主、自雇佣、管理者、监督者、普通雇员）的使用在相当程度上修正了不同职业类别在阶级图式中的分布，因为成员在组织内的雇佣地位是雇佣关系分化的最终体现或结果。从根本上而言，是雇佣地位变量决定了雇员应该被放置在阶级图式的上层的“服务阶级”还是下层的“劳动合同阶级”，或是中层的“混合合同阶级”。

二、马克思主义传统及其理论转向

马克思的阶级理论在当代资本主义社会遇到了现实的挑战，以财产所有权与控制权的分离所催生出来的经理群体和生产力发展、劳动技术分工深化造就的大批专业技术人员为代表的中间阶级的崛起，给马克思的经典预言——整个社会将日益分裂为两大相互直接对立的阶级，资产阶级和无产阶级——带来了严峻挑战。洛克伍德曾直言不讳地指出：“没有比大量出现的下述令人尴尬的事实更让马克思主义理论者感到难堪了：自一战后工人阶级抗争活动达到高涨阶段以来，没有一个发达的资本主义社会‘生产’过任何类似于革命的无产阶级的事物。”② 对于马克思关于资本主义社会简单阶级构图的论述与现实经验结果之间的断裂问题，大批新马克思主义者投入到了对这一断裂问题的“修补”工程之中，比较有代表性的理论主张有“两极分化论”、“新小资产阶级论”、“新阶级论”、“中间阶层论”。当然，对马克思主义最为著名的发展来自达伦多夫、布劳和赖特。

达伦多夫致力于从权威关系角度发展马克思的阶级理论，赖特甚至评论说：“就从权威角度对阶级进行操作化这一点而言，达伦多夫的理论无人

① Marshall, G.,“John Goldthorpe and class analysis,” In Jon Clark, Dr Phil. ed., *John Goldthorpe: Consensus and Controversy*, The Falmer Press, 1990, p. 55.

② Lockwood, *Solidarity and Schism*, Oxford: Clarendon Press, 1992, p. 166.

能出其右。”[①] 达伦多夫认为，马克思把权威看作是从属于经济所有权的观点是一种狭义的理解。他提倡一种广义的权威观念，即在支配与服从关系确立的前提下，权威是一种比生产方式所有权更具有一般性且更具有重要意义的社会关系，这样财产所有权可以被视为一种特殊的权威。使用广义的权威概念，就可以很轻易地在每一个强制性合作团体中分辨出分别由居于支配地位的成员和居于服从地位的成员所组成的两类阶级群体，前者行使权威，后者接受权威。更进一步地，达伦多夫将在强制性合作团体中分配和行使的权威视为冲突群体的一个结构性决定变量，“在社会结构具有强制特性的假设下，权力或权威关系带来角色利益的冲突，这种在某些条件下的角色利益导致在有限的社会组织内以及在整个社会中组织化的、对抗性群体的出现”[②]。

布劳对达伦多夫的这种权威二分法提出了严厉的批评，但并没有否定以权威进行阶级划分的逻辑思路。在布劳的理论构想中，可以从行政权威和经济权力的分化出发形成多类别的阶级图式，但这种阶级位置是渐进式地显示出不同的，而不是二分式地发生断裂的。例如，他指出，当代社会的权力结构可以说是由下等阶级、中层和上层所构成的……行政权威和经济权力（注：在量上）都是逐渐出现不同的。[③]

尽管达伦多夫对于权威含义的扩展及其在阶级划分上的应用极具启发性，但他有关权力阶级二分、阶级关系极化冲突的论点显然难以令人全盘接受。另外，无论是达伦多夫还是布劳，其基于权威的阶级图式都仅仅停留在理论设想阶段，并没有（实际上也很难）付诸具体的经验操作。

赖特对马克思主义阶级理论的重建工作在众多新马克思主义者的理论努力中是最有影响也最富成效的。他的阶级图式有前期和后期两种版本。前期以“矛盾阶级位置”的概念来面对由新中间阶层出现所造成的马克思主义解释困境。矛盾阶级定位之所以是矛盾的，就在于它们同时分享了两

---

① Wright, E. O., *Class Structure and Income Determination*, New York: Academic Press, 1979.

② Dahrendorf. R., *Life Chances: Approaches to Social and Political Theory*, Chicago: University of Chicago Press, 1979, p. 165.

③ 参见［美］布劳：《不平等和异质性》，329页，北京，中国社会科学出版社，1991。

方面的固有的、对立着的利益。管理者被看作是处于资本家和工人之间的矛盾位置上；各类技术和专业人员作为半自主雇员处于工人阶级和小资产阶级之间的矛盾位置上；小雇主则处于资本家和小资产阶级之间的矛盾位置上。“矛盾阶级位置”的理论后来被赖特本人摒弃了，因为对于马克思主义传统而言，它有一个致命缺陷，即以“支配”概念来定义阶级，抛弃了“剥削”这一马克思阶级概念的核心要素。“支配”这一概念就其本质而言并不意味着参与者具有任何独特的利益，而剥削则在本质上意味着一系列独立的物质利益。①

赖特在其第二套阶级版本——多元剥削阶级论中恢复了剥削作为阶级分析之核心的马克思主义传统。他借鉴了罗默有关生产性资产、剥削、阶级之间关系的见解，将不同的剥削机制看作是根据不同形式的资产来决定的，而不同的阶级位置则是根据建立在那些资产的财产权利基础上的社会生产关系决定的。② 由此，生产资料资产、技术/资格证书资产和组织资产是导致剥削产生的三大源泉，也是进行阶级分类的标准。如果说赖特将技术/资格证书资产加入其阶级分类标准之中是对人力资本重要性的回应的话，那么组织资产的加入则是对当代社会“组织化”及组织权威重要性这一社会现实的理论回应。在赖特的经验操作上，组织资产是由个体在组织之中的决策权和监督权来衡量的，这与新韦伯主义者戈德索普在其阶级图式中考察的工作状况是大体一致的。赖特关于组织资产的论述是对本研究所力图论证的“阶级研究从重视‘市场状况’到重视‘工作状况’的理论转向”的有力支撑。同时，赖特有关组织资产的操作化思路也对本研究权威阶级图式的构建有重要的借鉴意义。

至此，我们可以比较清楚地看到，在马克思和韦伯两大流派的发展演变中，都出现了从重视“经济决定”到重视“工作状况”的理论转向现象，图 2—1 很好地展现了这一过程。权威状况，尤其是组织权威（工作状况），

---

① 参见［美］赖特：《阶级》，57～58 页，北京，高等教育出版社，2006。

② 参见［美］赖特：《阶级》，76 页，北京，高等教育出版社，2006。

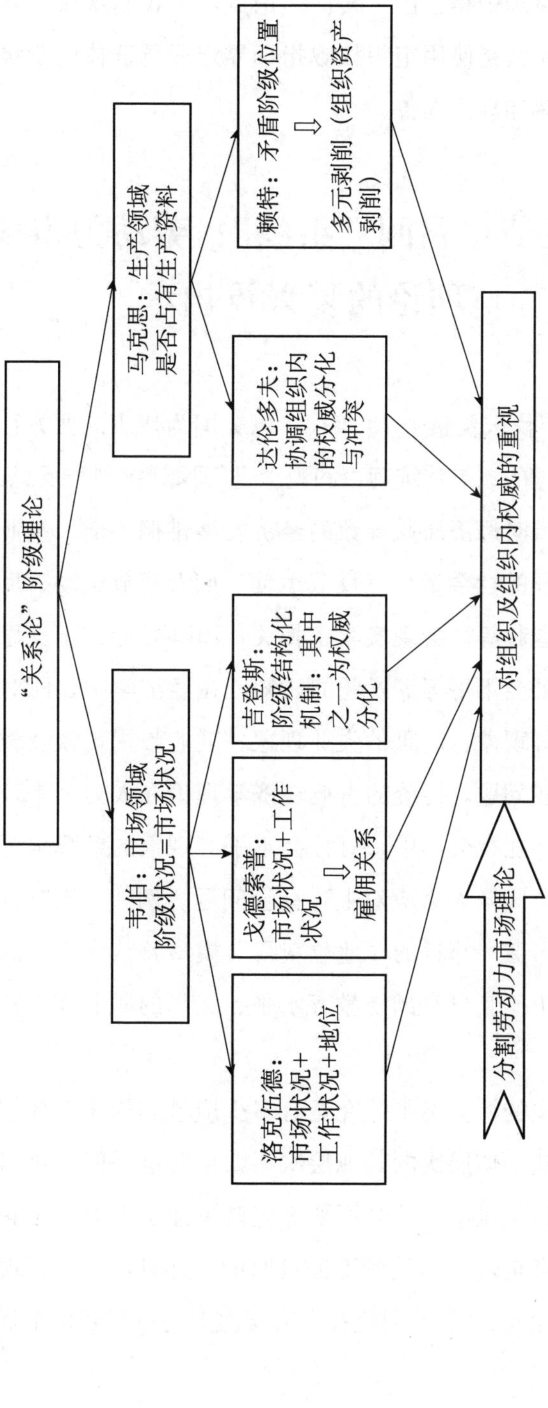

图2—1 从“经济决定”转向重视“权威支配”的路径图

得到了阶级分析家越来越多的关注和重视，这既是对时代变迁背景下社会结构发生重大调整的理论回应，也是阶级研究自身理论逻辑推动的结果。从阶级理论文献梳理中得出的“转向”论点，为我们从权威要素出发建构新的阶级图式，尤其是使用组织权威指标界定雇员群体的阶级位置，提供了最初的思想灵感和理论准备。

第三节 召回“组织”：劳动力市场理论的复兴及启示

20 世纪 60 年代末及整个 70 年代，以美国为代表的西方社会科学界开展了一场范围广泛的、对传统理论和观念进行深刻批判与反思的思想运动，其发生的背景与当时经济滞胀导致的经济发展徘徊不前、失业贫困问题大量出现、各式各样的社会运动（反战运动、妇女解放运动、反种族隔离运动、民权运动）迭起等社会现实紧密相关，而其目标在于反思以往有关工业化、现代化、社会不平等等议题的认知。在经济学中，面对当时持续的贫困和收入不平等现象、严重的失业现象、就业歧视现象及教育培训计划的失败等社会现实问题，传统的古典经济学理论和人力资本理论无法给出令人满意的解答；在社会学中，对社会不平等现象的解释也主要集中于对个人特征的探讨，同样无力应对上述社会问题。例如，当时社会分层流动研究领域盛行的布劳—邓肯的“地位获得”模型就认为个人的职业成就或社会地位主要取决于其自身的受教育水平、父母的职业和教育程度等“纯粹”个体特征上。

工业化进程中的社会不平等究竟有多少应该归因于个体层次，而又有多少应该归因于超个体层次的其他层次？如果对这一问题难以形成一个明确的回答的话，就很难说“社会不平等应该关注于影响地位获得的个体层次的因素”的论点是理所当然或不证自明的。并且，由社会现实得出的基本判断恰恰与此相反，“那些限定在个人层次上的过程要由根据某些更宏观层次所作的分类而定”①。总之，外在于个体层次的、影响个体在生活机会与社会地位等方面不平等的其他因素在经验研究中不应该被一笔带过或直接不予考虑。

在这种背景下，学界对社会不平等研究“仅重视个人特征，忽视社会关系（包括生产关系）因素、制度因素和历史因素等宏观变量的理论传统进行了批评”②，进而转向强调外部性、制度性、结构性因素在社会不平等现象形成过程中所起到的作用，由此在分层研究中确立了一种被称为“新结构主义”的理论传统。来自社会分层、组织社会学、劳动经济学、职业社会学和工业社会学领域的研究汇聚在一起，围绕劳动力市场过程这一社会分配的中心机制③展开了激烈的讨论。

分割劳动力市场理论内部呈现的是一派群雄逐鹿的景象，因为众多分析家对劳动力市场“分割”的位点究竟应该置放在何处并未达成共识。有的学者将分析的对象聚焦在行业和大的产业部门上，如皮奥雷等提出的二元劳动力市场理论，科尔、皮奥雷等人提出的内/外部劳动力市场理论等；有的学者则将分析对象放在公司、企业上，如斯托泽尔伯格呼吁“召回老板”，巴荣呼吁“召回企业”；有的则将研究对象放在职业（occupation）上；还有的将研究对象聚焦在工作（job）特征上。

巴荣系统总结了关于工作和不平等研究所跨越的几个组织层次，从个人行为到整个社会系统的动力学（见表2—1）。在巴荣看来，不同层次的社会组织应该对应于不同的分析单元，然而上述分析却在以下两个问题上犯了重要的错误：第一，在他们有关工作组织与不平等关系的研究中，社会组织层次与分析单元之间的对应关系经常是模糊不清的。例如在皮奥雷的内外部劳动力市场理论中，初级市场的工作常常位于中心公司和关键产业，

① Baron, James N. and Bielby, William T., “Bringing the Firms Back in: Stratification, Segmentation, and the Organization of Word,” *American Sociological Review*, 1980, 45: 737－765.

② 李路路、孙志祥主编：《透视不平等——国外社会阶层理论》，2页，北京，社会科学文献出版社，2002。

③ See Kalleberg, A. L., Sørensen, A. B., “The Sociology of Labor Markets,” *American Sociology Review*, 1979, 5: 351－379.

次级工作则相反，在这里，产业部门、公司、劳动力市场及工作交织在一起，人们很难清楚地了解工作安排到底是怎样在不同的社会组织层次中建构的。第二，尽管大多数的分析家都承认，结构和获得之间的关系密切地与工作的组织连接在一起，但是连接了工作组织和不平等的“宏观”维度和“微观”维度的企业在当代结构分层研究中是缺失的一环，具体的组织结构与组织过程（organizational structure and process）并没有得到清晰的阐述。

表 2—1　　社会组织层次与分析单位

社会组织层次	分析单位
社会层面	经济
制度层面	部门（市场，产业）
组织层面	公司
角色层面	工作
个体层面	工人

巴荣提出了一个合理的主张，那就是“召回企业”，因为那些影响工作的微观和宏观力量都是在企业的组织舞台内发挥作用的。在企业内，劳动力被定价和配置，生产技术被安排和实施，并且权力被组织和执行。社会和经济流动也是在经济组织内部和之间实现的。社会和制度力量通过企业所面临的组织约束来影响工作和工人；反过来，工作单位所采取的行动也影响了它们的宏观环境。所以，比起越来越多的对个人获得的结构影响的研究，或者职业特征和产业特征之间的共变关系的研究来，扎根于组织层次上的实证研究更有可能贯穿当前关于工作结构的争论。进一步地，巴荣指出，在召回中间层次的“企业”时，应将注意力放在“工作在企业内实际上是如何被安排的”这一问题上。尤其应该关注企业内部权力的分布和分配这一工作组织和分层的各种相互竞争理论的核心焦点问题。①

综合来看，尽管分割劳动力市场理论的论点集中在各个不同的研究层

① See Baron, James N. and Bielby, William T, “Bringing the Firms Back in: Stratification, Segmentation, and the Organization of Work,” *American Sociological Review*, 1980, 45: 737-765.

次和主题上，但总体而言，它们拥有一定的共同之处，那就是摒弃宏观社会整体层次和微观个体层次的解释视角，转而从一种中观的“组织”层次来分析外部结构性因素是如何作用于个体在地位、报酬、晋升等各种生活机遇上的不平等形态的。尤其是巴荣在对各个研究层次与分析单位之间的对应关系进行澄清之后，呼吁将分割和分层的研究与企业等工作组织连接起来，重点分析企业内部结构与组织过程，以建立一个工作结构与地位获得的具体模型。“新结构主义”流派的兴起标示着一种理论焦点（重视外部结构性因素）与研究层次（组织层次）的转向，而这种转向与我们上文所试图论证的阶级研究的转向是相契合的。这为我们从组织视角展开阶级建构工作提供了直接的、强有力的佐证，并且，该流派极具想象力的经验操作化实践也为我们构建阶级图式带来了诸多启示。

第四节　小结与讨论

本章是关于阶级理论的基础性研究，从纵向角度对阶级理论自古典社会学时期到当代社会的发展演变进行了探讨。时代形势变迁所带来的社会结构上庞大中产阶级的崛起和社会资源分配上的组织化机制等问题，同时作用于马克思和韦伯的阶级理论，前者的生产资料所有权的阶级决定逻辑以及后者的市场能力决定生活机会的逻辑均遭遇了适用上的难题，亟须调整与重构。后世阶级分析家对时代形势变迁所带来的理论困境进行了或被动或主动的回应，展开了深刻的理论调整与重建过程。其典型体现就在于从“组织层次”而非“一般社会”层次寻求突破，将界定阶级位置的要素从“经济市场地位”转向“组织权威地位”。

在两大主流阶级派别的发展史中，转向的内在理路或逻辑都是清晰可辨的。针对韦伯阶级图式中存在的操作化及实现问题，洛克伍德的“市场结果测量论”、戈德索普的“结构性位置论”、吉登斯的“阶级结构化论”等都在相当程度上纳入了对组织权威（工作状况）要素的考察。在广义的马克思主义传统中这一取向更为明显：达伦多夫直接以权威关系定义阶级位置，布劳提出权力结构的等级序列，赖特提出从经验上直接测量组织权威的方法并用于阶级定位。另外，20 世纪后半期兴起的劳动力市场社会学对组织与分层关系的阐述也为我们所提出的理论转向问题提供了呼应与佐证。

本章所阐述的阶级理论转向问题对于推进中国的阶级分析乃至更大的社会分层研究而言，同样具有借鉴价值和启发意义。

第一，从学理层面讲，从组织权威角度展开对于社会不平等的研究，相对于那些从一般社会层次或抽象关系上对不平等形式和资源的探讨来说，更接近于社会的真实，或将分析推进到更加具体的社会过程之中。

第二，无论在历史上还是在当代，中国社会都是一个典型的“权力社会”，国人崇尚权力、追逐权力，权力在重要且稀缺资源的配置、关键性利益分配的过程中扮演着支配角色，从而对中国社会阶级阶层结构的形成与塑造产生着重要影响。不仅限于行政权力，在其他的契约性雇佣关系组织类型中，权力结构及权威关系链条也清晰可辨。因此，从权力尤其是组织权威视角展开的分析将有助于推动对所谓权力社会的研究。

第三，在“单位制”色彩依然浓厚的当代社会，对于大多数成员来说，实际的资源和机会分配过程在相当程度上发生在组织和工作状况的层次上。工作组织依然是成员获取资源和机会、确立合法性身份和社会地位的重要场所，界定阶级成员位置的指标或要素坐落于工作组织领域的原则在当代中国社会依然适用。

第四，后文实证研究将表明，处于社会权力结构或权威关系链条的不同位置的成员，分享着与其权威地位或权威资源相一致的明显不同的生活机会与主观意识。权威资源占有的多寡对成员的社会经济资源、生活机会形成了程度不等的有效约束，并且在主观地位认同、生活满意度以及生活方式上体现了出来。

第三章　权威关系分化与阶级定位

上一章中我们论证了阶级分析从社会学古典时期重视经济状况到当代重视权威因素的理论转向，组织权威在当代阶级分析家的阶级模型中得到发掘和重视。其实，自从韦伯给权力下了那个著名的定义并分析了权力的三个来源（基础）之后，权力一直在社会分层包括阶级研究中占有重要地位。但是，包括韦伯本人在内的诸多分析家并没有从经验实践的角度描述社会权力或权威的结构特征。对韦伯而言，尽管他区分的三种共同体内权力分配的形式都可以看作是对权力基础的探讨，但权力/权威本身在他的理论体系中并没有成为一个直接的操作性变量。正如索伦森（Aage B. Sørensen）指出的那样："在分层的经验研究中，权力从未成为经常使用的变量。……我们没有一致的测量方法来检验权力分配的假定，在分层研究中也很少有人从经验上描述社会权力的结构特征。……对韦伯来说，研究阶级或地位就是对权力基础的研究，阶级或地位被看作是影响他人行动的因素。然而，在分层研究中，问题很少以此种方式提出。"①

本章将首先总结分层与阶级传统中的权力、权威研究依然存在的问题；其次提出从权威的直接测量（财产权和组织权威）出发构建权威阶级图式的理论原则，并就权威阶级与戈德索普、赖特的阶级图式之间的关系进行说明；接着就权威关系分化与雇员群体阶级定位问题提供一个理论和逻辑上的解释；最后对其他相关议题如阶级位置与阶级后果、中国的权威状况等进行说明。

---

① ［美］索伦森：《分层研究中的基本概念：阶级、地位和权力》，见［美］格伦斯基主编：《社会分层》，251页，北京，华夏出版社，2005。

第一节　权威的相关研究中存在的问题

尽管在社会分层和阶级研究中，权力（权威）要素一直占据重要地位，尽管在这一领域中出现了前述重大的理论转向，并且取得了相应的成果，但是在实证分析中，至少仍然存在如下不足：

第一，缺乏对组织权威的测量。可能是因为权力和权威在测量上的困难，相当多的实证研究都避开了对权威的直接测量，而是用其他的维度分析在一定程度上替代了权力（权威）分析。例如，用职业地位或社会经济因素替代权威，费泽曼（David L. Featherman）、琼斯（Frank L. Jones）和豪瑟在回应“为什么在经过几乎 80 年的对美国社会流动和不平等的研究后，研究人员们放弃了对权力和经济不平等的研究，而将注意力都转移到了职业地位的测量上?”这一问题时说：“如果把权力看成是对资源的控制的话，那么以研究职业流动面目出现的对社会不平等的流动研究，就会与主要的分层过程相联系，与此同时，也间接提供了关于地位权力、经济权力和政治（权威）权力的信息。”①戈德索普在初期虽然强调决策权力和工作自主性相对于市场状况处于更基本的水平上，但他在其后关于服务阶级的分析中，还是用对雇佣关系的分析取代了对组织权威的分析。②

第二，在一些涉及权威与社会分层的关系的研究中，权威多被作为一个自变量，研究者关注的是权威关系是如何影响其他结果性变量的，主要包括对收入以及其他变量（教育、工作满意度、选举等）的影响。在这些

① Featherman, Jones and Hauser, “Assumptions of Social Mobility Research in the U. S.: The Case of Occupational Status,” *Social Science Research*, 1975, 4: 329 - 360.

② See Goldthorpe, J. H., “On the Service Class, Its Formation and Future,” In Giddens, A. and MacKenzie, G. (Eds), *Social Class and the Division of Labour: Essays in Honour of Ilya Neustadt*, Cambridge: Cambridge University Press, 1982; Erikson, R. and Goldthorpe, J. H., *The Constant Flux. A Study of Class Mobility in Industrial Societies*, Oxford: Clarendon Press, 1992, p. 37.

研究中，组织权威常常仅仅被作为一个重要的社会变量直接引入分析之中，而不是被作为一个经过系统解释的阶级位置。很多情况下，在研究者那里并不存在一个完整的阶级图式或框架。

第三，赖特曾经设计了一套具有开创性的测量权威位置和关系的概念工具，并在自己的研究中使用这一测量建构了他的阶级矩阵。① 但是，由于在赖特的阶级理论中，“剥削”和“控制（权威）”始终是两个矛盾的理论逻辑，当他去解释专业技术人员的阶级位置时，他只能使用技能资产去解释专业人员在整个剥削体系中的位置②，结果是他的阶级分析在这里脱离了阶级分析的基本原则——严格的阶级位置理论，即：阶级位置是一些“空的空间”，阶级特征首先或基本上是这些客观阶级位置的特征。而技能资产属于占据某些阶级位置的个体的个人特征，并非所有拥有同样技能的人都能获得同样位置，因此，这明显是对位置理论的违背。③ 虽然赖特在理论上极力想将技能资产和工作特征匹配起来，但工作状况还是间接地通过技能资产反映出来。

第四，对权威作用机制的阐述较少。尽管在吉登斯、洛克伍德、达伦多夫、赖特等人那里，工作状况或组织权威构成了定义阶级位置的一个重要指标和维度，但并没有人发展出一个关于工作状况（权威）和资源占有之间关系的系统理论，以解释和回答“为什么阶级应该围绕权威关系而被构成?”的问题。当然，他们没有做出完善理论回答的原因或许在于，他们仅仅将权威视为定义阶级位置的指标之一，或重要指标之一。本章将延续权威支配的传统，并将阶级图式的建构建立在对权威指标的测量上，因而对我们的整体理论构架来说，有必要对权威要素尤其是组织权威要素的作用机制问题——即在权威地位与资源占有之间搭建理论的“桥梁”——进行明确的阐述。对于这一理论目标，我们将在下面的

---

① See Wright, E. O., *Classes*, London: New Left Books, 1985, p. 88.

② See Wright, E. O., *Classes*, London: New Left Books, 1985, p. 87.

③ See Sørensen, Aage B., “On the Usefulness of Class Analysis in Research on Social Mobility and Socioeconomic Inequality,” *Acta Sociologica*, 1991, 2: 71-87.

论述中完成。

第二节 权威阶级图式构建的理论原则

对权力或权威因素进行直接测量并以之作为构建阶级地图的核心坐标，可以在相当程度上弥补以往权力研究在实证分析中存在的不足。将阶级图式建立在对权威变量进行直接测量的基础之上，这在阶级研究的历史中是一个新颖的尝试。

权力（power）和权威（authority）是社会科学中的两个重要的分析性概念，但在它们各自的内涵和二者之间的关系上，也存在着诸多争议。自从韦伯对这两个概念下了著名的定义之后，他的说法就得到了后世大多数学者的沿用。在韦伯看来，“权力意味着在一种社会关系里哪怕是遇到反对也能贯彻自己意志的任何机会，不管这种机会是建立在什么基础之上”，而权威（herrschaft，统治）则常被称为“在可以标明的一些人当中，命令得到服从的机会”[①]。按照达伦多夫的经典阐释，二者之间的重要区别在于：“权力基本上是与个人的人格相联系，而权威常常与社会位置和角色相关……权力只是一种事实关系，权威则是一种有关支配与服从的合法性关系，即权威可以被描述成合法化的权力。”[②]

在本研究中，相比于“权力”，我们更倾向于使用“权威”一词并将其作为核心要素纳入到对阶级图式的建构之中，原因在于：第一，它可以更为直接地与社会角色和社会位置相连，而排除了个人特征，这与阶级是一种结构性位置的原则相吻合；第二，权威关系相比权力关系，内含着更多的合法性基础，双向的包括主体与客体在内的支配与服从共同构成了合法性的权威关系。权威概念更契合于阶级概念的“关系”取向，由此观之，

---

① ［德］韦伯：《经济与社会》（上册），81页，北京，商务印书馆，1997。

② Dahrendorf. R.，*Class and Class Conflict in Industrial Society*，Stanford：Stanford University Press，1959，pp. 165 - 166.

常被看作是单向度的权力关系则稍显逊色，它在关系的双向性互动上显得较弱。当然，就总体而言，我们并不在这两个概念之间做出严格的区分和使用优劣上的对比，二者之间存在的共性似乎并不少于二者间的差异，在我们看来，就“对他人行动施加影响的源泉”这一点而言，二者可以在使用中相互替换。

总之，在本研究中，作为社会位置及其占据者的一种属性的权威是我们构建阶级图式的核心指标。进一步地，我们在财产权和组织权威两个层面使用权威（权力）指标，在韦伯意义上，二者拥有共同的权力基础，这是我们将该图式称为“权威阶级图式”的原因。

一、财产所有权

财产所有权是权力关系的一种体现，在马克思那里，拥有这项权力的资产阶级有能力对不占有这一权力的工人阶级实施剥削，因此是否拥有生产资料的所有权在马克思看来是决定阶级地位的首要因素。在韦伯那里，尽管市场的这种机会是表现个人命运的关键时刻，但他同样承认，“‘占有财产’和‘毫无财产’是一切阶级状况的基本范畴”[①]，因为“对物的占有的支配……本身就排除了无财产者参与对所有高价值货物的竞争……无财产者只能以天然的形式，或者以自己劳动产品的形式，提供他们的劳动效益”[②]。由此来看，是否拥有财产所有权直接构成了社会群体间生活机遇分化进而决定阶级位置归属的一个基本的区分。

在阶级分类的实践中，国内外流行的阶级阶层图式对阶级位置的首要的、基本的区分大都是在所有者（雇主）、自雇佣者和雇员三者之间做出的[③]，他们在雇佣地位上有着性质上的差异：所有权阶级（雇主）是拥有经济所有权且有能力购买他人劳动力的人，这类群体的规模及数量比例无论

---

① ［德］韦伯：《经济与社会》（下册），248 页，北京，商务印书馆，1997。

② ［德］韦伯：《经济与社会》（下册），247～248 页，北京，商务印书馆，1997。

③ 国外有代表性的赖特的新马克思主义阶级图式、新韦伯主义 EGP 图式均首先区分了三种性质不同的雇佣地位，并据此构成了三个不同的阶级位置；国内“十大阶层论”、“林宗弘—吴晓刚的‘中国版’新马克思主义阶级框架”也对这三个群体进行了明确的区分。

是在西方还是在中国社会，都非常之小；自雇佣者是那些不购买他人劳动力但也不出售自己的劳动力的人，这一阶级群体的人数及比例一般也不高；而在社会经济活动人口中占据着绝大部分比例的是无所有权的雇员群体——那些只能将其劳动力出售给雇主或雇佣组织的人，他们的比例在各社会类型中一般稳定在80%到90%之间。

正如戈德索普所指出的那样，“为什么存在这三个类别本身并不构成什么特别的问题”[①]，难点在于如何将处于无所有权地位的庞大的雇员群体放置到恰当但不同的阶级地位和阶级关系中，并对此作出合理的解释。对绝大部分阶级分析家而言，其主要研究精力大都投放在了对庞大的雇员群体的阶级位置进行适当定位上。在我们的研究中，雇员群体亦处于分析的中心位置，而另一种权力、权威的体现形式——组织权威指标将应用到对这一群体的阶级定位之中。

二、组织权威

对雇员在工作组织的权威关系中所处的位置展开描述（即对组织权威变量进行直接测量），并以之为核心指标进行雇员阶级的定位，这是本章理论创新的关键。以往的研究大多将组织权威视为雇员群体的一个工作特征纳入到对其他行为意识等结果性变量的解释中，很少将其真正地作为一个区分阶级位置的指标。尽管赖特在权威的操作化上做出了尝试，但权威与教育技能的交叉将重心偏向了后者，并且正如后文中将要详细指出的那样，教育技能的纳入破坏了权威关系链条原有的完整性。

达伦多夫也曾经试图朝这个方向努力过，他使用广义的权威概念，在每一个强制性合作团体中分辨出分别由居于支配地位的成员和居于服从地位的成员所组成的两类阶级群体，前者行使权威，后者接受权威。更进一步地，他将在强制性合作团体中分配和行使的权威视为冲突群体的一个结

---

① Goldthorpe John H.，*On Sociology Volume One*：*Critique and Program*，Stanford，California：Stanford University Press，2007，p. 103.

构性决定变量。达伦多夫的思想对我们而言是一个很好的借鉴和启示，但他有关权威二分、阶级结构极化以及权威冲突决定论的观点显然有失偏颇，难以令我们全盘接受。

在我们看来，工作组织内的权威链条展现出了完整的社会关系结构特征。处于分化了的权威关系的不同位点的雇员，不仅实践着带有明显差异的支配与服从的角色，而且享有着由权威地位和角色相伴随的一系列不均等的生活机会，对于权威关系与资源占有之间的关系我们将在下文中系统阐述。总之，使用组织权威指标，可以勾勒出一幅反映社会权力分配及社会权力结构状况的阶级图式，并且由此区分的阶级位置能够与一系列后果性社会议题相连。

在组织权威的操作化上，我们将从对组织事务及他人的支配权和对自身工作内容及事务的控制权两方面来衡量。前者可以称为一种管理权威，包括组织事务（人事、财务、生产经营管理、奖惩等）上的决策权和对下属工作（工作任务、时间进度、程序方法及执行情况）的管理监督权；后者则是一种工作自主权，是雇员在工作内容、进度安排、工作量及工作强度等自身工作事务方面的控制权。对这两方面的指标进行直接测量，可以较为全面地反映雇员在工作组织的权威关系中所处的地位或权威资源的占有状况。

第三节　组织权威分化与雇员群体的阶级定位[①]

阶级是一系列结构性位置，而在我们看来，对雇员阶级来说，这一结构性位置是由劳动力市场和工作组织中的权威关系（工作状况）所界定的。借由这种权威关系，一个区分雇员阶级类别的阶级图式可以被清晰地勾画出来。将雇员阶级的分类标准聚焦于组织权威（工作状况）上，就必须发

① 本节主要内容曾发表于《社会科学战线》2013 年第 11 期。

展出一个关于组织权威和资源占有之间关系的系统理论，以解释和回答“为什么雇员阶级的位置应该围绕工作状况（权威关系）而被构成?”这一问题。对此，我们提供这样一个解释模型：工作状况决定着洛克伍德、戈德索普意义上的“市场状况”（市场结果性报酬），并进而可能与态度、行为等一系列后果性变量相关联（见图3—1）。

图3—1 工作状况的解释逻辑

本部分重点论证上述逻辑链条的前一部分，因为它事关“工作状况作为雇员阶级决定因素”的解释逻辑这一核心问题。我们通过对以下三个分解但相关的问题进行解释来寻求对上述论点的论证：

第一，为何划分雇员群体阶级地位的维度应该坐落于劳动力市场和工作组织内部?第二，劳动力市场和工作组织内部的权威等级分化是如何出现的，并且恰恰是这种分化了的权威关系界定了工作组织内的结构性位置?第三，处于不同权威位置上的雇员是如何与不同的劳动报酬（雇佣状况）相匹配的?

如果能对上述几个问题有一个满意的回答或解释，那么我们的论点“组织权威决定雇员阶级位置”将获得一个充分、明晰的理论原理的阐述。对第一个问题给出合理的答案并不是一件困难的事情，社会的高度组织化决定了制约雇员阶级地位的因素应该在工作组织内寻找，并且当代著名的阶级分析框架都是在劳动力市场和工作组织中寻找与阶级相关的结构性位置。对后面两个问题的回答，我们需要借助于新制度经济学中的交易成本理论。工作组织内出现了权威的等级分化，这更多地可以被理解为雇主和雇员之间的交易属性决定的组织赋权（治理结构生成）的结果，而正是这种权威关系界定了组织内的结构性位置。处于不同权威位置的雇员对应于不同的劳动报酬则可以用交易成本经济学中治理结构与劳动报酬相对应的论点来解释。交易成本经济学中的核心解释逻辑，尤其是它在组织治理结构生成及与劳动报酬对应等问题上展现出的良好解释力，给我们以借鉴和启示。关于这一分析逻辑，我们将在下文中展开系统论述。

一、社会的组织化与组织内的等级分化

（一）社会的组织化及其意涵

上文提出的第一个问题并不构成一个特别的难题。

首先，社会高度组织化的经验现实决定了制约雇员阶级地位的因素应该在工作组织内寻找。在当今社会，组织是社会生产、分配、交换的实际发生地和基本场所，是社会资源配置及物质利益分配的中间载体。正是在组织内部，技术得以推广和应用，生产资料、劳动力资源得以配置和转化，权力与权威得以实践和展开，利益得以分配和调节（见图 3—2）。这一点无论对于生产领域的组织、市场领域的组织还是对于社会公共组织来说均是如此。正如斯凯思所述，对于大部分社会经济活动参与者而言，是他们的工作单位和职位而不是其社会成员身份构成了他们个人身份的核心要素。①

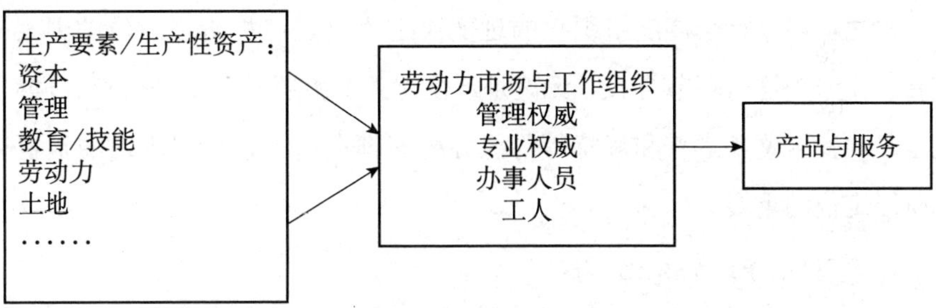

图 3—2　社会的组织化

其次，从阶级分析的历史传统来看，当代著名的阶级分析家（如戈德索普、赖特等人）都纷纷在劳动力市场和工作组织中寻找定义阶级的结构性位置，因为古典时期的阶级理论面对高度组织化的社会越来越缺乏解

① 参见［英］理查德·斯凯思：《阶级》，30 页，长春，吉林人民出版社，2005。

释力。

韦伯提出的“市场资源—市场回报—生活机会”的阶级解释链是古典时期阶级理论的重要一极。① 但是，在当今组织化社会中，市场资源与生活机会之间存在的必然性对应关系受到干扰，上述解释性链条变得越来越脆弱。根本原因在于，成员所拥有的市场资源若要获得预期的市场回报，就必须经过社会组织这一中间环节。通俗地说，雇员只有通过利用自身具备的管理才能、专业技能或劳动力在工作组织内谋取一定的职位，才能顺利获得预期性报酬。与手中掌握的市场资源相比，在工作组织内获取的职位能更加直接、稳定、有保障地与报酬相连。

洛克伍德对韦伯的阶级思想进行了发展，主张从“市场结果”（经济报酬状况、权威地位和声望）的角度测量（韦伯的）“市场状况”并由此界定阶级位置。② 从基本逻辑上讲，他关注的是工作组织内诸要素作用发挥之后的下游阶段和环节。其论点同样存在弊端：其一，这种市场结果意义上的测量难以说明结果数量上差异的意义，即这种测量不具有性质上的规定性；其二，这种由市场结果构建起来的阶级图式难以提供一种因果解释，以说明阶级图式为何应该由此建构。

总之，当今社会高度组织化的现实决定了界定雇员阶级地位的因素应该在工作组织这一环节寻找，无论是定位在其上游还是下游都会存在问题。这也是为什么戈德索普和赖特等阶级分析家都在这一领域寻求对雇员群体的阶级定位的重要原因。

（二）权威等级的分化

对于为何会出现组织内权威关系分化（等级制）的问题，即雇主或组织向雇员赋权的问题，现有的解释性观点归纳起来有以下几种：（1）功能论的解释，即将等级制视为劳动分工的结果，组织内的工作被细分成相互协调的具体过程，雇员在很大程度上因其掌握的技术和所担负的职责的不

---

① 参见［德］韦伯：《经济与社会》（下册），248页，北京，商务印书馆，1997。

② See Lockwood，D.，*The Black coated Worker*，London：Allenand Unwin，1958，p.15.

同而彼此区分开来，每一个部分对于整体任务的完成来说都不可或缺；（2）效率论的解释，即在不同位置上建立起来的权威关系（统治与从属的体系）能够确保生产过程的有效运转，提高组织整体效率，以适应竞争激烈的外部环境；（3）激进经济学家（包括马克思主义政治经济学）将等级制视为资本家剥削和统治工人的一种组织手段和策略，如马格林等人指出，“之所以会产生等级制，就是为了让资本家有统治工人的权力”，“（它的）目的在于‘分而治之’以实现剥削，并不是为了提高效率”[①]；（4）工作满意度的解释，即赋予雇员一定的做出决定的权限或一定程度的工作自主性，有助于提升员工积极性和工作满意度。

在我们看来，上述解释之所以会出现不同甚至是对立，很重要的一个原因在于他们的出发点或价值立场不同。从一种较为中性的视角来看，组织内等级制及权威关系的形成就是组织的一种治理策略。雇佣合同只是确立了雇员工作的基本要求和义务，而无法有效约束雇员在工作中应该做出的努力程度，无法规定雇员的所有行动都须出于对组织（最大化）利益的考虑。在这种情况下，雇主需要通过向雇员赋权（在一定范围内作出决定、选择、判断等）的形式传达一种信任的信号，与雇员建立一种包含信任和道德意涵的关系，最终获得雇员对组织的“道德忠诚”，使他们为实现组织的利益和目标而积极努力。

权威分化作为一种经验事实存在且发挥着或剥削或统治或提高效率的功能，无论是被设计出来还是逐渐演化而来，雇主赋权和等级制的形成都是雇主应对组织内、外部环境的一种治理策略，既可以说赋予一部分人权力（管理权力、专业权力）是弥补合约空白的必要条件，也可以说是为了最大化地实现组织利益。当然，雇主向雇员赋权在范围和程度上是有差异的，下文我们将详细解释组织内权威分化的原因以及权威分化如何与雇员享有的报酬的种类、水平相关联。

---

① 转引自［美］威廉姆森：《资本主义经济制度》，294～295页，北京，商务印书馆，2010。

二、交易属性、治理结构（组织赋权）与雇佣合同[①]

组织内权威分化作为雇主向雇员赋权的结果，为何某些雇员获得了最大限度的包括经营、决策、管理在内的权力，而有的雇员则毫无管理控制他人的权限，甚至连对自己工作的内容、方法、进度都没有任何的自主性可言，而只能严格执行雇主或者其代理人的命令？对于雇主的不同的控制策略（雇员权威等级上的分化）也就是组织内部的治理结构的形成问题，我们借助新制度主义经济学中的交易成本理论加以解释。

交易成本理论的核心解释机制是，通过对不同交易属性的分析来解释与这些交易相匹配的一种使交易成本最小化的治理结构。通俗地讲，就是“如果要想节省交易成本，那么，每一劳动的治理结构必须与每种劳动交易的具体属性相适应或相匹配”[②]。交易成本理论最早适用于对选择市场机制还是企业机制以利于效益最大化的解释上，后来经由威廉姆森、迈纳德（Menard）等人的努力，交易成本理论逐渐扩展到对组织内部结构尤其是组织内雇佣合同（employment contract）或劳务合约（labor contract）的分析中。在他们看来，理解劳动组织内部结构的关键依然是劳资双方的交易属性。

合约具有不完全性，即合约不可能实现或达到完备的程度，这是交易

---

① 在戈德索普最近的理论构想中，他借鉴了新制度主义经济学中的交易成本理论，从理性选择的角度解释交易属性与雇佣关系分化之间的关联。我们在这里的论证思路受到戈德索普的启发，但总体而言又与他有所不同。我们围绕组织内的权威关系分化展开，其生成的源头可以追溯到组织内的交易属性，而其后果则是决定了报酬水平。在戈德索普早期的思想中，他隐约地展露过“工作状况”（组织权威）制约“市场状况”（市场结果）的观点，但后面则没有再提及。他在后期的理论中，将界定阶级位置的焦点完全转向雇佣关系，“市场状况”和“工作状况”被其视为分化的雇佣关系的内容和体现，而这二者之间的关系完全没有被涉及。See Goldthorpe, J. H. and Marshall, G., “The Promising Future of Class Analysis: A Response to Recent Critiques,” *Sociology*, 1992, 3: 381 - 400; Goldthorpe, J. H., “Rent, Class Conflict, and Class Structure: A Commentary on Sørensen,” *American Journal of Sociology*, 2000, 6: 1572 - 1582; Goldthorpe, John H., *On Sociology Volume One: Critique and Program*, Stanford, California: Stanford University Press, 2007; Goldthorpe, John H., *On Sociology Volume Two: Illustration and Retrospect*, Stanford, California: Stanford University Press, 2007.

② ［美］威廉姆森：《资本主义经济制度》，335页，北京，商务印书馆，2010。

成本经济学中的基本前提假设，对于正式组织而言，如何应对合约不完全性带来的风险以实现组织效益的最大化，是其面对和需要解决的重要任务。从交易成本理论出发，一个重要的应对策略就是根据交易属性（人力资产的多样性）来匹配相应的劳务治理结构，这是正面的理解，而从反面来看就是找出导致合约风险的因素，从抑制不利因素的角度提出应对策略。在威廉姆森那里，交易时考察的属性或曰合同背后风险的来源主要有两个。威廉姆森提供了一个经典的交易属性（人力资产的组织专属性[①]程度和生产力测量难易程度[②]）与组织内部治理结构的匹配模型。

“治理结构”一词是交易成本理论中的核心概念，它可以应用到不同的层次和范围，而对于本部分研究的主题而言，我们在“组织的内部控制、权力权衡和激励机制”这一意义上使用这一概念。一般地讲，就是雇主通过何种策略管理和控制雇员，使其为实现组织利益而努力工作。

如前所述，本部分的理论目标在于，解释雇员群体间的权威关系是如何分化的，也就是说权威分化作为雇主向雇员赋权的结果，为何某些雇员获得了最大限度的包括经营管理在内的权力，而有的雇员则毫无管理控制他人的权限，甚至连对自己工作的内容、方法、进度都没有任何的自主性可言，而只能严格执行雇主或者其代理人的命令。对于雇主的不同的控制策略（雇员权威等级上的分化）也就是组织内部的治理结构的形成问题，交易成本理论给予我们诸多启示。

（一）交易属性与治理结构

应该从交易属性这一源头理解组织内部的治理结构，也就是说从雇员的人力资产的组织专属性和生产力测量难易程度两个指标出发，理解雇员阶级内部为何会出现在实践雇主权力下放上的差异，即雇员权威地位的分

---

① 资产专属性（asset specificity），交易成本理论中的核心概念，在这里是指雇员所拥有的用于开展工作的专业知识、技能等人力资产转作他用（如转移到其他组织）所造成的损失。

② 生产力测量难易程度，指对雇员所从事工作的数量与质量进行测量的困难程度，也可以称之为工作关系能否分割，可分割意味着人力资本的生产力容易测量，而不可分割则意味着生产力很难测量。

化与组织内权威结构的形成。在威廉姆森和迈纳德那里，组织内部的交易属性通过人力资产多样性来表达，它主要取决于两个关键要素[①]：(1) 雇员的人力资产对其所属组织来说所具备的专属性程度——高和低；(2) 对雇员人力资产的生产力进行测量的难易程度——难和易。两要素交叉形成四种不同类型的交易情境，而这决定着雇主赋予雇员何种范围和程度的权限（见图 3—3）。

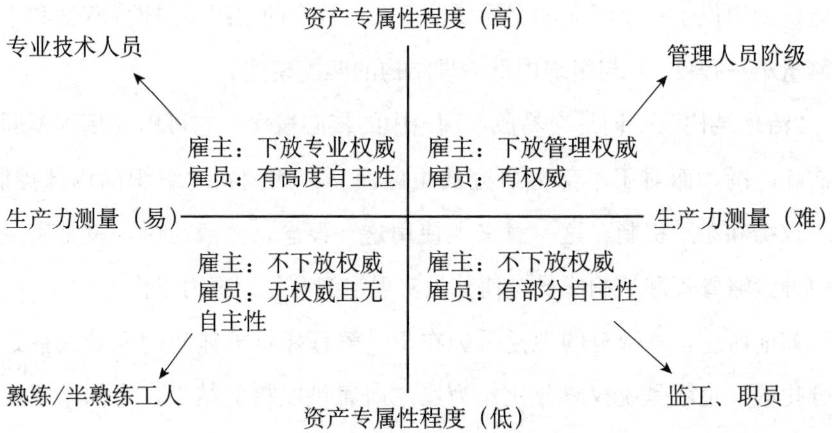

图 3—3 交易属性与治理结构（组织赋权）

右上象限：交易情境最为复杂，从雇主角度来看，交易背后的潜在风险最大。雇主和雇员之间存在严重的信息不对称现象，一方面，雇员拥有对组织来说具有较高专属性的人力资产，而且对这部分群体进行生产力上的测量并不容易。如何让这部分雇员对组织保持最大程度的“道德忠诚”并积极地为组织利益而努力？理想的治理结构是雇主下放和让渡权力，赋予他们最大的能够做出决定的权限，比如委任他们以经营管理、人事、财务等重要领域的重要职位。雇主与这类雇员之间没有明显的等级差别，双方能够“打成一片”，也正是在这一意义上，威廉姆森将这种交易属性下的治理结构定义为“亲密型团队”。现实中，与这种交易属性和治理结构相对应的是行政组织和企业中的管理人员。

---

① See Williamson, O. E. “The Economics of Organization: The Transaction Cost Approach,” *American Journal of Sociology*, 1981, 3: 548 - 577.

左下象限：与右上象限的情况恰恰相反，这类交易属性相对简单，对雇主而言交易风险较小，因为雇员既没有专属于组织的人力资产，工作任务又可以分割，容易测量。“工人可以更换雇主，而不用担心自己的生产率受到损失；组织也不愁找不到替换的工人。”① “雇主能够从均质化的劳动力大军中聘用他们需要的工人。”② 威廉姆森将这种治理结构定义为“企业内部市场”，指出“根本就用不着设计什么专门的治理结构来维持这种关系”③。据此可知，雇主无须下放任何管理权和工作自主权，向他们直接下达工作任务、提出具体可量化的工作要求即可。在现实中，具有一般体力能力和简单知识水平的劳动力在组织中往往处于这种无权的、被支配的地位，这是他们既缺乏能够带来效益的人力资产，所从事的劳动又容易测量和分解等原因共同作用造成的结果。

左上象限：具有对组织而言不可或缺的人力资产（知识、技能），一旦这些资本转移到其他雇佣组织，那么该组织将蒙受很大的损失；但是，这类雇员的工作任务可分，生产率可以测量。因此，理想的治理结构就是授予他们最大限度发挥其人力资产效用的高度工作自主性，而无须给予其过多管理权限。现实中，专业技术人员与雇佣组织之间的关系大致对应于这一象限。在此需要说明的一点在于，他们的组织专属的资产在于专业知识和技能，而第一象限中雇员的组织专属资产是管理才能，这两类专属资产之所以应该被视为分属于两个不同的领域，原因在于对资产生产力进行测量（或分解工作任务）时的难易程度不同。相比较而言，管理才能的生产力更加难以测量，而专业知识技能相关的工作任务能够细分，其资本的生产力能够衡量。

右下象限：没有资产专属性问题，即雇员不具有对组织而言不可获取的专业知识、技能及管理才能等人力资产，但在他们身上存在着监督上的

---

① ［美］威廉姆森：《资本主义经济制度》，340 页，北京，商务印书馆，2010。

② Goldthorpe, John H., *On Sociology Volume One: Critique and Program*, Stanford, California: Stanford University Press, 2007, p. 112.

③ ［美］威廉姆森：《资本主义经济制度》，340 页，北京，商务印书馆，2010。

难题。理想的治理结构是赋予他们一定程度的工作自主性而无须授予管理权。现实中公司职员、一般行政人员等雇员群体大多如此，被赋予一定自主权，在诸多事务上受上层管理人员的支配和控制。

（二）交易属性、治理结构与劳动报酬

在威廉姆森论证了组织内交易属性与治理结构之间相匹配的关系之后，迈纳德进一步发展了交易属性、治理结构与劳动报酬三者间的对应关系，他指出："不同的交易属性对应于组织内部不同的治理结构，而不同的治理结构匹配相应的劳动报酬。"[①] 由此形成"交易属性—治理结构—劳动报酬"的解释链条。这一理论逻辑对于我们理解前文提到的第三个问题提供了直接的答案。

交易属性直接决定了雇主对于不同类型的雇员施以何种治理策略，而从雇员的角度可以理解为他们在实践雇主下放的权威时所扮演的角色和在权威体系（结构）中处于何种位置。一旦组织内部的治理结构确立，雇主将以此作为依据，为每位雇员提供与其权威地位相匹配的报酬。很明显的是，那些实践着重要的权威角色的雇员（行政和管理人员、专业人员）将获得远高于一般雇员的报酬，因为给予他的报酬"不仅仅意味着是对他所提供工作的回报，更是对承担某种（管理）责任的'补偿'和'考虑'"[②]。另外，雇主和实践重要权威角色的雇员之间的关系是长期与稳定的，双方的交换是非具体的，包含了更多的信任与道德意涵；与之相比，那些处于权威关系被支配一方的雇员，往往是以在短时期内提供或多或少的劳动来交换工资。各雇员阶级在劳动报酬上的差异既显著地体现在经济收入这一基本的形式上（如工资与薪金的差异），也体现在晋升机会、工作稳定性、工作保障性等方面。

上文的综合分析最终形成了"交易属性—组织赋权（治理结构生

---

① 转引自樊志宏、张卫东：《交易费用经济学：对于正式组织内部特征研究的最新进展》，载《企业导报》，1999（10）。

② Goldthorpe，J. H.，"On the Service Class，Its Formation and Future，" In Giddens，A. and MacKenzie，G.（Eds），*Social Class and the Division of Labour*：*Essays in Honour of Ilya Neustadt*，Cambridge：Cambridge University Press，1982.

成）—劳动报酬”的解释链条。一个差异化的（无论是以显在的还是潜在的形式存在）报酬体系在雇员群体中形成，雇员的报酬水平显然与他们做出决定的权限密切相关。从这个意义上，我们可以说恰恰是雇员的工作状况决定了他们所能获得的“市场状况”①。对于这一论点，戈德索普在其理论的早期阶段也是赞同和认可的，他明确指出：“在雇佣组织内涉入权威关系的一个直接后果是，它们能够与雇佣条件保持一致，即对处于权威关系不同位置上的雇员匹配不同的报酬水平和种类。”②

具体的交易属性—权威关系（治理结构）—劳动报酬之间的对应关系如表3—1所示。

表3—1　　交易属性、治理结构与劳动报酬

交易属性（资产专属性程度，生产力测量难易程度）	治理结构（权威关系）	劳动报酬（市场状况）
（高，难）	管理权威下放	长期合同、年薪制、良好职业生涯预期、保障完备
（高，易）	专业权威下放	长期合同、绩效工资、职称序列或转管理、保障完备
（低，难）	授予一定自主性	中期合同、固定工资、晋升空间有限、部分保障
（低，易）	无权威	短期合同或短期多次重复、计件/计时、少量或无保障

需要说明的是，我们借用交易成本经济学相关理论所做出的权威关系分化及其相对应的劳动报酬形式都是一种理想的解释模型，雇员的人力资产专属性和生产力测量难易程度两个指标本身就很难实现精确的经验操作化，将二者分别区分出两个极端的水平更多地也是出于理论实用的目的而非建立在经验考量的基础上。现实状况是，这两个指标更多地应该被看作是

① 这里的“市场状况”是指洛克伍德和戈德索普意义上的作为市场结果的“状况”，如收入的来源与多寡、职业晋升机会、工作稳定性和保障性水平等。

② Goldthorpe，J. H.，“On the Service Class，Its Formation and Future，” In Giddens，A. and MacKenzie，G.（Eds），*Social Class and the Division of Labour：Essays in Honour of Ilya Neustadt*，Cambridge：Cambridge University Press，1982.

一种从高至低的连续等级序列而非简单的二分，由此构成的经验模型将更符合实际，但这无疑也会复杂得多。当然经验现象上的复杂性并不能否定理想模型本身所具有的简洁性和理论启示上的价值，组织内的治理结构即权威关系的分化在源头上应该归因于雇员的人力资产类型及雇主的应对策略，这一基本的解释逻辑毫无疑问在一般组织内都是准确的和适用的。即使经验中存在着多种与这四类典型形式不同的“中间形式”的治理结构及其匹配的报酬形式，但它们的形成或演化无疑也受制于组织内交易属性这一基本原则。

第四节　与戈德索普、赖特阶级图式的关联

戈德索普和赖特的阶级图式在当代阶级分析中最具代表性，有学者甚至指出，它们在过去二十多年的经验研究中占据了近乎统治性的地位。[①] 权威阶级图式提供了一种与它们相关但不同的研究思路，在此有必要对权威阶级图式与这两个图式之间的联系和区别做出清楚的说明，并与它们展开竞争性对话。

概括地讲，三者都在劳动力市场和工作组织之中寻求界定阶级归属的结构性位置，都发展出了一套关系取向的阶级体系。这是从笼统的意义上讲三者间存有的共同点。当然，在一些关键议题上，三者间存在着显著差异。

一、与戈德索普阶级图式的关联

与戈德索普相一致，权威阶级图式也是从雇主应对不同交易属性的策略出发寻求对于阶级图式解释机制的说明。在戈德索普那里，雇员阶级位置的确立是由他们与雇主之间形成的雇佣关系决定的。这样存在的一个问题在于，雇员阶级之间的阶级关系将变得难以识别或被有意无意地忽略了。如果一定要找回雇员阶级间的关系的话，就需要借助于雇主这个中介来搭

① See Tahlin, M., “Class Clues,” *European Sociological Review*, 2007, 5: 557－572.

建关系。在这种情况下，“阶级位置是在与其他阶级的关系中被定义的”这一关系论取向的衡量标准将无法得到清晰的展现。与之相比，权威关系论也是首先从雇员与雇主的关系开始论述的，雇主赋予不同雇员与他们的人力资产属性相符的权威地位，这样处于不同组织权威位置上的雇员共同构成了完整的权威关系体系。雇员的阶级地位当然可以从他们与雇主的关系上来理解，但更重要的是，他们的阶级地位也可以从与其他雇员的关系中加以界定，因为他们处于支配—服从的同一关系链条上。

戈德索普阶级理论中存在的另一问题在于他的理论基础与操作化并不完全对应。其阶级理论中最为基础的思想是阶级位置是由雇佣关系所定义的位置，而在操作化上，阶级则是由职业和雇佣地位两个变量交叉定位形成的。戈德索普对此的解释是：“作为对职业和雇佣地位的操作化，阶级图式的确抓住了在雇佣关系方面的差异。”[①] 对此存在的疑问在于，既然阶级位置是由雇佣关系定义的，那么一个符合逻辑的做法就是，直接对雇佣关系进行操作化并以此确定阶级位置。在我们看来，雇佣地位恰恰是对雇佣关系进行操作化的一个合理指标，或者对雇佣状况（收入多寡及来源、职业晋升、工作稳定性和保障性、权威与自主性）进行直接测量。总之，由职业和雇佣地位这两个指标所确立的阶级边界如何与雇佣关系分化的边界相吻合，是该图式理论与操作面临的一大问题。

二、与赖特阶级图式的关联

赖特曾经设计了一套具有开创性的测量权威位置和关系的概念工具，并将其用于多元资产剥削的阶级矩阵的构建之中。他在使用权威地位（即组织资产）的同时还加入了技术/资格证书资产，二者交叉最终确立了雇员的阶级位置。赖特引入技术/资格证书变量的做法受到来自各方（既包括新马克思主义者，也包括新韦伯主义者）的质疑。理由主要有以下两点：第一，这一指

---

① Goldthorpe, John H., *On Sociology Volume One: Critique and Program*, Stanford, California: Stanford University Press, 2007, p. 102.

标是韦伯主义传统使用的众多市场资源中的一种，使用这一指标意味着对马克思主义传统的背离和向韦伯主义传统的靠拢；第二个理由似乎更为充足，作为一种结构性位置的阶级，不应该由从根本上被视为阶级位置占据者的个体特征的变量来定义，教育技能更多的是个人属性而非结构性位置变量。

退一步来讲，即便承认它符合剥削性资产的要求，即资格证书拥有者与无证书者之间存在剥削性的资产转移，我们依然认为，将权威地位与教育技能二者相交叉界定雇员阶级位置的做法破坏了雇员间原本完整的的权威关系链条，由此雇员阶级之间的阶级关系变得错综复杂，相互间的关系变得无法准确衡量。多元资产剥削框架下剥削者与被剥削者之间的关系难以实现一一对应，而中间剥削机制更是难以清晰把握。可以说，加入教育技能变量，反而消解了由权威关系分化定义的阶级图式在解释简洁性和连贯性上所展示出的风采。

第五节　其他议题

一、阶级位置与阶级后果①

本节将谈一谈阶级图式的意义和价值问题，即它能够在什么范围内、多大程度上解释一系列后果性变量的变异。阶级结构与社会结果（outcome）之间的关系问题常常被视为一个经验问题，只要变量间统计相关，即可认为阶级结构与社会性后果之间存在决定与被决定的因果关联模式。前者如何影响了后者这一中间过程常常被阶级分析家忽略，相比于验证二者之间的统计关联，因果机制更是一个需要详细阐明的问题。②

① 我们清楚地意识到，阶级位置确定是一回事，而阶级位置和一系列后果性变量（如对生活机会的约束、阶级意识、阶级行动等）的关系是另外一回事，对阶级图式的构建本身并不包含这些后果在内，这是两件完全可以（而且应该）分开加以研究的问题。

② 包括阶级研究在内的社会学与自然科学不同，在后者那里，“规律被发现便是研究的终结”而对前者而言，“这仅仅是开端……（因为）我们还想知道为什么”。转引自［英］布鲁斯：《社会学的意识》，11 页，南京，译林出版社，2010。

首先，阶级位置能够解释的社会性后果有哪些，或者说哪些社会性后果的源头应该归因于阶级位置？布林等人归纳了三类不同的阶级后果[①]：(1) 无意识或大致上不知不觉的结果，比如发病率和死亡率上存在的阶级差异；(2) 有意识、自发的但并非阶级意识唤醒状况下的行为与态度，也就是说阶级成员有可能以相似的方式做事，但这并不必然要求他们对其所处的相同阶级位置有共同意识，比如选举投票行为；(3) 明确的阶级意识及行为，只有当行动者对其所处阶级位置和结果之间的关联有了较为清醒的认识时，阶级意识才会出现。

在我们看来，布林归纳的这三种阶级结果对于作为解释变量的阶级图式的理论要求和期待是不同的，三者从理论抱负上来看基本上呈升序排列。阶级研究领域允许各种具有不同理论主张和理论抱负的阶级图式共存，并且对一个阶级理论优劣的评价也并非依据其在理论抱负上的高低，而更多的是关注它在启发性方面的表现及其理论基础与其解释范围相契合的程度。我们所提出的权威阶级图式更多地应该被看作是一种“名义”而非“真实”、“实在”的阶级概念，即依据一定的标准将人群放置在阶级图式的特定位置，而非去识别作为真实的社会文化实体而存在的集合体，尤其是那些作为被成员所意识到并对这些成员有意义的社会集团而存在的阶级。

其次，阶级位置如何作用于阶级后果，中间过程如何？很多学者会直接在二者之间画等号，在他们看来这是理所当然和毋庸置疑的。我们认为，一个完备的阶级理论应该能够提供充足的理由以告诉它的“消费者”为什么它所定义的阶级位置应该或值得在经验分析中作为首要的解释性因素。布林曾尝试提供这样一种中间机制，即将阶级位置对社会性后果的解释过程分解为这样两个阶段[②]：首先是阐明阶级位置与报酬分配之间的因果模式，之后将分化的报酬与不同的社会性后果相连。也就是说，阶级位置是

---

① See Breen, R. and Rottman, D., “Class Analysis and Class Theory,” *Sociology*, 1995, 29: 453-473.

② See Breen, R. and Rottman, D., “Class Analysis and Class Theory,” *Sociology*, 1995, 29: 453-473.

通过决定阶级成员做出选择与采取行动所赖以发生的物质条件基础这一中间过程而对后果性变量产生影响的。戈德索普则在“教育获得的阶级差异性持续存在”这一主题文章中尝试在阶级位置与阶级结果之间补充一种基于理性行动的微观基础。①

综合他们二人的观点，我们试着提出这样一种解释的机制：“阶级位置—物质报酬—理性行动/选择—阶级后果（行为、态度）”。对于后一环节，纳入理性行动理论（RAT）确实很有必要。一般而言，个体所采取的行动以及对某一事物的态度都应该直接归因于他对所处情境的认知和选择，而阶级位置恰恰决定了该选择赖以发生的制约性物质基础。此时，并不需要植入一个符合完美“理性”标准的理性行动理论，而只需在一种较低层次上使用这一理论即可。这大致可以概括为：行动者有明确的目标，了解手头所占有的资源及面临的限制（缘于阶级位置所决定的物质条件），并且在对可能的成本与收益进行评估后清楚地知晓实现目标所需要的工具和途径，在此基础上作出理性的选择，进而付诸行动。

为阶级位置与后果性变量之间的关联提供一个充分的解释机制并非易事，它可能更多地依赖于在微观层面上的探索与积累，或者在研究设计、研究方法上开拓新的思路。总之，这是一项困难但非常有必要的工作，作为自变量的阶级在其应用范围和解释力上应该存在边界，并且在边界之内应该努力对“阶级在何种程度上解释了后果性变量的变异”以及“为什么”等问题做出尽可能合理的说明。

二、中国社会中的“工作状况”

毫无疑问，本章有关权威关系分化、雇员工作状况决定市场状况的论述都是在一种理想的完全市场模式下做出的理论演绎。与之相比，当代中国社会与理想情形之间存在着诸多差异之处。我们将充分考虑这些在一般

---

① See Goldthorpe, J. H., “Class Analysis and the Reorientation of Class Theory: The Case of Persisting Differentials in Educational Attainment,” *The British Journal of Sociology*, 1996, 3: 481 - 505.

意义上被认为具有中国社会特殊性的因素对我们上文中论述的理论逻辑的影响，比如哪些因素确实对我们的逻辑构成了挑战，哪些因素仅仅是似是而非的或者根本没有形成实质性的影响。在做出评估的基础上，我们将在有必要做出调整的地方进行操作层面的改变。

在当代中国社会中，可能对我们在上文中论述的工作状况的解释逻辑构成影响的因素有以下几个：

第一，组织差异问题。上文只是在一般意义上论述了组织内权威关系分化与雇员群体阶级位置决定之间的关联，而在现实社会中，无论是西方发达资本主义社会还是中国这样的社会主义国家，不同组织属性（组织类型、组织所有制性质、组织规模）内部的权威关系或权威位置虽具有相似性，但并不能完全等价。达伦多夫的权威阶级论完全忽视了这一问题，这也是赖特攻击他的理论体系的一个重要依据。赖特曾指出："达伦多夫尤其把阶级看作是由在任何强制协调组合中的权威关系来定义的，阶级的权威定义倾向于把所有组织看作是在概念上等价的。"[①] 依照此观点，不同组织属性内的权威关系在阶级位置确定中所扮演的角色应该在重要性上有所区别，而无论这种差别是体现在有性质规定的核心和边缘上，还是体现在具体量化的权重的大小上。

第二，行政权力与工作状况。行政权力在重要且稀缺资源的配置、关键性利益分配的过程中仍扮演着支配者的角色，从而对中国社会阶级阶层结构的形成与塑造有着十分重要的影响。尽管中国社会在过去的三十多年时间里，经历了从再分配经济体制向市场经济体制的转型过程，但"中国的市场和制度转型从根本上讲是由国家主导的，权力优势群体在推动市场化的进程中重新配置资源以及权力，他们不仅具有相当的主动权，而且具有主导权力"[②]。因此可以说，对中国社会的阶级阶层结构进行划分，就必

① Wright, E. O., *Class Structure and Income Determination*, New York: Academic Press, 1979, p. 13.

② 李路路：《制度转型与分层结构的变迁——阶层相对关系模式的"双重再生产"》，载《中国社会科学》，2002 (6)。

须正视和处理好行政权力因素在阶级位置决定过程中的作用。这里将出现两个问题：一个是行政权力与工作状况的关系问题；另一个则是与第一个相关的如何看待和处理官僚群体的阶级定位问题。

第三，不完全的雇佣关系。与西方私有产权主导下的充分市场经济体制不同，当代中国仍是一个公有制占主导地位的社会主义国家。由此，本章第三节中有关“交易属性—治理结构—劳动报酬”的契约性雇佣关系链条在解释中国问题时将遇到一些适用上的难题。首先，中国社会中在党政机关就职的雇员的规模和比例均高于西方社会，就职于这种准入机制严格的内部劳动力市场的雇员的雇佣关系就完全是行政性的；其次，国有企业中的雇佣关系一般是兼具行政性与契约性的，委托人在名义上属于国家或全体国民，代理人则一般通过行政指派和命令的方式产生。总之，在这两类组织内，雇佣关系的特殊性表现在以下几点上：雇主并非自然个体；雇主与雇员间形成的雇佣关系兼具行政性和契约性；组织内的治理结构的形成并不能完全归因于复杂的交易属性。尽管如此，不完全雇佣关系的存在并没有对“工作状况决定市场状况”的逻辑构成任何实质性的威胁，权威关系的分化以及权威关系与劳动报酬之间的紧密对应关系在上述组织类型中依然完整呈现。①

第四，工作状况与“单位制”。改革开放之前，“国家—单位—个人”的纵向联结链条既是国家实现社会控制与管理的组织化途径，也为社会资源调节与分配提供了重要的制度性保障。② 正是上述“纵向结构和跨单位的横向联结体系共同构成了社会宏观层面的单位社会体制”③。进一步地，“单位制”与相配套的“身份制”、“行政制”一道构成了“国家有差异的分配社会资源的制度体系”④。个体的资源与社会地位完全决定于其所处的单位

---

① 尽管对分化原因的解释无法追溯到交易成本属性上。

② 国内学界从“单位制”视角探讨我国城市社会基层组织结构与秩序维系、社会不平等的组织基础等问题的研究非常之多，成果异常丰富，在此不一一详述。

③ 田毅鹏：《中国社会后单位时代来临？——单位制度消解后的困局》，载《社会科学报》，2010-08-26。

④ 李路路：《中国非均衡的结构转型》，见袁方等：《社会学家的眼光——中国社会结构转型》，221页，北京，中国社会出版社，1998。

组织，单位组织之外则几乎没有自由空间。可以说，当时的社会情形，对于从工作状况即工作组织内权威关系的分化状况出发界定成员在阶级图式中的位置而言是一种极其理想的社会类型。

改革开放以来，在市场化的强力推动下，传统单位体制出现松动，甚至在有些领域逐渐瓦解，体制外的市场性组织、社会组织大量出现，个体获得资源的渠道日益多元……单位对于个体的决定性意义有所降低。相比于公有体制之外出现的新状况，在体制之内，仍存在着典型的单位制度和类单位制度，“单位制”时期的传统和思维仍在很多组织内延续。时至今日，可以说意识形态和政治控制意义上的单位制已逐渐消亡，但单位作为一种利益共同体的组织形态仍在发挥着重要功能，不但没有减弱，反而有所强化。① 总之，我们在此抛出这一话题的意图在于说明，无论是在“单位制”时代还是在“后单位制”时代，工作组织都是成员获取资源和机会、确立合法性身份和社会地位的重要场所，界定阶级成员位置的指标或要素坐落于工作组织领域的原则不随时空变换而发生变化，在当代中国社会依然适用。

如果说“单位制”作为中国城市社会的特殊制度性因素为我们从工作状况出发构建阶级图式提供了有力的支撑性论据的话，那么前面三个因素则共同指向这样一个需要面对和解决的问题：如何处理国家公权力对阶级定位造成的影响？这种影响是多方面的，既体现在行政机构、国有企事业单位与其他类型组织的区别上，也体现在行政权力对其他领域内权威关系的影响上，还体现在官僚群体的阶级定位上。

对此，本章采取的应对原则是，从根本上将行政权力视为工作组织内权威关系的一种形式，在权威关系分化这一点上，行政事业单位、国家控制的市场企业与其他所有制性质的组织是共通的。我们不倾向于采用在量上赋予行政权力更高权重的做法，因为那样做将导致如下结果：第一，在

---

① 参见田毅鹏：《中国社会后单位时代来临？——单位制度消解后的困局》，载《社会科学报》，2010-08-26。

具体权重的赋予上没有明确的参考标准和有效的依据，从而会落入有关权重大小的争议之中；第二也是更为根本的一点，赋予行政权力以更高权重将破坏解释逻辑的统一性和简洁性。权威关系分化贯穿于各类型组织，坚持从一般意义上的工作组织内的权威关系定义阶级这一根本原则，能够保持逻辑的连贯和统一，尤其是我们专注于权威关系而忽略其他次要性制度因素，能够保持阶级图式的鲜明特色。因此，在操作化上我们对不同所有制性质的组织将一视同仁，同时也不会将官僚群体放在特殊的阶级位置，而是严格依据其自身组织权威状况界定其阶级位置。

如果说组织内权威关系分化对于任何组织而言都是共同的现象，因此可以忽略组织间在所有制上的差异的话，那么不同组织规模下的权威关系则很难被看作是等价的。原因在于，是否拥有对他人（一般指下属）的支配和管理权是表征个体是否占据权威位置的关键因素，接受管理和指令的对象的规模或数量越多，表明权威资源量越丰富，权威位置越高。这一点对于吸纳了城镇绝大部分就业人口的企业组织来说尤其如此。我们可以想象一个政府机构里的中高层干部和一个大型公司里的高管人员拥有相同的权威状况，但我们无法接受一个只有几十人的小型企业里的高级管理者与上述两类人员享有相同的阶级位置。因此，在达伦多夫那里被忽视的权威关系的组织差异问题应该得到足够重视，但对于我们的研究而言，它并非体现在组织的所有制差异上，而是放在组织规模并且仅仅放在企业组织规模上。就操作化而言，在所有类型组织（即所有雇员样本）严格按照权威关系指标进行阶级位置划分的基础上，对小型企业组织内雇员的权威地位应做适当的降级调整。

第四章　权威阶级体系的构建及关联效度检验

本章将在继承以往权力（权威）研究传统和已经取得的成果的基础上，进入到权威阶级图式建构的实证操作阶段。在第一节，我们将首先基于财产权力做出雇主、雇员、自雇佣者这一雇佣地位上的划分，并重点从组织权威角度对庞大的雇员群体进行阶级定位，操作化过程中的基本原则及指标选取、量化等内容在下文中均有细致说明；第二节将从实证角度对在权威阶级图式内的雇员阶级的标准关联效度进行考察。

第一节　权威阶级体系构建的经验操作化

本节所使用的数据来自 2006 年中国综合社会调查（CGSS 2006）。2006 年度调查的基本主题是社会分层和阶层分化，问卷中除了询问被访者的基本雇佣地位外，还对他们的工作状况进行了较为详细的询问，获得了大量关于被访者工作状况的资料，为本部分的分析提供了数据基础。

一、雇佣地位的分化

在阶级/阶层分析的理论传统中，基于财产（生产资料）而形成的社会关系是最基本的社会关系，也是权力地位和权力关系最重要的基础之一，一般被称为“基本雇佣地位”或“基本雇佣关系”。无论研究者在什么样的理论范式下进行分析，大抵都是如此，其操作化为：雇主、雇员、自雇佣者三大类。它们构成了当代社会的三个基本阶级位置（见表 4—1）。

在这三大基本群体的边界确定上，我们的做法是：将“自己是老板，雇佣 1 名以上雇员”的这部分人定义为雇主阶级；“有固定或无固定雇主的受雇者、在家族企业中工作的成员”都属于雇员阶级；将“为自己的经营、买卖或企业工作，没有雇佣其他人”的那部分人定义为自雇佣阶级。

表 4—1　　雇佣地位指标的操作化

问卷中原始问题： QC1a. 下列各种情形，哪一种更符合您目前工作（或最后那份工作）的状况？	合并后
受雇于他人（有固定雇主的受雇者）	雇员
零工、散工（无固定雇主的受雇者）	
在自己家的企业中工作/帮忙，不领工资	
在自己家的企业中工作/帮忙，领取工资	
自己一个人工作，没有雇佣其他人	自雇佣
为自己的经营、买卖或企业工作，没有雇佣其他人	
自己是老板，雇有 1 到 7 名雇员	雇主
自己是老板，雇有 8 名以上的雇员	

在上述三大基本类别中，当代分析家们的研究兴趣和重点大都投放在了雇员群体身上，因为这一群体通常占到活动人口的 85%～90%。[①] 朝向工作状况和组织权威的理论转向，即是朝向这些受雇于某一工作组织的雇员的阶层分化。如果说现有的主要理论分别强调的是财产、组织资产和技能资产的剥削、雇佣关系的分化或职业团体的职业裁决权的话，本章将从组织中的权威及权威关系的视角揭示雇员群体的阶层分化。

二、雇员群体的阶级定位

组织中的权威结构和权威关系以组织中的工作状况为基础。在本章中，我们将从四个方面分析工作状况，从而测量雇员的权威和他们之间的权威关系，即：体力和非体力工作；是否拥有下属；对组织中的人事、生产经营管理、财务等重大事项的决策权和对下属的管理、监督权；对自身工作的控制权。

第一，体力和非体力指标是根据问卷中设置的相应问题进行区分的

① See Goldthorpe, John H., *On Sociology Volume One*: *Critique and Program*, Stanford, California: Stanford University Press, 2007, p. 103.

(参见 CGSS 2006 问卷 c9 - c11 题)。这一指标属于综合性的指标，反映了工作状况的基本差别：体力和非体力工作不仅代表了劳动力使用的形式和工作环境的不同，更为重要的是反映了雇员在组织中地位，包括报酬形式、职业生涯、组织责任等多方面的差别，这在很大程度上类似于戈德索普对于服务阶级的区分。[①]

第二，是否拥有下属是直接的权力体现。

第三，决策权指的是在组织的人事、财务、生产经营管理、奖惩等重大事务上的决策权力，对下属工作的管理、监督权指的是对下属工作任务、时间进度、程序方法及执行情况进行管理和监督的权力。CGSS 2006 问卷中设置了两个量表，分别测量被访者的决策权和管理、监督权，每一量表由四个题目构成，每一个题目的三个选项代表了权威大小程度的不同。经计算，四项组织事务决策权得分之间的 Alpha 值为 0.885，四项对下属工作的管理、监督权得分之间的 Alpha 值为 0.883，表明四项决策权以及四项管理、监督权内部均存在较高的关联度，它们在测量决策权和管理、监督权上均反映出了较高的一致性。相对于管理、监督权，我们对决策权赋予了更高的权重，因为决策权各事项关乎组织的生存发展等全局性、前途性问题，管理、监督权则主要涉及对下属工作内容的管理和监督，属于日常性、微小型权力。

第四，对自身工作的控制权即雇员对自己工作事务的掌控程度，也被称为“工作自主性”。赖特曾将这种工作自主性看作是对劳动过程的最低程度的控制，即“对自身生产什么和怎样生产的控制，但排除了对其他人生产什么和怎样生产的控制”[②]。调查问卷中设置了针对被访者在工作内容、进度安排、工作量及强度的自主性状况进行测量的量表，量表下每一题目的三个选项代表了自主性程度的不同。经计算，三类工作自主性项目得分

---

① See Goldthorpe, J. H., “On the Service Class, Its Formation and Future,” In Giddens, A. and MacKenzie, G. (Eds), *Social Class and the Division of Labour: Essays in Honour of Ilya Neustadt*, Cambridge: Cambridge University Press, 1982.

② Wright, E. O., *Classes*, London: New Left Books, 1985, p. 48.

之间的 Alpha 值高达 0.924，表明这三个问题高度相关，且反映了它们在测量工作自主性上所具有的高度一致性。

使用上述四个指标，可以构建一个组织内的权威体系。那些非体力的，拥有下属的，在组织的人事、生产经营管理、奖惩、财务等重大事项上有一定决策权和对下属有管理、监督权的雇员，处于这个权威体系的上层；那些非体力的，不拥有决策权和对下属的管理、监督权，但拥有工作自主性的雇员处于第二个等级；那些体力的，不拥有决策权，但拥有对下属的管理、监督权的雇员为第三个等级；那些体力的，不拥有任何对下属的管理、监督权，仅拥有一定工作自主性的雇员，处于这个权威体系的最下层。在此基础上，对于每一个权威等级内部都可根据权威的量的大小，做出进一步的区分，最终形成一个权威阶级体系。[①]

在此基础上，我们还对权威阶级体系进行了一些微调：第一，结合被访者在组织内的管理位置这一指标对权威阶层分类进行调整，将那些没有下属，但在组织中处于一定管理位置（较低、中层、高层）的雇员调整到相应的权威阶层中去。这一做法类似于赖特在其分类合并过程中参照“形式等级”状况进行的调整。[②] 第二，结合组织规模变量，将在单位人数少于 100 人的私营/集体企业中工作的高权威雇员降低一级，划归中低权威雇员。

至此，在将雇主阶级[③]和自雇佣阶级加入之后，基于工作状况和组织权威构建的阶级体系（简称为“权威阶级体系”）得以形成（见图 4—1）。

---

① 我们在每一个权威等级中根据权威量的大小进行细分的做法借鉴和参考了赖特使用组织资产进行三元等级划分（管理者、监督者和无管理权者）的操作化过程，参见 Wright，E. O.，“The Biography of a Concept：Contradictory Class Locations，” in Holmwood，J.，eds，*Social Stratification*，Volume Ⅲ，London：Edward Elgar Publishing Limited，1985：304－313。具体而言，在第一等级内部，将在四类决策权事项中均具有最高权限的雇员直接归为高权威雇员，将具有次低决策权且在四类监督权事项中均具有最高权限的也归为高权威雇员，其他均归为中低权威雇员。第二等级和第四等级这两类无管理权雇员的细分则依据他们在三类工作自主性事项上的得分各自细分出两个等级。

② 限于篇幅，这里无法将操作化过程详细列出，有兴趣的读者可与作者直接联系获取有关信息。

③ 根据组织内雇员数量对雇主阶级进行细分，雇佣 8 名以上雇员的雇主为大雇主，雇员数量为 1～7 名的为小雇主。

生产资料占有

所有者	雇员：非体力	雇员：体力	
雇主阶级： 大雇主 小雇主	Ⅰ. 下属为非体力雇员的管理者： 阶级 4：高权威非体力雇员 阶级 5：中低权威非体力雇员	Ⅲ. 下属为体力雇员的监工： 阶级 8：有权威监工	有管理权
自雇佣阶级	Ⅱ. 无管理权的非体力雇员： 阶级 6：高自主性非体力雇员 阶级 7：中低自主性非体力雇员	Ⅳ. 无管理权的体力雇员： 阶级 9：高自主性体力雇员 阶级 10：中低自主性体力雇员	无管理权

图 4—1　权威阶级分类体系示意图

该阶级体系中各类别及样本中各类别的数量比例如表 4—2 所示。

表 4—2　　权威阶级体系的类别及数量比例

			权威阶级体系	频次	%
雇主			1. 大雇主	27	0.5
			2. 小雇主	160	3.0
自雇佣者			3. 自雇佣者	381	7.2
雇员	非体力	Ⅰ	4. 高权威非体力雇员（如高层管理人员）	188	3.6
			5. 中低权威非体力雇员（如中低层管理人员）	262	5.0
		Ⅱ	6. 高自主性非体力雇员（如高层专业人员）	793	15.0
			7. 中低自主性非体力雇员（如中低层专业技术人员）	1 046	19.8
	体力	Ⅲ	8. 有权威监工	561	10.6
		Ⅳ	9. 高自主性体力雇员（如技术工人）	681	12.9
			10. 中低自主性体力雇员（如非熟练工人）	1 181	22.4
			合计	5 280	100.0

第二节　标准关联效度考察

对重要概念的有效和可靠的测量手段的发展是一个成功的科学的显著特征。社会阶级是社会学中的核心概念之一，因此，对社会阶级的有效测量和检验就成为社会学发展成以实证为根基的社会科学的必需步骤。效度评估最常用的是建构效度（construct validity）和标准关联效度（criterion-related validity）这两种，其中前者是社会科学所喜欢的模式。有关预测社会阶级诸如选举行为、健康、教育获得以及心理功能等社会现象的成果（建构效度检验）非常丰硕。但是，至今还很少有直接检验阶级图式之关联效度的研究，缺少这样的检验，分层研究就不可能获得所期望的信度和标准化水平，相反，分层研究将停留在这样一种状态，即一个以或多或少具有错误指定和任意性质的测量为特征的研究领域。①

标准关联效度又被称为“效标效度”或“准则效度”，它常常依赖于或借助于对一个（替代性）结果或特征的测量，这一结果或特征直接（或尽可能直接地）代表了我们试图通过间接手段来指示的那个概念。② 在本部分，我们检验权威阶级体系中雇员阶级的标准关联效度。与其他的阶级阶层概念一样，权威阶级体系仅仅是一个理解社会阶级概念的代理，它并没有直接指示作为阶级概念的一部分而应该被识别的那些特征。权威作为一个反映社会支配—服从关系的概念，毕竟是抽象、难测的，我们通过为权威阶级体系寻找外衍变量（proxy variable）的方式，一方面可以考察该体系与常见分层指标（如职业、教育、党员身份等）之间的内在逻辑关联，并由此寻求权威阶级变量合适的替代性经验指标及构建路径，以简化当前该体系稍显繁复的操作化流程③；另一方面，在获得反映权威阶级体系与外衍变量之间关系的最佳数据模型的基础上，比较该体系与赖特的新马克思主义图式、戈德索普的新韦伯主义 EGP 图式在拟合观测数据上的表现，以此评价它们在当代中国社会结构状况上所具有的适用性及解释力。

在此需要说明的是，各阶级阶层框架最为核心的分类思想和指导原则均体现在对庞大的雇员群体进行阶级阶层定位上，财产所有者和自雇佣者因其在雇佣关系中所处的位置而“天然”地获得了其阶级阶层归属。因此，

① See Evans, G., “Testing the validity of the Goldthorpe class schema,” *European Sociological Review*, 1992, 3: 211 - 232.

② See Evans, G., “Testing the validity of the Goldthorpe class schema,” *European Sociological Review*, 1992, 3: 211 - 232.

③ 一个合适的构想是：具有相似社会位置 A、社会位置 B 和社会位置 C 的个人有可能处在相似的权威—支配规则形式下，并且因此具有类似的阶级位置。寻求权威阶级的替代性经验指标及构建路径的努力，是出于便于在更大范围应用和推广该体系的目的，这项后续研究正在进展之中。

在本部分权威阶级体系的外衍变量选取、最优拟合模型确立以及三个阶级阶层框架解释力比较等方面，数据基础均为雇员群体部分。

关联效度检验将从两个方面展开：一方面按照关联程度的高低选取与权威阶级相关的几个关键指标，通过模型拟合的途径找出表示阶级与这些指标之间关联的最优模式，并以此模型为基础，比较权威阶级、赖特和戈德索普三者与这些外显指标之间关联的程度。另一方面，直接考察阶级变量与外显指标之间的对应关系，以展示它们之间的关联程度，这一考察思路是通过使用潜类分析的统计技术得以实现的。

一、外衍变量、模型拟合及效度比较

（一）外衍变量的选取

在外衍变量的选择上，我们兼顾了国外阶级研究的理论传统及我国的社会现实。在当代社会，职业是粘贴在个体身上的极其重要的标签之一，在戈德索普的EGP图式中，职业是阶级分类的重要参考指标，在新涂尔干主义代表人物格伦斯基那里，阶级是围绕劳动分工的功能性位置而构成的职业集合体，职业直接定义了阶级；教育程度和资历是人力资本的最重要体现，赖特直接将技术/资格证书作为多元剥削的一个机制；所有制和组织类型在这里被合并成了一个变量，它与单位级别、党员身份一样，体现了当代中国社会的制度特色（见表4—3）。

表4—3　　备选外衍变量及基本描述

变量名称	类别
职业（O）	三分类：管理人员（行政管理人员、企业经理人员）/体力劳动者（工人、农民、部分服务人员）/其他（办事人员、专业技术人员）
所有制及组织类型（T）	四分类：党政机关/事业单位/国有集体（公有）企业/私营企业
教育程度（E）	二分类：大专以下学历/大专及以上学历
资历（X）	四分类：自初职起的工作年限的四等分类
单位级别（R）	三分类：中央及省部级/地市级/区县及以下
党员身份（P）	二分类：中共党员/非中共党员
组织规模（S）	二分类：小组织/人数大于100的组织

注：组织规模是一个很重要的外衍变量，但因其个案数量太少，我们不得不放弃对它的考察。

结合相关研究，首先假定职业是与阶级相关度最高的变量，由此固定阶级和职业两个变量，分别将组织类型、教育程度、资历、单位级别、党员身份等变量作为第三个变量加入以构造对数线性模型（模型拟合结果见表 4—4）。通过比较同质性关联模型（homogeneous association model）与条件独立模型（conditional independence model）的拟合优度，可以分别检验这些变量和职业相比哪个与阶级的相关程度更高。数据结果与我们的假定相吻合，与其他几个变量相比，职业与阶级的相关度最高。

表 4—4　职业与其他变量在模型拟合优度上的比较

模型	自由度（df）	偏差（G^2）	模型	自由度（df）	偏差（G^2）
（CO，CT，OT）	36	114.9	（CO，CX，OX）	36	52.8
（CO，OT）	54	463.5	（CO，OX）	54	231.2
（CT，TO）	48	1 600	（CX，XO）	48	1 400
（CO，CE，OE）	12	31.2	（CO，CP，OP）	12	19.6
（CO，OE）	18	157.4	（CO，OP）	18	228
（CE，EO）	24	1 280	（CP，PO）	24	1 300
（CO，CR，OR）	24	50.3			
（CO，OR）	36	186.5			
（CR，RO）	36	1 600			

我们继续从剩余变量中寻找与阶级相关度较高的外衍变量，在固定阶级和组织类型的基础上，分别将教育程度、资历、单位级别、党员身份等变量加入以构建新的对数线性模型，从而衡量这些变量与组织类型相比哪个与阶级的相关程度最高。结果显示，教育程度和党员身份变量与阶级的相关度高于组织类型，而单位级别和资历变量与阶级的相关度低于组织类型。最后，分别建立包含阶级、教育程度、党员身份变量的模型和包含阶级、单位级别、资历变量的模型，从而对教育程度—党员身份、单位级别—资历两对变量进行排序。数据结果显示，教育程度变量先于党员身份变量，单位级别变量先于资历变量。由此，与阶级相对应的外衍变量按照相关程度从高到低依次为：职业（O）、教育程度（E）、党员身份（P）、组织类型（T）、单位级别（R）、资历（X）。

（二）最优拟合模型的选取

职业、教育程度、党员身份、组织类型是与权威阶级体系相关度较高的四个外衍变量，下一步的目标是从这些变量的组合中选择和确定能够较好地拟合观测数据的最优模型。在最优模型的选择中使用的方法是基于模型偏差（G^2）的似然比卡方检验，这种方法在竞争性的嵌套模型的选择中是最普遍使用的方法。① 最优拟合模型的筛选过程如下（见表 4—5）。

表 4—5　　各对数线性模型的拟合优度比较

模型（*C*、*O*、*E*、*P*、*T*）	自由度（*df*）	偏差（G^2）	*p* 值
4 阶交互项模型 （*COEP*，*COET*，*COPT*，*CEPT*）	42	37.2	0.538
剔除一项 4 阶交互项后的最优模型（4 选 1） （*COET*，*COPT*，*CEPT*，*OEP*）	54	45.1	0.704
剔除两项 4 阶交互项后的最优模型（6 选 1） （*COET*，*CEPT*，*COP*，*OEP*，*OPT*）	90	90.2	0.563
剔除三项 4 阶交互项（4 选 1） （*CEPT*，*COE*，*COP*，*OEP*，*COT*，*OET*，*OPT*）	126	141.6	0.274
剔除所有 4 阶交互项 （*CEP*，*CPT*，*EPT*，*CET*，*COE*，*COP*，*OEP*，*COT*，*OET*，*OPT*）	144	163.7	0.179
3 阶交互项模型 （*COE*，*COP*，*COT*，*CEP*，*CET*，*CPT*）	161	198.1	0.052
剔除一项 3 阶交互项（6 选 1） （*COE*，*COT*，*CEP*，*CET*，*CPT*，*OP*）	173	207.4	0.051
剔除两项 3 阶交互项（15 选 1） （*COT*，*CEP*，*CET*，*CPT*，*OE*，*OP*）	185	223.4	0.039
剔除三项 3 阶交互项（20 选 1） （*COT*，*CEP*，*CET*，*OE*，*OP*，*PT*）	203	248.1	0.020
剔除四项 3 阶交互项（15 选 1） （*COT*，*CET*，*CP*，*OE*，*OP*，*EP*，*PT*）☆最优拟合模型	209	263.5	0.012
剔除五项 3 阶交互项（5 选 1） （*COT*，*CE*，*OE*，*CP*，*OP*，*EP*，*ET*，*PT*）	227	292.7	0.000

首先，计算出与阶级变量有关的 4 阶交互项模型与分别剔除了一项、二项、三项 4 阶交互项模型的拟合优度，从分别剔除了一项、二项和三项 4

① 参见［美］丹尼尔·鲍威斯、谢宇：《分类数据分析的统计方法》，北京，社会科学文献出版社，2009。

阶交互项的模型中各选出一个对观测数据拟合最高的模型；按照从复杂到简约（parsimony）的顺序，比较这些模型之间是否有显著差异。结果显示，几个模型间拟合优度差异均不显著，出于模型简约性考虑，我们暂时选择剔除了三项 4 阶交互项的模型（*CEPT*，*COE*，*COP*，*OEP*，*COT*，*OET*，*OPT*）。

因上述模型中仍含有一项复杂的 4 阶交互项，我们进一步考察该模型与降维为 3 阶交互项的模型是否有显著差异，也就是将上述模型与以下模型进行比较：*CEP*，*CPT*，*EPT*，*CET*，*COE*，*COP*，*OEP*，*COT*，*OET*，*OPT*。结果表明二者间没有显著差异。这表明，我们可以继续从 3 阶交互项模型中选择最优模型。按照与上一步相同的筛选策略，最终，剔除了四项 3 阶交互项的模型（*COT*，*CET*，*CP*，*OE*，*OP*，*EP*，*PT*）成为入选的最终模型，该模型与剔除了三项 3 阶交互项的模型没有显著差异，而与剔除了五项 3 阶交互项的模型有显著差异，它符合模型简约的原则且很好地拟合了观测数据。

从最优拟合模型（*COT*，*CET*，*CP*，*OE*，*OP*，*EP*，*PT*）中可以看出，权威阶级地位既与职业、组织类型相关，也与教育程度、组织类型相关。从该模型的高阶项来看，职业相同的个体会因处于不同的组织单位类型而坐落在不同的阶级位置上，同样，拥有相同教育程度的个体也会因处于不同的组织类型而坐落在不同的阶级位置上。

（三）权威阶级体系与赖特、戈德索普阶级图式的比较

1. 赖特阶级图式的操作化过程

从操作化的角度来看，赖特的多元剥削阶级图式依据的指标分别是生产资料资产、技术/资格证书资产和组织资产。资产阶级、小雇主和小资产阶级是拥有生产资料资产的三个阶级类别，其他九个雇员阶级是由各拥有三个水平的组织资产和技术/资格证书资产进行交叉形成的。因受制于数据资料，本研究无法完整复制赖特的阶级图式，而只能最大限度体现他的分类思想和原则。具体操作思路如下：

第一，使用 CGSS 2006 问卷中的决策权、监督权变量作为衡量赖特组

织资产的指标，根据有无权威及权威的大小区分出高权威、低权威、无权威三个层次，分别对应于赖特的管理者、监督者和无权者。在此基础上，使用赖特的“形式等级”变量（即被访者在管理结构中的定位）对组织资产进行微调。[①] 第二，使用 CGSS 2006 问卷中的教育程度和技术职称变量构建赖特的技术/资格证书资产。首先将教育程度分为大专及以上、高中或中专、初中及以下三类，分别对应于赖特依据技术/资格证书指标划分的专家、半资格证书者、无资格证书者。在此基础上，使用技术职称变量对其进行调整：高中及以下学历但拥有高技术职称者，调整为专家；初中及以下学历而拥有低级或中级技术职称者，调整为半资格证书者；高中学历而无技术职称者，调整为无资格证书者。最后，将分别具有三个等级类别的组织资产变量和技术/资格证书资产变量进行交叉，由此得到下述九类雇员阶级：专家管理者、专家监督者、非管理者专家、半资格证书管理者、半资格证书监督者、半资格证书工人、无资格证书管理者、无资格证书监督者、无产阶级。

2. EGP 阶级图式的操作化过程

戈德索普的 EGP 图式由职业和雇佣地位来定义。根据甘泽布姆和特雷曼提供的转换程序，结合职业、是否为自雇佣者和下属数量三个变量构建基于中国数据的 EGP 图式。职业上，我们将 CGSS 2006 的职业编码转换成国际标准职业编码分类（ISCO88）；是否为自雇佣者这一变量上，与本研究阶级分类过程相一致，将“为自己的经营、买卖或企业工作，没有雇佣其他人”这一项的选答者视为自雇佣者；下属数量则根据问卷中的“QC17. 有多少个直接的下属”这一问题加以定义。

另外，在剔除大小雇主和自雇佣群体之后，原本 7 分类的 EGP 图式还剩 6 类，阶级Ⅳ（自雇佣阶级）消失。[②] 为保持与权威阶级体系和赖特阶级图式的类别数目相同从而为模型拟合度比较提供基础，我们将农民从

---

① See Wright, E. O., *Classes*, London: New Left Books, 1985, p. 312.

② 大雇主和小雇主分别分布在服务阶级Ⅰ和服务阶级Ⅱ，比例较低，剔除后这两个阶级不受影响。

EGP 图式第 7 阶级中分离出来，构成单独的一个阶级。这样，农民群体弥补了因剔除自雇佣阶级而造成的空缺，使得调整后的 EGP 图式同样具有 7 个阶级类别。具体如下：Ⅰ高级服务人员；Ⅱ低级服务人员；Ⅲ常规非体力雇员；Ⅳ监工；Ⅴ熟练工人；Ⅵ非熟练或半熟练工人；Ⅶ农民。

表 4—6 展示了三种阶级分类体系的类别及规模比例状况。

表 4—6　　三种阶级分类体系中雇员阶级的分布（N=4 517）

权威阶级体系		赖特的阶级图式		戈德索普的 EGP 图式	
高权威非体力雇员	4.8	专家管理者	3.3	高级服务人员	10.9
中低权威非体力雇员	8.7	专家监督者	5.0	低级服务人员	21.1
高自主性非体力雇员	11.5	非管理者专家	13.7	常规非体力雇员	24.2
中低自主性非体力雇员	14.7	半/无资格证书管理者	4.3	监工	2.6
有权威监工	9.7	半/无资格证书监督者	9.7	熟练工人	20.7
高自主性体力雇员	13.9	半资格证书工人	13.2	非/半熟练工人	19.8
中低自主性体力雇员	36.6	无产阶级	50.9	农民	0.8
合计	99.9	合计	100.1	合计	100.1

3. 权威阶级与赖特、戈德索普阶级分类体系的比较

本部分将以上文筛选出的最优拟合模型（*COT*，*CET*，*CP*，*OE*，*OP*，*EP*，*PT*）为基础，考察权威阶级体系、多元剥削阶级图式以及 EGP 图式在观测数据拟合上的表现，以此来比较它们在描绘中国社会结构状况上的解释力。统计手段上，我们使用的是泊松回归模型①，它可以考察观测频数与各影响因素间的关系，并能够就数据拟合程度为上述三类阶级/阶层体系提供比较的基础。在此需要说明两点情况：第一，本研究放入泊松回归中的变量删除了原有模型中与阶级阶层变量无关的交互项如 *OE*、*OP*、*EP*、*PT*；第二，技术/资格证书和职业分别是赖特和戈德索普定义其阶级阶层位置时使用的变量，因此在对权威阶级体系（表示为 *C*）与赖特的多元剥削阶级图式（表示为 *W*）、权威阶级体系与 EGP 图式（表示为 *G*）进行模型拟合优度的比较时，将分别剔除教育程度变量（*E*）和职业变量（*O*）。表 4—7 和表 4—8 展示了各阶级体系模型拟合优度的状况。

① 泊松模型是适用于固定空间和时间内观测总数的最为自然的抽样模型。参见［美］丹尼尔·鲍威斯、谢宇：《分类数据分析的统计方法》，北京，社会科学文献出版社，2009。

表 4—7　　权威阶级体系与赖特阶级图式的模型拟合优度比较

模型	观测数	自由度	AIC	BIC
(*COT*, *CO*, *CT*, *CP*, *OT*, *C*, *O*, *P*, *T*)	168	91	1 154.43	1 438.71
(*WOT*, *WO*, *WT*, *WP*, *OT*, *C*, *O*, *P*, *T*)	168	91	1 154.93	1 439.22

表 4—8　　权威阶级体系与 EGP 图式的模型拟合优度比较

模型	观测数	自由度	AIC	BIC
(*CET*, *CE*, *CT*, *CP*, *ET*, *E*, *P*, *T*)	112	63	892.30	1 063.56
(*GET*, *GE*, *GT*, *GP*, *ET* , *E*, *P*, *T*)	112	63	908.15	1 079.42

BIC（Beyesian Information Criterion，贝叶斯信息标准）统计量是衡量和比较不同模型对于数据拟合状况的常用指标[①]，其基本逻辑在于比较模型之间的相对合理性，而不是找出观测数据对某一特定模型的绝对偏离。在多个模型进行比较时，BIC 统计量的值越小，意味着模型具有越好的拟合优度，意味着与其他模型相比更可能是合理的。从数据结果来看，权威阶级模型的 BIC 值比赖特模型的 BIC 值小 0.5，表明前者对于观测数据的拟合效果略微好于后者，但两个模型之间的差异非常小，基本可以忽略不计；权威阶级模型的 BIC 值比 EGP 阶级模型的 BIC 值小 16，表明权威阶级模型在拟合观测数据上稍好于 EGP 阶级模型。

总体来看，权威阶级模型的拟合效果与赖特、戈德索普阶级模型基本持平，或略微强于它们。基于工作状况的权威阶级体系在未考察教育程度、职业、雇佣地位等指标的情况下，达到了不亚于赖特和 EGP 阶级图式的模型拟合效果。这表明，权威阶级体系（雇员部分）对中国的社会结构形态有着足够的解释力和适用性，从组织权威（工作状况）指标入手能够抓住当代中国社会结构形态的实质和核心。今后在有关社会结构和不平等问题的理论探讨和经验研究中，应加强对工作状况的重视与考察。

---

① 偏差 G^2（似然比卡方统计量）常被用来对模型与观测数据间的任何偏离进行探测，在样本规模较大时，该统计量更容易接受（或至少更难拒绝）更为复杂的模型，它难以区分因模型中加入更多的解释项而增大的拟合优度是否真正地改善了模型。BIC 统计量（$BIC=G^2-df*\log n$）则通过更多地惩罚更大样本情况下的 G^2 来鉴别对观测数据进行了较好拟合的简约模型。参见［美］丹尼尔·鲍威斯、谢宇：《分类数据分析的统计方法》，北京，社会科学文献出版社，2009。

二、阶级与相关变量的对应关系

在本部分，我们直接考察阶级变量与外显指标之间的对应关系，以展示它们之间的关联程度如何，这一考察思路是通过使用潜类分析（latent class analysis）的统计技术得以实现的。潜类分析能够从外衍变量（又称观测变量）的联合分布的概率的特征值中找出具有共同特征的群体的集合，每个集合的概率及各外衍变量在各集合上的条件概率均可从中得出。[①] 因此，就一般形式而言，潜类模型也常被称为概率模型。在我们的研究中，使用的外衍变量有四个：雇员阶级地位（C，七分类）、教育程度（E，三分类）和组织类型（T，六分类）、职业（O，七分类）。我们假设这四个变量背后隐藏的潜在变量（分类变量）为 X。那么，一个无条件约束的潜类模型的基本形式可以表述为：

$$\pi_{xceto} = \pi_x \pi_{c|x} \pi_{e|x} \pi_{t|x} \pi_{o|x}$$

其中 π_x 被称作潜类概率，也就是潜在变量各类别出现的概率，而四个条件概率 $\pi_{c|x}$、$\pi_{e|x}$、$\pi_{t|x}$、$\pi_{o|x}$ 被称为条件反应概率。当然，在假定外衍变量条件独立的情况下，对于上述潜类模型可以表述为如下对数线性模型（相对于各变量形成的多维频次表 m_{xceto} 而言）：

$$\log m_{xceto} = u + u_x^X + u_c^C + u_e^E + u_t^T + u_o^O + u_{xc}^{XC} + u_{xe}^{XE} + u_{xt}^{XT} + u_{xo}^{XO}$$

这是潜类模型的两种表达形式，由此，对任一个观测变量（C、E、T、O）来说，它在给定潜类 X 下的条件概率就可以通过估计对数线性模型饱和模型的参数获得，即将条件概率看作是对数线性模型参数的一个函数。以阶级地位变量（C）为例，其某一类别在某一给定潜类中的条件概率可以由以下公式得出：

$$\pi_{c|x} = \frac{\exp(u_c^C + u_{xc}^{XC})}{\sum_c \exp(u_c^C + u_{xc}^{XC})}$$

具体的操作化策略上，首先从诸多外衍变量的特征和分布中找出隐藏

---

① 潜类分析具体原理及模型表达不再赘述，详细论述参见 Vermunt. J. K.，LEM：A General Program for the Analysis of Categorical Data（Study Manual），1997。

在其背后的潜类，根据模型拟合情况确定最佳潜类数量及各潜类含义。我们首先确定其中潜在类别的数目，表 4—9 列出了不同数目类别的潜类模型的拟合指标。BIC 值和似然比卡方值反映出的信息基本一致，3 个潜类的模型拟合效果最佳。因而，我们重点分析 4 个观测变量中的各类在 3 个潜类中的响应概率，以探讨 4 变量之间的对应关系。

表 4—9　　潜类分析模型拟合检验结果（N=4 102）

	BIC	AIC	G^2	df	p	χ^2	df	p
M1：Null model	77 824.3	76 335.8	8 537.5	862	0.000	1 358.6	862	0.000
M2：2 - class model	56 327.5	54 365.6	4 261.8	842	0.018	9 032.1	842	0.000
M3：3 - class model	42 703.1	42 398.4	3 012.9	822	1.000	7 682.3	822	0.000
M4：4 - class model	42 938.7	41 569.4	3 123.2	802	1.000	6 017.9	802	0.000
M5：5 - class model	43 251.6	43 027.9	2 986.4	782	1.000	5 486.2	782	0.000

分析结果显示，潜类 1、2、3 三类在总体雇员样本中所占的比例①分别为 10.0%、33.4%和 56.6%（见表 4—10）。

潜类 1 中，雇员阶级主要由三类在工作组织中拥有管理权威的雇员构成，其中，高权威雇员和中低权威雇员的比例分别为 42.7%、41.0%，二者合计占到了八成，下属为体力劳动者的监工有权威监工的比例为 15.6%。这些权威雇员所对应的职业类型主要为企业经理主管（35.3%）、党政机关负责人（21.1%）和办事人员（22.4%）；对应的组织类型主要为国企（36.4%）、事业单位与社会团体（23.6%）和党政机关（14.9%），另外也有集体企业、私有及外资企业等企业组织形式，二者的比例各占到 10%左右；在教育程度上，近半数（44.7%）的学历在大专及以上。

潜类 2 中，雇员阶级主要由两类无管理权威的非体力雇员构成，其中高自主性非体力雇员的比例为 37.3%，中低自主性非体力雇员的比例为 47.0%，二者合计占到 85%左右。两类非体力雇员阶级对应的职业主要集中在专业技术人员和办事人员两类上，二者比例分别高达 50.6%和 46.2%，可以说无权威的非体力雇员完全集中在这两类职业上；组织类型

① 潜类分析表中数字的统计意义是观测变量各项目在某一潜类上的响应概率，出于叙述方便和通俗易懂的考虑，我们在此使用百分比的描述方法，这一做法从根本上讲并不背离其实质含义。

上，非体力雇员阶级主要集中在事业单位（35.0%）、国企（25.6%）和其他组织（16.1%），当然其他组织类型中也有少许比例；教育程度上，大专及以上的比例最高，接近四成，初中及以下占到24.7%、高中及中专学历占到35.5%，三个类别中没有体现出明显的集中趋势，这可能是部分办事人员的教育程度不高拉低了整体的教育水平。

潜类3中，雇员阶级主要由两类无管理权的体力雇员构成，中低自主性体力雇员的比例占到了65.0%，高自主性体力雇员的比例占到了22.2%，二者合计占到了雇员阶级的九成左右。他们对应的职业类型主要是工人（70.4%）和商业、服务业从业人员（28.7%），绝大部分对应于这两种职业类型；组织类型上比例较高的分别是国企（42.4%）、其他组织类型（22.3%）和集体企业（15.8%）；教育程度上，这一潜类中雇员的学历普遍不高，初中及以下的比例高达60.9%，高中、中专水平的占33.7%，也就说九成多的体力雇员的教育水平在大专以下，教育层次普遍不高。

表4—10　　阶级与教育程度、组织类型、职业的潜类分析表

		潜类1	潜类2	潜类3
各潜类在总体中的比例		0.100	0.334	0.566
阶级	高权威非体力雇员	**0.427**	0.000	0.002
	中低权威非体力雇员	**0.410**	0.105	0.014
	高自主性非体力雇员	0.000	**0.373**	0.000
	中低自主性非体力雇员	0.007	**0.470**	0.000
	有权威监工	**0.156**	0.053	0.112
	高自主性体力雇员	0.000	0.000	**0.222**
	中低自主性体力雇员	0.000	0.000	**0.650**
教育程度	初中及以下	0.204	0.247	**0.609**
	高中、中专	0.349	0.355	0.337
	大专及以上	**0.447**	**0.397**	0.054
组织类型	党政机关	**0.149**	0.056	0.008
	国有或国有控股企业	**0.364**	**0.256**	**0.424**
	集体或集体控股企业	0.083	0.084	**0.158**
	私有、港澳台外资	0.098	0.092	0.055
	事业单位、社会团体	**0.236**	**0.350**	**0.131**
	其他组织	0.070	**0.161**	**0.223**

续前表

		潜类 1	潜类 2	潜类 3
职业	党政机关负责人	**0.211**	0.007	0.000
	经理、主管	**0.353**	0.008	0.000
	专业技术人员	0.106	**0.506**	0.000
	办事人员	**0.224**	**0.462**	0.000
	商业、服务业从业人员	0.033	0.018	**0.287**
	工人	0.070	0.000	**0.704**
	农民	0.002	0.000	0.009

总体来看，我们使用组织权威指标区分出的雇员阶级位置，与职业、教育程度和组织类型等明确标示雇员社会经济地位和身份的常用变量之间有着良好的对应。那些在党政机关、国企及其他企业组织中从事负责人、经理、高管等职业，并且有着良好教育程度的群体，构成了我们的体系中有管理权威的雇员阶级；党政机关、企业中的专业技术人员、办事人员构成了无管理权但在自主性程度上有所不同的非体力雇员阶级；在企业组织中，学历不高的工人、商业服务业从业人员构成了无管理权的体力雇员阶级。

可见，组织权威或工作状况指标尽管难以简约为或等同于某一具体常用的指标，但它反映的信息可以大致对应于上述常见变量的组合，即由工作状况划分的雇员阶级可以大致由外衍变量组合构成的群体得以外显化或具体化。并且，工作状况上的等级差异也很好地对应于这几大常用分层指标组合体上所反映出的优次顺序。比如，上述三个潜类分别对应着工作状况上的三种高低不同的等级，而三个外衍变量的组合也基本对应着从优至次的分化。从这个意义上讲，我们也可以说，职业、教育程度、党员身份等显性身份特征在本质上是权威地位和权威关系的某种外在标识，权威才是在背后起着基础性决定作用的核心要素。

第五章　权威阶级体系的建构效度检验

建构效度是指测量工具能够像成熟的理论所描述或预期的那样预测到一定结果的能力，也常常被称为理论效度或经验效度。

建构效度的检验工作必须被置于完备的理论基础之上，该理论对于有待检验的概念（自变量）与用以衡量其效度的概念（因变量）之间的关系有着清晰而明确的阐述，通过比较实证结果与理论预设的结果来衡量该概念建构效度的优劣。例如，阶级与收入在阶级研究传统中被视为是密切相关的，甚至存在决定与被决定的关系。由此，一个具有良好建构效度的阶级概念，就应该能够对收入的变异有较高程度的解释，即能够在实证上发现二者之间存在的关联。这种关联越强，则说明阶级概念的建构效度越高。

相反，如果理论预设与现实发现之间相去甚远，即阶级与收入之间关联甚微，甚至是毫无关联，那么，按照杰弗里·埃文斯和柯林·米尔斯的说法，可能会面临包括质疑概念有效性在内的以下三种状况[①]：第一，可能理论是错误的，即阶级和该变量并非以人们所设想的那种方式联系在一起；第二，所预测的变量在测量上可能本身就有问题；第三，该阶级图式或许不是一个对阶级的有效测量。

我们将力图选用在以往的研究发现和理论阐述中已被证明了的与阶级概念有着密切关联的因变量，并且对该变量进行有效的测量，从而得以客

---

① See Evans, G., "Testing the validity of the Goldthorpe class schema," *European Sociological Review*, 1992 (8); Evans, G., Mills. C., "Identifying Class Structure: A Latent Class Analysis of the Criterion-Related and Construct Validity of the Goldthorpe Class Schema," *European Sociological Review*, 1998 (1).

观、真实地衡量权威阶级体系的建构效度。本部分分析使用的数据来自2006年度中国综合社会调查中的城市数据，待解释的因变量来自社会生活的四个方面：社会经济状况、雇佣状况、主观阶层地位、生活方式。下文将检验权威阶级体系能够在多大程度上像理论所预期的那样解释和预测这些经验现象的变异。

第一节 阶级与社会经济状况

对概念或测量工具的建构效度进行检验，首先需要有一个能够清晰地说明有待检验的概念和衡量其效度的概念之间的关联的理论论述。在本部分及以下三个部分的分析中，我们的基本思路是，首先对表明二者之间存在显著关联或因果关系的相关理论和论点进行必要的阐述，之后通过实证数据对该阶级与待解释的经验现象（因变量）之间的关系进行考察，以检验阶级概念的建构效度。

“越是有效的阶级分类，越能够抓住或反映出成员在社会经济资源分配上的不平等。”① 布劳、邓肯很早就指出社会经济状况的不平等可以通过经济收入和教育程度这两个指标加以衡量。② 除此以外，我们还纳入了住房状况，从经济收入、教育程度、住房状况这三个方面考察阶级概念对社会经济状况之变异的解释能力。

何种因素决定了人们的收入所得？经济学中的人力资本理论和社会学中的地位获得理论分别从不同的角度给出了解释。但是，在新马克思主义代表人物赖特看来，收入从根本上是由阶级关系结构中的位置而非人力资本、教育程度、市场能力等个人特征决定的。赖特归纳了阶级结构决定收

---

① 林宗弘、吴晓刚：《中国的制度变迁阶级结构转型和收入不平等：1978—2005》，载《社会》，2010（6）。

② See Blau，Peter M. and Duncan. Otis D.，*The American Occupational Structure*，New York：Free Press，1967.

入的两大机制：第一，阶级关系位置决定了个体获取收入流（stream of income）的方式；第二，个体在阶级结构中的位置决定了一系列个体特征影响收入多寡的方式。[①] 在韦伯主义传统中，阶级对收入等生活机会的制约作用更是被视为理所当然，因为在他们那里，阶级是在商品和劳务市场条件下由共享相同生活机会的成员构成的，而成员所处的阶级位置对其生活机会和经济利益形成了强有力的约束。

教育不平等也受到阶级阶层地位的影响和制约。教育不平等理论中的一个重要假设——最大化维持不平等假设（MMI假设）——认为，教育扩张的成果常被上层阶级和优势地位群体获取，这种不平等将一直持续到上层群体的子女在某一教育水平上达到饱和程度的时候。[②] 随后出现的有效维持不平等假设（EMI假设）认为，即使教育扩张或教育资源不断丰富，仍会出现上层阶级垄断优质教育资源，而下层阶级只能获取价值较低的教育机会和资源的现象。[③]

住房（居住）状况在本质上也是一个阶层分化现象，住房产权、面积大小和居住质量等大多由收入、职业和阶层变量决定。[④] 自20世纪90年代中后期我国城市全面实行住房分配货币化和市场化政策以来，住房的不平等日益成为社会经济不平等的一个重要体现。居住空间的分异、住房资源的占有及住房区位的分布已被打上了深深的阶层分化烙印，而这种分化不仅表现在阶层之间，也表现在代际之间。

一、收入、教育与住房的阶级差异

表5—1显示了各阶级成员在收入、教育程度、住房上的差异。在平均

---

① See Wright, E. O., *Class Structure and Income Determination*, New York: Academic Press, 1979, pp. 57-78.

② See Adrian E. Raftery, Michael Hout, "Maximally Maintained Inequality: Expansion, Reform, and Opportunity in Irish Education, 1921-75," *Sociology of Education*, 1993, Vol. 66, No. 1, pp. 41-62.

③ See Lucas, S. R., "Effectively. Maintained Inequality: Education Transitions, Track Mobility, and Social Background Effects," *The American Journal of Sociology*, 2001, 6: 1642-1690.

④ See Logan, John R. & David Moloch, *Urban Fortunes: Political Economy of Place*, Berkeley: University of California Press, 1987.

年收入上，拥有生产资料所有权的雇主阶级收入最高，在所有雇员阶级中，有权威的雇员阶级（包含高权威雇员、中低权威雇员、有权威监工）的年收入均高于无权威的雇员阶级。在权威阶级内部，收入随权威地位的降低而依次减少；在无权威阶级内部，工作自主性程度越高，收入越高，并且非体力雇员收入高于体力雇员收入。在雇员阶级的教育程度上，体现出的一个总体趋势是受教育年限随权威地位的降低而减少，其中出现的一个例外是监工阶级的平均受教育年限低于无权威的非体力雇员阶级（高自主性非体力雇员、中低自主性非体力雇员），这与该阶级成员中包含了大量的专业技术人员有关。在住房的市场价格上也体现出了与收入和教育一致的趋势。综合来看，不同地位的阶级成员在社会经济资源的占有上呈现出了明显的差异和分化，阶级成员的社会经济状况取决于其权威资源的多寡。

表 5—1　　各阶级群体的年收入、受教育年限、住房市价的均值比较

	年收入			受教育年限			现住房市场价格		
	均值（元）	*SD*	排序	均值（年）	*SD*	排序	均值（元）	*SD*	排序
大雇主	31 468.0	20 894.8	1	11.1	2.9	5	270 909.1	618 976.9	1
小雇主	29 501.4	33 272.9	2	10.1	2.9	6	170 988.7	168 586.5	6
自雇佣者	12 845.6	39 530.5	8	7.9	3.4	10	102 501.7	93 653.5	10
高权威雇员	23 972.8	23 339.1	3	12.4	3.2	1	227 851.7	202 938.9	2
中低权威雇员	21 087.5	20 628.8	4	12.3	3.2	2	223 442.1	224 692.2	3
高自主性非体力雇员	16 076.3	15 543.3	5	12.2	3.6	3	203 531.9	218 381.5	4
中低自主性非体力雇员	13 075.4	10 444.0	7	11.6	3.3	4	176 028.8	194 061.4	5
有权威监工	13 324.4	25 014.7	6	10.0	3.3	7	170 937.5	239 851.7	7
高自主性体力雇员	10 678.9	10 622.9	9	9.0	3.8	8	164 081.0	158 800.2	8
中低自主性体力雇员	9 238.73	8 689.1	10	8.8	3.3	9	142 214.8	151 360.9	9
总计	13 510.1	19 095.0		9.9	3.7		161 949.7	193 744.3	

图 5—1 显示了各雇员阶级成员在 2005 年全年个人总收入的累积比例分布图，出于图表内容表达简洁、清晰的需要，我们将原来的 7 个雇员阶

级合并成 4 个。比较明显的是，处于较低权威位置的无权威体力雇员阶级的累积比例线条斜率较大，上升速度较快，与之形成鲜明对比的是处于较高权威位置的管理人员阶级的线条较为平缓，监工及无权威非体力雇员两类群体处于中间位置。可见，有权威雇员的年收入明显高于无权威雇员。举例说明，有权威雇员中仅有 30％年收入在 1 万元以下，监工及无权威非体力雇员中均有 50％左右年收入在 1 万元以下，而在无权威体力雇员中，这一比例高达 70％；在 2 万元这一点上，有权威雇员的累积比例为 70％，监工及无权威非体力雇员的比例为 80％，无权威体力雇员中有高达 9 成的年收入在 2 万元以下。

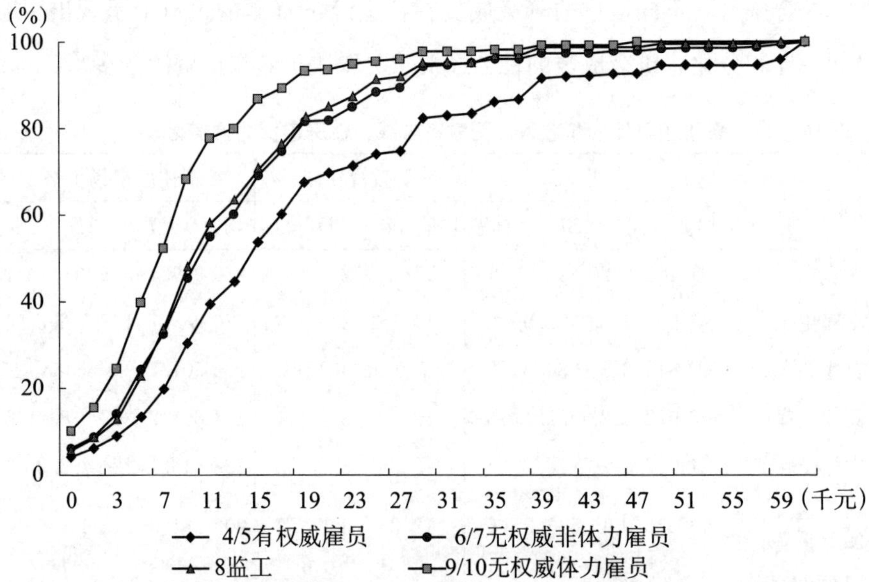

图 5—1　各阶级 2005 年全年总收入的累积比例分布

同样，我们通过住房面积的累计比例来考察各阶级群体在住房上的差异和分化。从图 5—2 中可以看出，住房面积的分化程度要低于年收入的分化，但有权威雇员与无权威雇员之间存在明显差异这一点没有任何实质性的变化。管理人员阶级住房条件最好，无权威体力雇员最差，监工及无权威非体力雇员居中。以住房面积 60 平方米为例，有权威雇员中只有 47％住房面积在 60 平方米以下，监工和无权威非体力雇员阶级中这一累积比例为

60%，而无权威体力雇员中，近7成住房面积在60平方米以下。

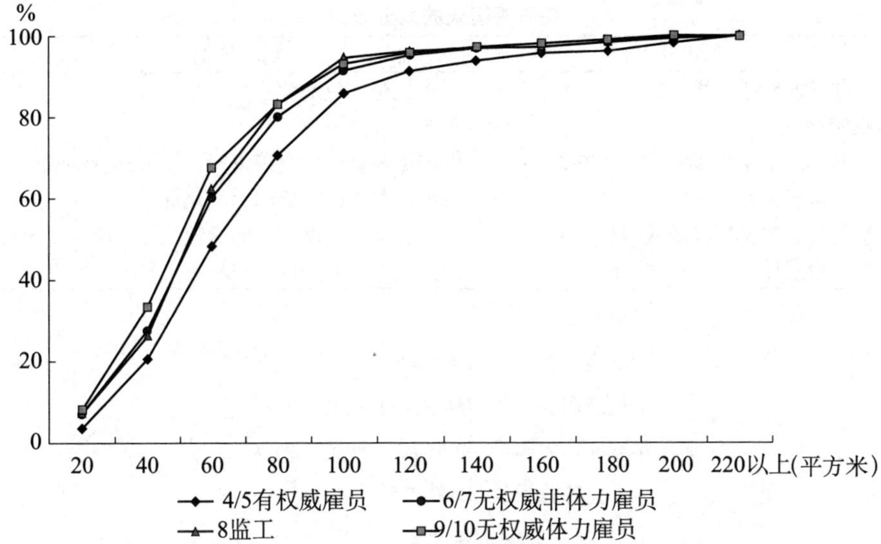

图 5—2　各阶级成员住房面积的累积比例分布

二、与其他阶级图式的比较

本部分着重分析作为自变量的阶级对因变量社会经济状况（收入、教育、住房）的解释和预测能力。在此我们不仅对权威阶级体系的建构效度进行了检验，而且将其与国内外学界存在的一些阶级图式进行了比较。国际上较为流行的阶级图式有两个，分别是赖特的新马克思主义阶级图式和以戈德索普为代表的新韦伯主义阶级图式（EGP 图式）；国内阶级阶层分类框架有近年来出现的中国社会科学院陆学艺教授提出的十大阶层①、复旦大学刘欣教授提出的五大阶层②、林宗弘和吴晓刚两位学者提出的中国版的新马克思主义分类框架③。各阶级图式的基本分类依据/标准在表 5—2 中呈现出来，而由 CGSS 2006 城市数据整理得出的各阶级图式的类别及数量比

① 参见陆学艺主编：《当代中国社会阶层研究报告》，北京，社会科学文献出版社，2002。

② 参见刘欣：《中国城市的阶层结构与中产阶层的定位》，载《社会学研究》，2007（6）。

③ 参见林宗弘、吴晓刚：《中国的制度变迁阶级结构转型和收入不平等：1978—2005》，载《社会》，2010（6）。

例等信息呈现在图 5—3 至图 5—7 中。

表 5—2　　各阶级图式的划分依据

阶级图式	基本依据
工作状况阶级图式	工作状况（权威关系）
EGP 图式	职业＋雇佣地位
新马克思主义阶级图式（赖特）	生产资料资产、组织资产、技术/资格证书
十大阶层体系	组织资源、经济资源、文化资源
新马克思主义阶级图式（林—吴）	户口、单位制度、干部身份、私有产权
五大阶层体系	公共权力、资产控制权和技术资本

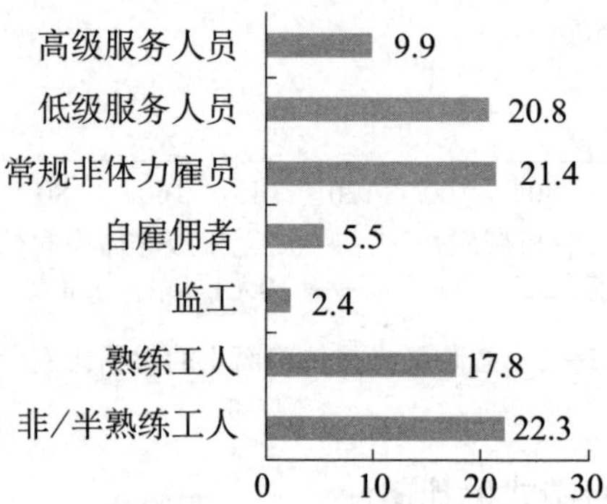

图 5—3　EGP 图式

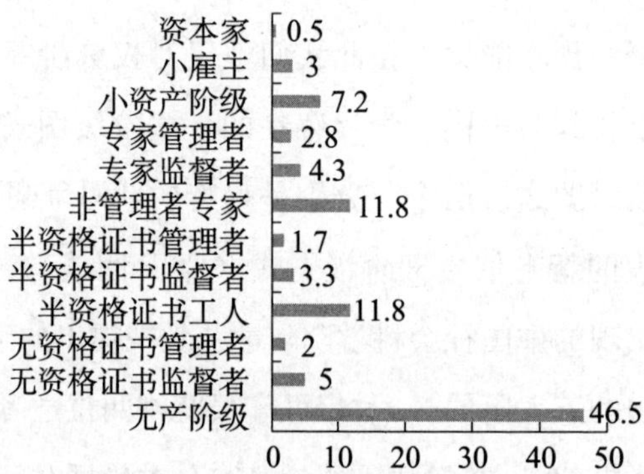

图 5—4　赖特新马克思主义阶级图式

在此需要说明的是，我们所提出的权威阶级图式与其他阶级图式相比存在的一个显著不同在于，权威阶级图式坚持了分类标准上的“一维性”，权威关系（具体表现为权威资源的多寡或在权威关系中的位置）始终是雇员群体划分的唯一标准。其他各阶级图式的分类标准均是“多维性”的，

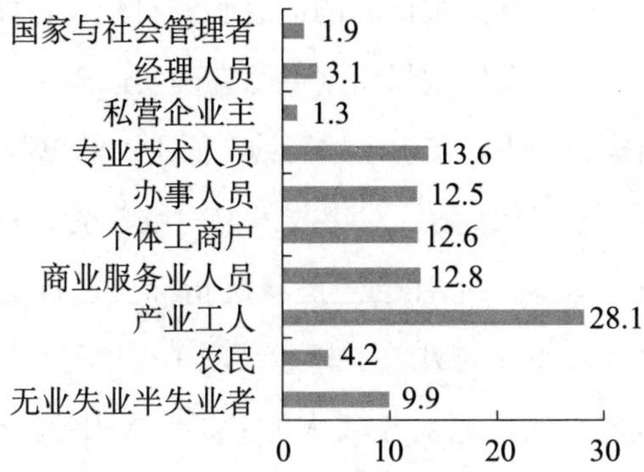

图 5—5　十大阶层体系

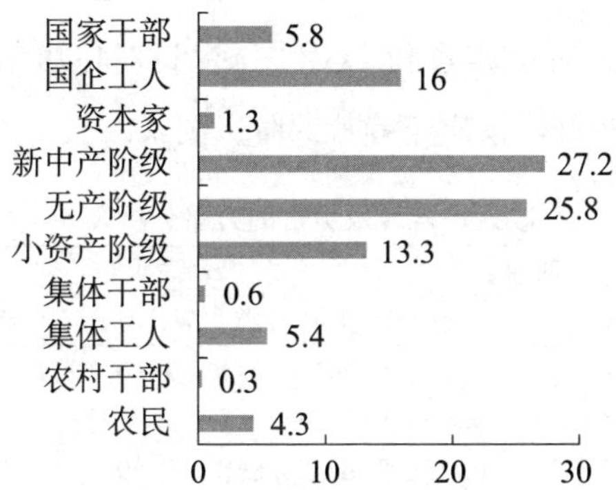

图 5—6　林—吴新马克思主义阶级图式

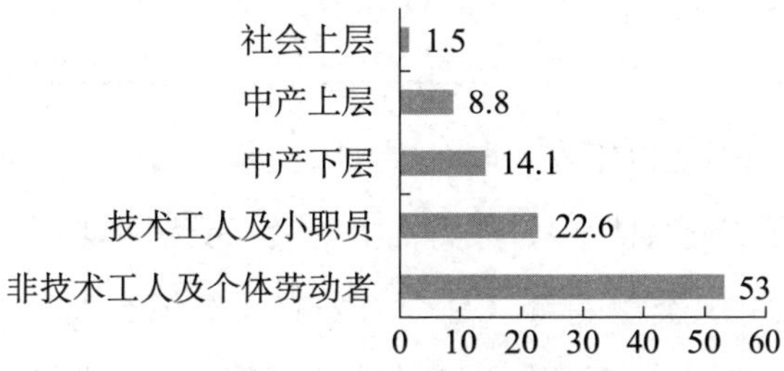

图 5—7　五大阶层体系

如赖特对雇员群体进行划分时综合考察了组织资产和技术/资格证书资产；EGP 图式使用了职业和雇佣地位（employment status）两项指标；十大阶层体系同时考察了社会成员的组织、经济、文化等三种资源；林宗弘和吴晓刚综合使用了户口、单位制度、干部身份、私有产权等多个指标；五大阶层体系同时考察了公共权力、资产控制权和技术资本。相比而言，持“一维性”标准的权威阶级考察的被访者的信息和资料较少，如果它能够在对诸多经验现象的解释上取得良好效果，则说明它确实以简洁而概括的手段抓住了当今中国社会结构的实质，实现了“简约”而不“简单”的理论目标。

表5—3显示的是各阶级图式对年收入取对数、受教育年限、住房市价的方差的解释情况。在这三个社会经济状况指标上，权威阶级体系分别解释了10.9%、19%、3.9%的方差，显示了其在因变量变异上的良好解释力。相比而言，权威阶级体系对年收入方差的解释比例低于赖特的阶级分类体系和十大阶层体系，与林—吴的中国版新马克思主义阶级图式一致，而略高于五大阶层以及EGP图式；在对受教育年限的解释上，权威阶级体系的表现稍好于五大阶层体系和EGP图式[①]；对住房市场价格的解释上，权威阶级体系表现较好，仅次于赖特的阶级图式。

表5—3　　收入、教育及房价的方差分析表

	年收入取对数			受教育年限			住房市场价格		
	组间方差	df	R^2	组间方差	df	R^2	组间方差	df	R^2
权威阶级	372.342	9	0.112	14 039.411	9	0.190	280.004	9	0.043
EGP图式	325.261	6	0.098	13 754.032	6	0.186	157.652	6	0.024
赖特阶级	545.215	11	0.164	26 326.228	11	0.356	296.413	11	0.046
十大阶层	534.895	9	0.161	16 448.257	9	0.223	231.308	9	0.036
林—吴阶级	363.945	9	0.109	15 610.841	9	0.211	212.706	9	0.033
五大阶层	347.276	4	0.104	13 641.885	4	0.185	175.986	4	0.027
总方差	3 324.485	—	—	73 890.252	—	—	6 511.721	—	—

表5—4显示的是以年收入取对数为因变量的一般线性回归结果。在控制了人口学特征变量（性别）、人力资本变量（受教育年限、资历、资历平方）、所有制及组织类型变量（是否为公有及组织类型）、政治身份变量（是否为党员）、区域变量（东中西及城镇级别）之后加入权威阶级变量，模型所解释的因变量变异的比例（R^2）从25.6%提升至29.9%，提升了4.3个百分点。这表明对于收入的变异，权威阶级捕捉到了较多无法从其他变量上获得的信息。另外，从回归系数上看，在控制上述变量的基础上，

① 赖特的阶级图式对受教育年限具有远高于其他阶级图式的解释力，这一点并不令人惊讶，因为在赖特那里，技术/资格证书资本是定义阶级的一个重要维度。

权威阶级对收入的影响仍有较高的统计显著性，大雇主阶级收入最高，有权威雇员的收入高于无权威雇员，各自内部又分别根据权威的大小、工作自主性的高低而呈现出规律性的增减趋势，这和前文中通过平均值得出的结论是完全吻合的。

表 5—4　　年收入取对数的线性回归分析表

	基准模型	分析模型
女性[a]	−0.328***	−0.306***
受教育年限	0.068 8***	0.059 5***
中共党员[b]	0.104**	0.027 0
资历（工作年限）	−0.003 53	−0.005 70
资历平方	−0.000 004 66	0.000 019 4
所有制及组织类型[c]		
事业单位、社会团体	−0.017 6	0.031 1
国有企业	−0.178**	−0.101
非国有企业	−0.069 4	−0.096 6
地域类型[d]		
东部区县	−0.003 96	−0.036 6
中部区县	−0.475***	−0.472***
西部区县	−0.438***	−0.461***
权威阶级[e]		
小雇主		−0.017 0
自雇佣者		−0.593***
高权威雇员		−0.490**
中低权威雇员		−0.517***
高自主性非体力雇员		−0.723***
中低自主性非体力雇员		−0.781***
下属为体力劳动者的权威雇员		−0.623***
高自主性体力雇员		−0.774***
中低自主性体力雇员		−0.902***
截距	9.084***	9.913***
样本数	4 329	4 329
调整的 R^2	25.6%	29.9%

* $p<0.05$，** $p<0.01$，*** $p<0.001$。

注：参照项：a=男性；b=非中共党员；c=党政机关；d=省会及直辖市；e=大雇主。

进一步地，我们对各阶级阶层变量加入基准模型后所提升的模型的解释能力（R^2）进行比较。表 5—5 数据显示，权威阶级体系的提升幅度仅低于十大阶层体系和赖特的阶级图式，而远高于林—吴的中国版新马克思主义阶级图式、五大阶层体系和 EGP 图式。这表明“一维性”的权威阶级体系在解释力上并不逊色于其他“多维性”的阶级图式。

表 5—5　　收入回归模型 R^2 的变化情况（%）

	R^2（基准模型）	R^2（加入阶级变量）	提升幅度
权威阶级	25.6	30.1	4.5
新韦伯主义（戈德索普）	25.6	27.3	1.7
新马克思主义（赖特）	25.6	30.5	4.9
十大阶层（陆学艺）	25.6	32.6	7.0
新马克思主义（林—吴）	25.6	28.3	2.7
五大阶层（刘欣）	25.6	27.9	2.3

第二节　阶级与雇佣状况

在新韦伯主义者眼中，雇佣地位或雇佣状况①构成了区分阶级位置的一个重要维度，阶级成员在雇佣状况上呈现出明显的分化。洛克伍德将阶级地位分解为三个方面（市场状况、工作状况和地位状况），其中市场状况考察的就是阶级成员的雇佣状况或雇佣条件。戈德索普则直接以个体所卷入的雇佣关系来区分阶级位置，认为 EGP 图式中各雇员群体在雇佣状况指标上——报酬形式、额外补贴、控制工作时间、工作安全、晋升机会等——存在着明显的分化。后来相关实证检验也确实证明了这一点。② 他们是从标准关联效度的意义上使用雇佣状况指标，以各阶级群体在雇佣状况上存在

① 埃文斯（Evans）在其 1992 年的文章中，以雇佣条件指称工作时间、工作报酬（收入、稳定性）等，以工作前景指称晋升机会，最后以职业特征或工作特征（occupational or job characteristics）作为雇佣条件、前景、自主权、监督以及报酬的统称，参见 Evans，G.，“Testing the Validity of the Goldthorpe Class Schema，” *European Sociological Review*，1992，3。在 1998 年的文章中，埃文斯和米尔斯（Mills）又以工作属性（job attributes）来指称上述各种条件，参见 Evans，G.，Mills，C.，“Identifying Class Structure：A Latent Class Analysis of the Criterion－Related and Construct Validity of the Goldthorpe Class Schema，” *European Sociological Review*，1998。在本章中，我们以“雇佣状况”一词来统指雇员阶级的工作时间、晋升前景、收入决定及稳定性、工作保障状况。

② See Evans，G.，“Testing the validity of the Goldthorpe class schema，” *European Sociological Review*，1992，3：211－232.

的系统性差异作为其阶级图式具有良好标准关联效度的证据。在本研究中，我们从建构效度的意义上使用雇佣状况指标，考察权威阶级体系在预测雇员雇佣状况分化上的能力。

一、雇佣状况的阶级差异

我们使用潜类分析技术实现这一研究目标。对于潜类分析的原理及模型表达，我们已经在上一章使用时进行了说明。其中最为重要的一点是，该模型能够从外衍变量的联合分布的概率的特征值中找出具有共同特征的群体的集合，每个集合的概率及各外衍变量在各集合上的条件概率均可从中得出。本部分对潜类分析的使用与前一章中有所不同，这主要体现在：在从外衍变量（雇佣状况指标）的特征和分布中确定适当的潜类数量及各潜类含义之后，我们进一步展开所得潜类与雇员阶级位置变量之间的交互分析，以观察体现着不同雇佣状况的各潜类在各个雇员阶级上的分布。若这种分布具有差异性且呈现出结构性趋势，则表明权威阶级能够很好地区分阶级成员的雇佣状况，即该阶级概念有较高的建构效度，反则，其建构效度较差。

在此，作为外衍观测变量的雇佣状况指标共5个：工作时间、晋升机会、工作保障性、工资决定和工资稳定性，这5个指标包含10个相关变量，所有变量的基本频次描述如表5—6所示。

表5—6 雇佣状况变量（外衍变量）基本统计描述

指标	类别	百分比（%）
工作时间		
上下班时间安排	无固定时间，完全看工作需要	10.2
	有基本时间，但有灵活空间	27.2
	完全按固定上下班时间工作	62.5
晋升机会		
过去三年技术等级或职务晋升	有	11.0
	没有	89.0
过去三年工资等级晋升	有	28.5
	没有	71.5
未来几年提拔或升迁的机会	有	14.4
	没有	85.6

续前表

指标	类别	百分比
工作保障性		
基本医疗保险	有	56.3
	没有	43.7
基本养老保险	有	59.8
	没有	40.2
失业保险	有	33.0
	没有	67.0
住房或住房补贴	有	34.2
	没有	65.8
工资决定		
月工资是怎么决定的	完全取决于工作量或业绩	39.0
	部分参考工作量或业绩	18.0
	与工作量或业绩基本无关	43.0
工资稳定性		
月工资是否稳定	基本稳定	80.4
	有小幅变动	12.9
N=3 861	波动较大	6.7

该潜类模型的基本表达式如下所示：

$$\pi_{xe_1e_2e_3e_4\cdots e_{10}}=\pi_x\pi_{e_1|x}\pi_{e_2|x}\pi_{e_3|x}\pi_{e_4|x}\cdots\pi_{e_{10}|x}$$

π_x为各潜类类别出现的概率，$\pi_{e|x}$表示雇佣状况变量各类别在既定潜类中的条件概率，具体模型参数计算方法前文已述，在此不再重复。我们首先确定其中潜在类别的数目，表 5—7 列出了不同数目类别的潜类模型的拟合指标。BIC 值和似然比卡方值反映出的信息一致，4 个潜类的模型拟合效果最佳。因而，我们从 4 个潜类的模型中对雇佣状况做进一步分析。

表 5—7　潜类分析模型拟合检验结果

	BIC	AIC	G^2	df	p	χ^2	df	p
M1：Null model	50 553.2	50 471.9	9 086.4	3 426	0.000	33 259.1	3 426	0.000
M2：2 - class model	45 092.0	44 923.0	3 373.9	3 401	0.018	9 297.9	3 401	0.000
M3：3 - class model	44 245.1	43 988.5	2 754.5	3 403	1.000	5 906.9	3 403	0.000
M4：4 - class model	43 937.4	43 593.2	2 312.3	3 388	1.000	3 869.7	3 388	0.000
M5：5 - class model	43 957.2	43 585.6	2 378.4	3 374	1.000	3 891.3	3 374	0.000

表 5—8 是 4 个潜类的雇佣状况潜类分析结果，4 个潜类的概率值分别为 10.7%、45.3%、8.2%、35.8%，从外衍变量在各个潜类中的条件概率

值上不难得出这4个潜类的含义。相比较而言，潜类1的雇佣状况最为理想，工作时间基本固定、有晋升机会和社会保障，收入稳定；潜类4雇佣状况最差，工作时间不固定，无晋升机会，无社会保障，收入基本稳定，但相对于其他潜类收入稳定性稍差；潜类2所占比重较大，雇佣状况良好，主要缺点在于没有晋升机会；潜类3主要缺点在于没有社会保障。总体而言，雇佣状况从潜类1至潜类4是逐步下降的。

表5—8　　　　雇佣状况变量的潜类分析表

各潜类概率		潜类1 10.7	潜类2 45.3	潜类3 8.2	潜类4 35.8
工作时间					
上下班时间安排	无固定时间，完全看工作需要	0.050	0.057	0.124	0.162
	有基本时间，但有灵活空间	0.294	0.221	0.425	0.272
	完全按固定上下班时间工作	0.656	0.722	0.451	0.566
晋升机会					
过去三年技术等级或职务晋升	有	0.588	0.016	0.589	0.009
	没有	0.412	0.984	0.411	0.991
过去三年工资等级晋升	有	0.912	0.219	0.889	0.094
	没有	0.088	0.781	0.111	0.906
未来几年提拔或升迁的机会	有	0.526	0.060	0.561	0.067
	没有	0.474	0.940	0.439	0.933
工作保障性					
基本医疗保险	有	0.992	0.943	0.345	0.071
	没有	0.008	0.057	0.655	0.929
基本养老保险	有	0.990	0.963	0.295	0.145
	没有	0.010	0.037	0.705	0.855
失业保险	有	0.801	0.557	0.052	0.009
	没有	0.199	0.443	0.948	0.991
住房或住房补贴	有	0.767	0.552	0.259	0.014
	没有	0.233	0.448	0.741	0.986
工资决定					
月工资是怎么决定的	完全取决于工作量或业绩	0.285	0.328	0.417	0.479
	部分参考工作量或业绩	0.337	0.155	0.302	0.146
	与工作量或业绩基本无关	0.378	0.517	0.281	0.375
工资稳定性					
月工资是否稳定	基本稳定	0.838	0.873	0.722	0.733
	有小幅变动	0.129	0.089	0.230	0.166
	波动较大	0.033	0.038	0.048	0.101

表 5—9 第一部分显示了各雇员群体在 4 个潜类上的数量比例，从中可以看出各雇员阶级在雇佣状况上的明显分化。高权威雇员、中低权威雇员中均有近 1/4 的成员分布在雇佣状况最好的潜类 1 中，高自主性非体力雇员和有权威的监工中的这一比例分别为 16.6%和 14.3%，而高自主性体力雇员和中低自主性体力雇员中这一比例迅速降低，均在 3%左右。潜类 2 的雇佣状况也较好，仅仅是缺乏晋升机会，两类有管理权的非体力雇员分布在潜类 1 和潜类 2 的比例合计均接近八成。潜类 3 以无社会保障为特征，各阶级在这一潜类上的比例均较低。在雇佣状况最差的潜类 4 上，两类有管理权的非体力雇员的比例均不高，均在 15%左右，而无权威的非体力雇员的这一比例升至 30%以上，无权威的体力雇员的比例最高，都达到了半数以上。在此出现的一个例外是，高自主性体力雇员和中低自主性体力雇员相比，前者的雇佣状况稍差于后者。这可能与前者中有很多雇员是在工作自主性较强的私营组织就业，而后者中有很多在约束较多的国有/集体企业就业有关。

表 5—9　　各潜类在不同阶级群体中的分布（%）

	潜类 1：雇佣状况最好的潜类	潜类 2：雇佣状况良好的潜类	潜类 3：雇佣状况一般的潜类	潜类 4：雇佣状况较差的潜类
	10.7	45.3	8.2	35.8
权威阶级体系[a]				
高权威非体力雇员（下属为非体力劳动者）	**24.7**	**55.1**	8.2	12.1
中低权威非体力雇员（下属为非体力劳动者）	**23.3**	**51.7**	9.9	15.1
高自主性非体力雇员	16.6	43.1	8.1	32.2
中低自主性非体力雇员	10.6	48.2	6.3	34.9
有权威监工	**14.3**	**46.9**	15.0	23.7
高自主性体力雇员	4.4	37.7	4.5	**53.4**
中低自主性体力雇员	3.5	43.7	2.6	**50.2**
EGP 图式[b]				
高级服务人员阶级	23.5	49.1	15.1	12.4
低级服务人员阶级	**13.9**	**51.2**	**7.5**	**27.5**
常规非体力雇员	*6.3*	*42.4*	*6.9*	*44.3*
监工	**14.6**	**48.5**	**8.3**	**28.6**
熟练工人	*6.2*	*49.5*	*3.7*	*40.6*
非/半熟练工人	5.1	41.0	3.0	51.0

续前表

	潜类 1：雇佣状况最好的潜类	潜类 2：雇佣状况良好的潜类	潜类 3：雇佣状况一般的潜类	潜类 4：雇佣状况较差的潜类
	10.7	45.3	8.2	35.8
赖特阶级图式[c]				
专家管理者	**26.2**	**52.4**	14.3	7.1
专家监督者	**35.3**	**38.2**	15.9	10.6
非管理者专家	18.7	50.6	9.1	21.7
半资格证书管理者	**13.0**	**46.8**	15.6	24.7
半资格证书监督者	**13.4**	**56.1**	9.6	21.0
半资格证书工人	6.7	51.1	5.1	37.1
无资格证书管理者	**9.4**	**44.7**	11.8	34.1
无资格证书监督者	**5.5**	**50.8**	11.0	32.6
无产阶级	2.0	40.7	2.6	54.7
十大阶层体系[d]				
国家与社会管理者阶层	16.9	54.2	13.3	15.7
经理人员阶层	24.5	42.4	21.6	11.5
专业技术人员阶层	18.3	46.0	11.5	24.3
办事人员阶层	10.1	54.2	4.8	30.8
商业服务业人员阶层	4.2	31.1	7.5	57.3
产业工人阶层	6.4	52.9	3.4	37.4
林—吴阶级图式[e]				
国家干部	18.4	56.3	10.3	14.9
国企工人	7.3	62.2	2.2	28.3
新中产阶级	13.4	47.7	8.6	30.4
无产阶级（非技术工人）	**4.2**	**32.7**	**6.2**	**56.9**
集体干部	14.8	37.0	29.6	18.5
集体工人	**2.3**	**43.0**	**2.3**	**52.3**
五大阶层体系[f]				
社会上层	**12.5**	**47.5**	**12.5**	**27.5**
中产上层	**26.9**	**49.4**	**11.9**	**11.9**
中产下层	**14.2**	**47.1**	**12.0**	**26.7**
技术工人及小职员	9.6	51.0	4.8	34.6
非技术工人	3.0	40.4	4.0	52.7

注：a：三个非雇员阶级——大雇主、小雇主、自雇佣者被删除；b：自雇佣阶级和农民阶级被剔除，高级服务人员阶级中未包含所有者阶级；c：三个非雇员阶级——大雇主、小雇主、自雇佣者被删除；d：私营企业主、个体工商户、农民、无业失业半失业者四个阶级被删除；e：资本家、小资产阶级（个体户）、农村干部、农民四个阶级被删除；f：社会上层中未包含资本家、企业主阶层成员，原第五阶层为"非技术工人及个体劳动者"，现在个体劳动者未包含在内。

总体而言，各雇员群体在雇佣状况上的分化较为明显，呈现的基本趋势是有权威雇员的雇佣状况优于无权威雇员，在权威雇员内部和无权威雇员内部，雇佣状况根据权威的高低呈现出有规律的优次等级差异。如第四章论证的那样，雇佣组织或雇主根据与雇员交易时的属性（人力资产的组织专属性程度和生产力的可测量程度）赋予雇员不同的实践某种权力的范围和程度，等级分化明显的权威关系体系构成了组织内的治理结构。进一步地，依据与雇员权威地位相匹配的原则，雇主或雇佣组织赋予雇员不同的雇佣条件，它既体现在有形的经济报酬、社会保障等物质方面，也体现在无形的升迁机会、工作稳定性、信任等社会含义上。

二、与其他阶级图式的比较

在 EGP 图式中，高级服务人员阶级的雇佣状况明显优于其他阶级，非体力的两类服务阶级的雇佣状况明显优于体力工人阶级。但是，处于中间层次的几个阶级之间在雇佣状况上的分化不够明显，低级服务人员阶级和监工阶级之间的状况基本一致，未呈现出差异。关于这一点，从工作状况的角度来看，低级服务人员和监工同样被雇主赋予了一定的实践某种权力的范围，二者在组织权威关系中所处的位置比较相近，因此，低级服务人员中有相当部分可以划归到中低权威雇员、高自主性非体力雇员阶级，也有的可以划入监工阶级；另外，该图式中常规非体力雇员阶级与熟练技术工人阶级之间也体现出较高的一致性。

在赖特的新马克思主义阶级图式中，雇员阶级在雇佣状况上的分化比较明显，大致可以沿着两条线路展开：一条体现在“专家—半资格证书—无资格证书”三大类雇员上的明显差异上；另一条则体现在“管理者—监督者—非管理者”上。如果用横（技术/资格证书）竖（组织权威）两变量交叉形成的列联表或矩阵来表示赖特雇员阶级图式的话，那么可以说沿着从左上到右下的方向，雇员的雇佣条件依次下降。但是，赖特阶级图式中存在的一个问题在于，在技术/资格证书变量一定的情况下，按照组织权威划分的雇员在雇佣条件上的等级分化变得不太明显，甚至有悖常理，例如在专家雇员里，专家管理者中处于最好雇佣条件潜类的比例反而低于专家监督者，但如果以雇佣状况最好的潜类 1 和 2 来看，前者的状况又优于后者；在半资格证书和无资格证书雇员中，监督者的雇佣状况反而略优于管理者。正如我们在第三章第四节中论述的那样，赖特在组织权威分化的基础上引入教育技能变量（人力资本变量），使得雇员阶级之间的关系错综复杂，这反而会消解由权威关系分化定义的阶级图式在解释简洁性和连贯性上所显示出的风采。

十大阶层体系在剔除所有者和失业者之后剩下 6 个雇员阶层。总体而言，上层的管理者、专业技术人员阶层，中间的办事人员阶层与下层的体力人员阶层之间在雇佣条件上体现出了明显的分化。但是，国家与社会管理者、经理人员与专业技术人员三个阶层之间的分化不够明显，基本趋于一致。进一步地，十大阶层体系建立在职业分类的基础之上，即使观察到了它们之间在雇佣条件上具有的一定程度的差异性，我们也无从得知这种差异的根源何在，即赋予这种阶级阶层结果上的差异以合理、连贯的解释。

林宗弘和吴晓刚两位学者基于中国经验提出了新马克思主义的阶级图式，从雇佣状况分化的角度来看，该框架在“国有—集体—私有（单位所有制属性)”和“干部—群众”两个层面上体现出的差异明显，区分度较强。但是，其存在的问题有以下几点：第一，比较明显的是，无产阶级（非技术工人）与集体所有制单位中的工人之间在雇佣状况上基本没有体现出差异性，两个群体的阶级处境较为相似。第二，新中产阶级和无产阶级在其总体样本中合计占到了半数以上（分别占 1/4 左右），如果单以雇员阶级来计算，则两阶级的比例达到近 2/3。这两个庞大的阶级群体内部均有明显的分化，采取恰当的标准和途径对中间阶级和无产阶级进行准确的阶级定位恰恰是新马克思主义者和新韦伯主义者努力的方向，对这两类群体内部的巨大异质性视而不见或忽略不计本身就是令人质疑的。第三，林、吴两位学者在构建这一阶级图式时使用了四大指标：户口、单位制度、干部身份、私有产权，其交织在一起所具有的复杂性让人们在理解阶级群体之间关系等方面着实困惑，甚至是费解。

刘欣教授使用公共权力、资产控制权和技术资本三个变量构建了一个呈垂直序列分布的阶层分类体系，但是雇佣状况这一经验数据呈现的结果显示，这一图式对于雇员雇佣状况的区分能力是非常有限的。第一，处于中产上层的雇员群体的雇佣条件最佳，且明显优于其他各阶层；第二，社会上层雇员的雇佣条件不仅在与中产上层的对比中处于绝对下风，而且与中产下层相比也并不占上风，二者基本持平；第三，纵观其五大阶层中的前四个阶层，除中产上层具有明显优势外，其他三个阶层之间的差异性并不明显，当然前四个阶层相对于最后的非技术工人阶层仍具有明显的优势。最后一点，也是在上面提及多次的一点，这种等级式阶层框架并不能从阶层群体间相互关系的角度对阶层成员在处境上的差异给出明确的解释和说明。

第三节 阶级与主观评价认知

一、阶级与主观地位认同

社会地位认同是人们对其在社会结构中所处位置的主观认识，而阶级认同是个人对经济资源的占有以及对他人劳动的支配的主观反映。[①] 在马克思那里，阶级认同、阶级意识（class consciousness）受制于个体的阶级境遇，在从“自在阶级”向“自为阶级”的转变上，阶级意识的觉醒和阶级立场的形成在其中起着决定性的作用。韦伯主义传统则主要谈论阶层意识（strata consciousness），主张阶层意识不仅受物质经济利益的制约，而且受到权力、文化等资源和因素的影响。[②]

阶层地位认同是阶层或阶级意识的一个重要方面，不同阶层成员的阶层意识至少包含了阶层认知（是否有阶层分化的意识）、阶层地位认同（相应的阶层地位如何）和阶层划分的依据（何种因素决定了阶层地位）等三

① See Wright, E. O., *Class Structure and Income Determination*, New York: Academic Press, 1979.

② 参见刘欣：《转型期中国大陆城市居民的阶层意识》，载《社会学研究》，2001（3）。

个方面的含义。① 相关研究表明，当前人们在主观阶层地位的认同上呈现出了明显的阶层化趋势，客观阶层位置或社会经济地位与主观的阶层地位之间有着非常明显的关联，前者对后者有重要的影响。②

图 5—8 是对客观阶级地位与主观阶层地位所做的对应分析结果，横向的行变量的惯量（inertia）比例达到了 97.2%，因此两变量的对应关系完全可以从横向距离上反映出来。结果显示，客观阶级地位为大雇主、小雇主、高权威雇员和中低权威雇员的这四类阶级均认同中上层的社会地位，高自主性雇员和监工阶级倾向于认同中层的社会地位，自雇佣阶级和中低自主性非体力雇员倾向于认同中下层的社会地位，客观阶级地位较低的高自主性体力雇员和中低自主性体力雇员则倾向于认同下层的社会地位。该图形象地反映出了客观阶级地位与主观阶层地位认同之间的紧密对应关系。

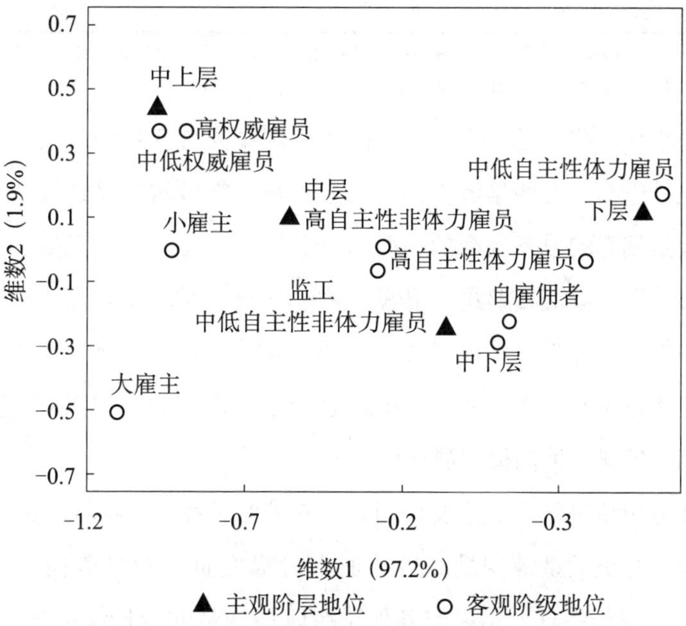

图 5—8　权威阶级位置与主观阶层地位的对应分析图

---

① 参见李路路、王宇：《当代中国中间阶层的社会存在：社会生活状况》，载《江苏社会科学》，2009（1）。

② 参见刘精明、李路路：《阶层化：居住空间、生活方式、社会交往与阶层认同》，载《社会学研究》，2005（3）。

从相关系数来看二者之间的关联，表5—10第一行数据显示，二者之间相关性较强且这种相关具有高度的统计显著性，表明客观阶级地位能在相当程度上制约和影响个体的主观阶层地位认同。通过比较各阶级阶层的Gamma系数以及Spearman等级相关系数值可以发现，与其他阶级图式相比，工作状况阶级与主观阶层地位两变量间的相关度大致处于中等偏上的水平。

表5—10　　各阶级图式与主观阶层地位的关联性程度

	Gamma	Spearman	Pearson χ^2	df	p值
权威阶级	0.28	0.23	300.9	27	0.000
新韦伯主义（戈德索普）	0.23	0.21	290.0	15	0.000
新马克思主义（赖特）	0.28	0.23	486.3	33	0.000
十大阶层（陆学艺）	0.29	0.26	430.4	27	0.000
新马克思主义*（林、吴）	0.21	0.18	330.8	27	0.000
五大阶层（刘欣）	0.28	0.22	300.7	12	0.000

*林—吴的阶级框架没有按照等级顺序对阶级群体进行排列，此处计算相关系数时遵循其原意，对各阶级位置进行从高至低的等级排序。

进一步地，我们通过构建统计模型考察作为自变量的阶级位置对主观阶层地位的影响。有些学者指出，阶层意识不能被看作是连续变量，因为选项一般是偏态的或不规则的；而当分布接近正态时，杰克曼夫妇等人则指出，可以以连续变量形式使用这一指标。① 在本章中，将选择数量极少的上层与中上层合并后，四个选项——中上层、中层、中下层、下层——的分布已很接近正态分布。据此，我们将因变量主观阶层地位视为连续变量，从而使用一般线性回归模型展开分析。

统计分析结果显示（见表5—11），在控制了性别、年龄、受教育年限、党员身份、组织类型等变量之后，加入阶级变量，能显著提高模型解释力。同样，我们将这一结果与其他阶级阶层变量的分析结果进行了比较，工作状况阶级所提升的模型解释力的幅度仅次于十大阶层变量，与赖特的新马克思主义阶级图式解释力持平，高于其他几个阶级图式。这显示

① 参见边燕杰主编：《市场转型与社会分层——美国社会学者分析中国》，523页，北京，三联书店，2002。

出工作状况阶级作为客观阶级地位对于成员主观社会地位认同的较强制约和影响。

具体到各个阶级类别，以大雇主的主观阶层认同为参照，其他阶级均有较低的阶层地位认同。在雇员阶级中，随着权威地位的降低，主观认同的阶层地位也依次下降，二者呈现出明显的对应变化趋势。需要提及的是，两类有权威的非体力雇员，其系数虽为负值，但在统计上并不显著，这可能与他们因拥有权威而享有较高的经济地位和良好的社会地位（高教育程度、高职业声望）有关。

表 5—11　　以主观阶层地位认同为因变量的一般线性回归模型

	基本模型	分析模型
男性[a]	−0.017 1	−0.034 1
年龄	−0.001 80	−0.003 22**
受教育年限	0.065 0***	0.054 7***
中共党员[b]	0.104**	0.018 6
组织类型[c]		
党政机关	0.212**	0.169*
国有或国有控股企业	−0.193***	−0.151***
集体或集体控股企业	−0.092 3*	−0.053 5
私有、港澳台外资	0.019 6	0.003 85
其他组织	−0.088 2*	−0.155***
权威阶级体系[d]		
小雇主		−0.017 5*
自雇佣者		−0.375*
高权威雇员		−0.265
中低权威雇员		−0.169
高自主性非体力雇员		−0.341*
中低自主性非体力雇员		−0.452**
有权威监工		−0.374*
高自主性体力雇员		−0.466**
中低自主性体力雇员		−0.563***
截距	1.503***	2.109***
样本量	4 988	4 977
调整的 R^2	0.104	0.125

* $p<0.05$，** $p<0.01$，*** $p<0.001$。

注：参照项：a=女性；b=非中共党员；c=事业单位、社会团体；d=大雇主。

二、阶级地位与社会政治态度

在前面我们提到了阶级研究按照其解释力度上的不同可以区分出“强阶级”和“弱阶级”这两大风格迥异的范式。“强阶级”理论认为，阶级不仅构成了约束阶级成员生活机会（物质利益）的因素，而且是唤起阶级意识并诱发阶级行动，进而影响社会变革及历史变迁的初始性原因；“弱阶级”理论则不宣称有这一理论诉求，而是在有限的范围之内使用作为自变量的阶级，即使阶级与更深层次的社会性后果相关联，“弱阶级”理论也主张这种关联是或然的，需要特定的条件和机遇。在本章开展的阶级分析中，正如前文多次提及的，我们始终在一种“弱阶级”的水平上使用阶级概念，主张它们之间可能并不存在必然的因果关联模式。但是，作为一项尝试性的探索，我们有意了解一下客观阶级地位与成员社会政治意识/态度之间的关联。有关中产阶级/阶层社会政治功能的讨论是当前学界一个热点话题，至今仍未形成获得广泛共识的论点。在此，我们选取了两个指标：集体行动倾向和社会冲突意识。

问卷中设计了询问被访者“是否赞成某些个人或组织利用某些方式（公开集会、游行示威、罢工、上访）来表达他们对自身利益的意见”的题目，我们以此来衡量阶级成员的集体行动倾向；社会冲突意识则是通过阶级成员“对当前各类群体之间（贫富之间、工人与白领之间、干群之间、管理人员与一般工作人员之间、老板与工人之间、社会上层与下层之间）冲突严重程度的判断”来衡量（见表5—12）。

表5—12　　集体行动倾向与冲突意识指数

集体行动	选项及赋值（每项单选）	冲突类型	选项及赋值（每项单选）
公开集会 游行、示威 罢工 上访	非常赞成（2）； 比较赞成（1）； 比较不赞成（−1）； 非常不赞成（−2）； 难以选择（0）	穷人与富人之间的冲突 工人阶级与白领阶层之间的冲突 干部与群众之间的冲突 管理人员与一般工作人员的冲突 工厂老板与工人之间的冲突 社会上层与社会下层之间的冲突	非常严重（4）； 比较严重（3）； 不太严重（1）； 没有冲突（0）； 难以选择（缺失）

阶级成员对四种集体行动形式的立场（赞成或反对）可以从图 5—9 中得出，平均值结果显示，各个阶级地位上的成员对公开集会、游行示威、罢工这三种形式的集体行动基本持否定立场（平均分均在 0 分以下），而在上访上表现出一定的赞成态度（平均分在 0 分以上）。具体到各阶级的差异上，总体来看阶级成员间得分相差不大；相对而言，无权威的几类雇员、小雇员以及自雇佣阶级的集体行动倾向较为明显，而处于权威位置上的几类雇员群体和大雇主群体的行动倾向较低，这一点在大雇主和高权威雇员上体现得尤其明显。这可能与处于较高位置（甚至是统治地位）的既得利益者不想改变现状，甚至是极力维护自身利益和优势有关。

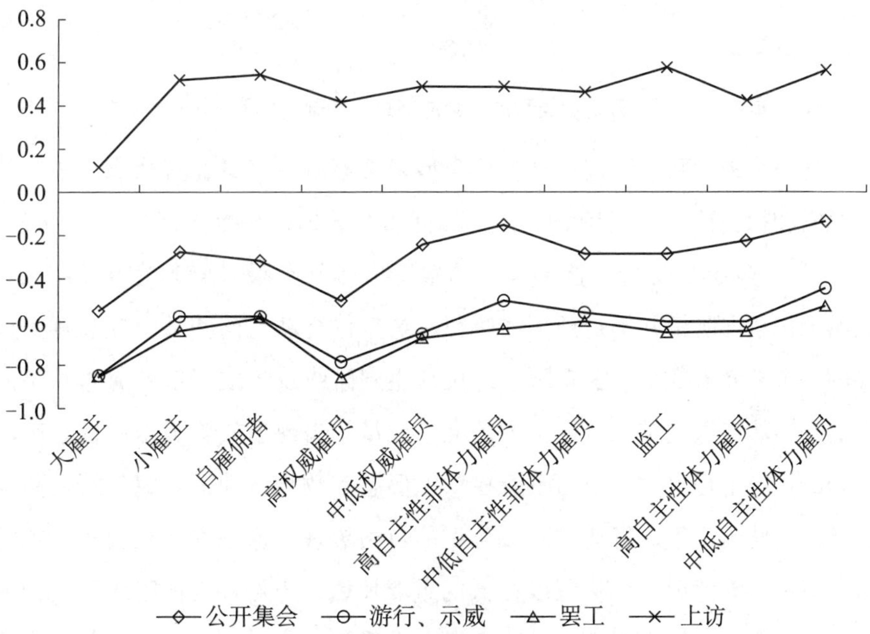

图 5—9　各阶级类别的集体行动倾向指数（阶级成员得分相加）

在对于当前社会冲突紧张状况的判断上（见图 5—10），各阶级间的差异总体上并不明显，相比较而言，处于管理位置上的阶级成员有更高的冲突意识得分，他们眼中社会冲突的紧张程度要高于被管理阶级眼中的冲突紧张程度，这可能跟后者有更高的对于社会不平等、不公平状况的忍受能力有关。

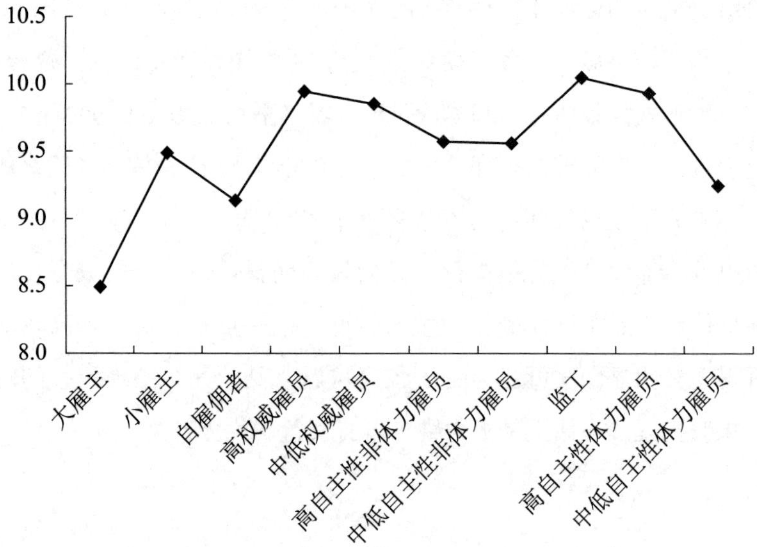

图 5—10　各阶级类别的社会冲突意识指数（6 项得分相加）

进一步地，我们通过建立统计模型来考察阶级变量在解释成员集体行动倾向和社会冲突意识指数差异上的能力。数据结果令人遗憾（见表 5—13），加入阶级自变量，整个模型的解释力非常有限（R^2 均在 1%左右），表明工作状况阶级并不是预测和解释成员集体行动倾向和社会冲突意识差异的一个有效自变量，客观阶级地位与主观阶级意识之间依然有着不小的距离。当然，这一结果是在整个社会中成员均表现出较为类似的社会政治意识的情况下得出的，中国政府在意识形态和政治行动上一直保持着高度警觉，这妨碍了集体行动和阶级意识的自由展现，这是整体社会成员在阶级意识和行动意识上分化程度极低的重要原因。当然，其他阶级图式的表现也并不理想，加入模型之后的 R^2 值均非常低（均在 1%左右），与工作状况阶级无异，因而本章不再列出其具体数据结果。

表 5—13　以集体行动倾向和社会冲突意识为因变量的线性回归模型

	集体行动倾向		社会冲突意识	
	基本模型	加入阶级	基本模型	加入阶级
男性[a]	0.341**	0.387***	0.106	0.088 5
年龄	−0.012 6*	−0.010 1*	0.019 6***	0.016 5**
受教育年限	−0.031 5	−0.024 2	0.029 8	0.008 21

续前表

	集体行动倾向		社会冲突意识	
	基本模型	加入阶级	基本模型	加入阶级
中共党员[b]	−0.376*	−0.243	−0.240	−0.407*
组织类型[c]				
党政机关	−0.508	−0.425	0.024 7	−0.019 9
国有或国有控股企业	0.722***	0.693***	0.158	0.235
集体或集体控股企业	0.293	0.290	0.097 4	0.149
私有、港澳台外资	0.341**	0.387***	0.157	0.088 5
其他组织	−0.012 6*	−0.010 1*	0.095 4	0.016 5**
权威阶级体系[d]				
小雇主		1.098		1.087
自雇佣者		1.376		0.754
高权威雇员		0.863		1.516
中低权威雇员		1.418		1.388
高自主性非体力雇员		1.632*		1.162
中低自主性非体力雇员		1.470		1.092
有权威监工		1.300		1.477
高自主性体力雇员		1.327		1.387
中低自主性体力雇员		1.668*		0.670
截距	−0.481	−2.195**	8.279***	7.571***
样本量	5 047	5 036	4 548	4 538
调整的 R^2	0.010	0.011	0.002	0.007

* $p<0.05$，** $p<0.01$，*** $p<0.001$。

注：参照项：a=女性；b=非中共党员；c=事业单位、社会团体；d=大雇主。

三、阶级与生活满意度

生活满意度是个体在一定时期内对自己生活状况和生活质量的主观认知评价，它在相当程度上受到个体阶级地位或社会经济状况的影响与制约。在此，我们继续考察客观阶级位置与成员生活满意度①之间的关联。图 5—11 显示了二者的对应关系，横向的行维数的惯量占 85.6%，因此二者之间的对应关系基本上可以由横向距离来衡量。从中可以清晰地看出各阶级之间在生活满意度上的差异性。处于较高阶级位置的大雇主和小雇主、高权

① 对包含家庭经济状况、家庭关系、人际关系、健康状况、住房状况、居住社区状况、工作状况等在内的总体满意度。

威雇员、中低权威雇员均表示“非常满意”，而高自主性非体力雇员、中低自主性非体力雇员、监工和自雇佣群体表示“比较满意”，客观阶级地位较低的高自主性体力雇员和中低自主性体力雇员则倾向于选择“不太满意”和“非常不满意”。

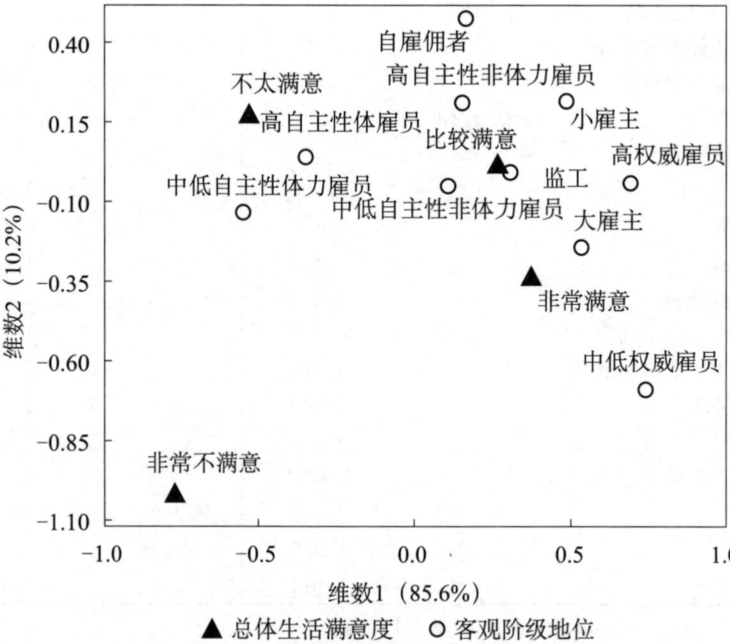

图 5—11　客观阶级地位与生活满意度的对应分析图

表 5—14 列出了客观阶级地位与生活满意度的相关系数。权威阶级与总体生活满意度之间有一定的相关关系且统计显著，表明客观阶级地位对成员主观生活满意度有一定影响。与其他阶级图式相比，工作状况阶级与生活满意度相关系数大致处于中间水平。

表 5—14　　各阶级图式与总体生活满意度的关联性程度

	Gamma	Spearman	Pearson χ^2	df	p 值
权威阶级	0.18	0.14	143.5	27	0.000
新韦伯主义（戈德索普）	0.15	0.12	96.4	15	0.000
新马克思主义（赖特）	0.21	0.15	214.1	33	0.000
十大阶层（陆学艺）	0.21	0.16	258.9	27	0.000

续前表

	Gamma	Spearman	Pearson χ^2	df	p值
新马克思主义*（林、吴）	0.12	0.09	110.8	27	0.000
五大阶层（刘欣）	0.17	0.12	106.7	12	0.000

*林—吴的中国版新马克思主义分类与其他阶级分类的一点不同在于，他没有按照等级顺序对阶级群体进行排列，此处计算的Gamma值是在基本符合其原意的前提下对各阶级位置进行从高至低的等级排序后得出的结果。

第四节　阶级与生活方式

韦伯与马克思在分层理论上最大的不同在于，前者不仅考察了阶级群体对客观经济资源的占有状况，而且还分析了地位、等级、身份、荣誉等分层的主观方面。在韦伯看来，"阶级"是根据同货物的生产和获得的关系来划分的，而"等级"则是根据其货物消费的原则来划分的，表现为"生活方式"的特殊形式和生活的整个"风格化"，诸如享有对某些特定服装、菜肴的优先权，业余形式的艺术实践的权力以及等级内的联姻，等等。① 当代对于阶级地位与生活方式之关联进行研究的集大成者当属布迪厄，他认为，生活方式、文化、消费、品位等文化元素在各阶级群体之间有着显著的差异，这些文化实践活动在决定个体的社会地位上有着不逊于经济资本的重要性。如在《区隔》一书的前言中他指出，各种品位（taste）发挥着"阶级"的诸种标志的功能。② 甘斯（Gans）也对阶级与文化、生活方式之间的关联进行了系统考察，他区分了5种以阶级为基础的品位公众及其文化：高雅文化、中上层文化、中下层文化、下层文化、准民俗下层文化。③ 国内经验研究，如刘精明等的分析表明，客观阶层位置与生活方式之间存在着一定程度的关联，尽管这种关联并不是一种非常清晰的结果呈现出来。④

---

① 参见［德］韦伯：《经济与社会》（下册），257、260页，北京，商务印书馆，1997。

② Bourdieu, Pierre, *Distinction: A Social Critique of the Judgment of Taste*, London: Routledge & Kegan Paul Ltd., 1984.

③ 参见周怡：《文化社会学的转向：分层世界的另一种语境》，载《社会学研究》，2003（4）。

④ 参见刘精明、李路路：《阶层化：居住空间、生活方式、社会交往与阶层认同》，载《社会学研究》，2005（3）。

CGSS 2006 问卷中设计了一组关于生活方式的问题，询问被访者在休息时间做表 5—15 中所列事情的频率。原始选项分为“差不多每天”、“一周几次”、“一周一次”、“一月几次”、“一月一次”、“一年几次”、“从不”共 7 个等级。我们在数据整理时，把最后 1 项赋值为“－2”，表示频率非常低，基本没有这项活动；将第 5 和第 6 项赋值为“－1”，表示频率较低；将第 3 和第 4 项赋值为“1”，表示频率较高；将第 1 和第 2 项赋值为“2”，表示频率非常高。之后对这些变量采用主成分和正交旋转的方法进行因子分析，析取了以下五个因子，五因子的总方差贡献率达到了 77.6％（见表 5—15）。

根据各变量在五因子上的载荷，可以看出各个因子所代表的含义：第一个因子为“网络因子”，表示在休息时间经常浏览互联网、网聊和打游戏；第二个因子为“茶酒因子”，表示常去咖啡馆、酒吧和茶馆；第三个因子为“休闲健身因子”，包括外出郊游、听音乐歌剧、健身及体育锻炼等；第四个因子为“阅读因子”，主要是阅读报刊和社科类等书籍；第五个因子为“通俗娱乐因子”，表现为打麻将、打牌。

表 5—15　　生活方式的因子分析结果

	网络因子	茶酒因子	休闲健身因子	阅读因子	通俗娱乐因子
浏览互联网	**0.875**	0.186	0.138	0.215	－0.051
上网聊天、打游戏	**0.893**	0.180	0.138	0.070	0.016
去咖啡馆或酒吧	0.236	**0.842**	0.070	0.052	0.095
坐茶馆	0.061	**0.886**	0.077	0.084	0.093
外出郊游	0.299	0.488	**0.391**	0.151	0.164
听音乐、歌剧	0.407	0.058	**0.632**	0.065	0.063
健身或参加体育锻炼	0.015	0.119	**0.863**	0.162	－0.007
阅读报刊	0.133	0.084	0.125	**0.936**	0.049
读文学、社会科学或科技类的书	0.457	0.184	0.363	**0.519**	－0.054
打牌、打麻将	－0.030	0.186	0.040	0.026	**0.974**

我们对各阶级成员在上述五个因子上的得分平均值进行计算和比较，以考察他们在生活方式上的差异。表 5—16 中的数据结果显示，各阶级成员在五个因子上得分平均值之间的差异均通过了统计显著性检验。进一步

地，高权威非体力和中低权威非体力雇员在休闲健身因子和阅读因子上的得分较高；高自主性非体力雇员和中低自主性非体力雇员在网络因子和茶酒因子上的得分较高；有权威监工的各项因子得分均处于中间水平；而高自主性体力雇员和中低自主性体力雇员只在通俗娱乐因子上显示出了一定的倾向性，但在网络因子、茶酒因子、休闲健身因子和阅读因子上都显现为负的得分，表示不倾向于这些行为方式。总之，在我们的权威阶级体系中，能够比较清楚地看到阶级成员在生活方式上存在的分化。

表 5—16　　各阶级群体在五大因子得分均值上的比较

	网络因子	茶酒因子	休闲健身因子	阅读因子	通俗娱乐因子
高权威非体力雇员	−0.014	0.048	0.275	0.706	−0.158
中低权威非体力雇员	0.164	0.116	0.254	0.562	−0.035
高自主性非体力雇员	0.407	0.167	0.189	0.397	−0.039
中低自主性非体力雇员	0.183	0.023	0.116	0.300	−0.073
有权威监工	−0.077	0.021	0.166	0.155	0.108
高自主性体力雇员	−0.135	−0.074	−0.045	−0.106	0.013
中低自主性体力雇员	−0.258	−0.089	−0.084	−0.180	0.051
F 值	38.8***	6.2***	13.2***	70.1***	4.8***

第五节　小结与讨论

本章结合 2006 年中国综合社会调查的城市数据，综合运用多种统计方法，从社会经济状况、雇佣状况、主观认知评价、生活方式四个方面入手对权威阶级体系的建构效度进行了检验。在社会经济状况上，各阶级群体在年收入、受教育年限、现住房市价等方面的差异明显，呈现出的基本趋势是有权威雇员的社会经济状况优于无权威雇员，权威雇员和无权威雇员内部又分别根据权威的大小和工作自主性的高低而在社会经济状况上呈现出规律性的增减趋势。在雇佣状况上，从工作时间、晋升机会、工作保障性、工资决定、工资稳定性这个 5 个指标、10 个相关变量得出的 4 个潜类来看，有权威雇员分布在雇佣状况最好的潜类的比例远高于无权威雇员，而无权威雇员在雇佣状况较差的潜类中的比例远远高于有权威雇员，并且有权威雇员和无权威雇员内部又分别根据阶级地位的高低而在雇佣条件上呈现出由优至次的变化。在主观阶层地位认同、总体生活满意度上，高阶级位置对应着较高的阶层地位认同和生活满意度，低阶级位置的情况则正好相反。但是需要注意的是，作为自变量的阶级对主观地位认同、生活满意度及社会政治态度（社会冲突意识和集体行动倾向）的解释力较弱，前者并不是后者的一个有效的解释变量。最后，不同阶级位置的成员在生活方式上有较为明显的分化，且这种分化具有一致的趋势和特征。

综合来看，权威阶级对其成员的客观社会经济状况和生活机会形成了强有力的约束，并且客观阶级地位与阶层地位认同、生活满意度、生活方式之间有着一定程度的对应性。但是，客观阶级地位对这些主观评价认知变量尤其是社会政治意识变量的解释力并不强，也就是说阶级地位与社会政治态度（或者可以说阶级意识）之间的关系并不能构成“强阶级”意义上的决定与被决定的因果模式，二者之间的关联实际上是微弱的和或然的。数据结果印证了我们在前文多次强调的要在“弱阶级”意义上使用阶级变量，或者说至少从我们的权威阶级体系出发并不能形成一个线程过长且复杂的解释过程。如我们预期的那样，权威阶级能够较好地解释社会成员在客观社会经济与雇佣状况等经验现象上所体现出的变异，这足以表明该阶级体系取得了较高的经验建构效度。

与此同时，在社会经济状况、主观认知评价部分，我们对权威阶级体系和其他国内外阶级图式的经验建构效度进行了比较。在解释收入的方差比例上，权威阶级体系仅次于赖特的阶级图式和十大阶层体系；在对受教育年限的解释力上处于中间水平，而对于现住房价格的解释力仅逊于赖特的阶级图式；在提升年收入回归模型的解释力上，权威阶级体系表现优异，其提升幅度仅次于赖特的阶级图式和十大阶层体系，而远高于其他阶级；在对主观阶层认同和总体生活满意度的解释上，权威阶级体系也处于中等偏上的水平。需要说明的是，除权威阶级体系以外的其他各类阶级阶层的分类标准均是多维的，而权威阶级体系坚持了一维的分类标准，始终以个体在工作组织的权威关系中所处的地位（权威资源的多寡）作为界定其阶级位置的标准。实证结果显示，一维性的权威阶级体系在经验建构效度上达到了并不逊色于其他阶级图式的水平，表明该阶级体系确实精准地抓住了当代中国社会结构的本质和基础。权威关系或权威结构是认识中国社会结构和社会不平等状况的一把关键的钥匙。

总之，权威阶级体系对社会生活的诸多经验现象有着较强的解释能力，其一维性的分类标准所涵盖或所抓住的信息资源量达到了与其他多维分类标准的阶级图式大致相当的水平，实现了“简约”而不“简单”的理论目标。在当代中国社会，在权威关系结构中所处的位置以及权威资源占有的多寡是决定个体社会经济地位的一个重要维度，以此为基础构建的阶级分类图式具有广阔的理论应用前景。

第六章　权威阶级体系的价值与意义

本书从第一章至此均属阶级研究，具体而言，承袭分层与阶级研究中权力、权威相关研究的理论传统和已经取得的成果，尝试在财产所有权和组织权威的直接测量基础上，构建一个权威阶级体系，从经验上描述当代中国城市的社会权力结构及其特征。权威是我们定义阶级体系的核心指标，在此从财产所有权和组织权威两个层面使用权威（权力）指标，在韦伯意义上，二者拥有共同的权力基础，这是该体系被称为“权威阶级体系”的原因。

财产所有权是权力关系的一种体现，是否拥有财产所有权直接构成了社会群体间生活机遇分化进而决定阶级位置归属的一个基本的区分。在阶级分类的实践中，国内外流行的阶级图式对阶级位置的首要的、基本区分大都是在所有者（雇主）、自雇佣者和雇员三者之间做出的。对庞大雇员群体的阶级划分依据的是组织权威指标，对雇员在工作组织的权威关系中所处位置或权威资源量进行直接测量并以之为核心指标进行雇员阶级的定位，这是本书的关键理论创新。

在我们看来，工作组织内的权威链条展现出了完整的社会关系结构特征。处于分化了的权威关系的不同位点的雇员，不仅实践着带有明显差异的支配与服从的角色，而且享有着由权威地位和角色相伴随的一系列不均等的生活机会。对于权威地位分化与资源占有之间的关系，我们借鉴新制度主义经济学尤其是交易成本理论建立了一个完备的解释机制或逻辑，阐明了雇员群体的阶级位置为何应该围绕权威关系来构建。总之，使用组织权威指标，可以勾勒出一幅反映社会权力分配及社会权力结构状况的阶级图式，并且由此区分的阶级位置能够与一系列后果性社会议题相连。

本研究构建的以财产所有权和组织权威为核心的阶级图式，将作为阶级分析的一个竞争性框架，推动有关阶级分析和社会分层研究中的权力（权威）研究进展。对于国内学界而言，本研究亦是对近几年来日益响亮的“重返阶级分析”呼声的一种回应，这种回应既包含对呼声本身的批判性反思，也包含在此基础上开展阶级研究的一种可能的思路和途径。

第一节　理论价值与意义

一、厘清分层与阶级研究、阶级研究内部不同范式之间的内在关联

对社会分层与社会不平等状况展开研究的视角非常之多，而阶级是其中较为独特且重要的一种。对于分层研究视角的划分，可以依据不同的标准得到不同的结果，比较典型的几种划分方法有：连续的和类别的，等级的和关系的，名义的和实在的，聚集的和非聚集的，等等。分层研究中有多种竞争性的视角，相互之间既有交叉重合，也有区别对立，阶级分析内部的状况同样如此。与其他分层视角相比，阶级分析的独特性在于它是一种关系取向的分层视角，强调社会关系的不平等是最重要的社会不平等。无论这种关系指的是阶级双方（或各方）之间的生产关系、雇佣关系、剥削关系还是统治关系，也无论这种关系发生在劳动力市场中还是发生在组织内部。以 SEI 为代表的等级论分层视角则更关注不同社会群体在社会资源占有量上的差别。从基本结构形态上看，与等级的分层视角往往呈现为一个垂直分布的等级体系不同，阶级的类别通常是有限的；在基本性质上，阶级分析一般内含明确的解释逻辑，而非简单的量化描述（只是基于某种标准的数量上的多寡）。

在阶级研究内部，各种竞争性的阶级论点在理论风格（功能论 vs. 冲突论）、解释力度或理论抱负（“强阶级” vs. “弱阶级”）、解释逻辑（结构 vs. 行动、经济决定 vs. 文化取向）等方面均呈现出明显的差异。在关注的核心议题上，如社会成员是如何被客观地定位在资源不平等的分配性位

置上的、如何解释人们在生活机会和生活水平上的不平等、阶级成员的阶级意识与阶级行动以及在历史变迁中所起的作用如何，等等，各阶级派别所提供的答案是各不相同甚至是针锋相对的。

试图将包括阶级研究在内的社会分层与不平等研究的多重视角统一到一个哪怕十分复杂的框架之内，也是异常困难的，这恰恰表明分层领域各种竞争性视角的多样性和复杂性。我们在前文中对多种分层视角以及不同阶级研究范式的归纳与梳理，目的并不在于发展出一个包罗万象的分类框架，而是希望能够对分层领域的研究状况及阶级在分层研究中所处的位置有一个概括性的了解。

具体到中国（尤其是改革开放以来）的分层与阶级研究，存在的主要问题或问题的主要根源在于没有很好地厘清阶级与其他分层视角、阶级研究内部不同范式之间的关系。主要表现有：其一，国内学界大多认为阶级分析就等于马克思主义分析，而将非阶级的研究取向都视为是韦伯主义传统的，有意无意之中忽略了韦伯主义阶级传统。“重返阶级分析”的呼声实质上指向的也是“重返马克思主义的阶级分析”。实际上，“重返阶级分析”的路径有很多条，包括但远远不限于马克思主义传统这一条。其二，国内学界常常在阶级与阶层（非阶级的分层视角）之间持有一种非此即彼的前提性预判和“抉择”，近年来诸多所谓的范式转换如“改革开放之初阶级分析转向非阶级分析”、“近年来阶层分析转向阶级分析”，从实质上讲都是将二者对立起来，没有将二者视为对等的社会分层与不平等研究的重要视角。实际上，二者完全可以并存共处，并不一定要“非此即彼”。其三，国内学界所谓的研究范式转换常常与社会转型或社会形势变迁与否（静态或动态社会）勾连在一起，这种论点值得商榷。

二、论证阶级研究从“经济决定”到“权威支配”的理论转向

阶级研究中的理论转向——从古典时期重视经济因素到当代社会重视组织权威要素——为权威阶级体系的建立提供了最为原初的思想灵感和理论铺垫。这种对权威因素尤其是组织权威要素的重视既体现在新马克思主

义传统中，又体现在新韦伯主义传统中。并且，这种转向不仅体现在理论内涵和焦点的转向上，还表现在研究层次/视角的转换上：从“一般”社会层次的分析转向组织层面的分析。与此同时，在20世纪六七十年代复兴的劳动力市场理论从结构视角和组织层次展开对社会不平等问题的研究的实践为我们力图论证的理论转向主张提供了佐证和启示。组织是当代社会进行资源配置和权力实践的基本场所，人们在组织内权威关系中的位置或掌握的权威资源的量（工作状况）对其生活机会和物质利益获取形成了根本性的约束，并进而决定了人们的社会阶级地位。

三、为雇员阶级地位为何应该围绕组织权威关系来定义提供一个理论解释

我们借鉴新制度主义经济学尤其是交易成本理论，回答了“雇员阶级群体的阶级地位为何是由劳动力市场和工作组织中的权威关系（工作状况）所界定的，或者说雇员的阶级地位为何应该围绕权威关系来定义”这一有关权威阶级解释逻辑的核心问题。我们通过发展出一个关于工作状况（权威）和资源占有之间关系的系统理论来解答这一问题。

首先，作为一种经验化存在的社会的高度组织化决定了决定雇员阶级地位的因素应该在工作组织内寻找，这一点几乎毋庸置疑，当代著名的阶级分析框架都是在劳动力市场和工作组织中寻找与阶级相关的结构性位置；其次，工作组织内出现的权威的等级分化，更多地可以被理解为雇主和雇员之间的交易属性（雇员人力资产的组织专属性和生产力测量的难易程度）决定的组织赋权（或治理结构生成）的结果。对于拥有对组织来说具有较高专属性的人力资产且对其进行生产力上的测量并不容易的雇员，雇主或组织的理性策略就是赋予其最高限度的权威（管理权和专业上的决策权）；与之相反的情况，即对于人力资产无组织专属性且测量容易的雇员，雇主或组织无需下放任何权限；而对于另外两种人力资产仅有专属性和仅具有测量难度的雇员，雇主或组织只需下放专业领域权威（即赋予完全自主性）和不下放权威（仅赋予部分自主性）。组织内交易属性与权威分化即治理结构的形成是相对应的，这种权威关系界定了组织内的结构性位置。最后，

交易成本理论中治理结构与劳动报酬之间存在一一对应关系的论点可以用来解释处于不同权威位置的雇员如何对应于不同的劳动报酬。由此形成"交易属性—组织赋权—治理结构（权威关系）生成—劳动报酬分化"的解释逻辑。总之，从理论演绎的角度来讲，我们可以说借由组织内的权威关系（分化），一个区分雇员阶级类别的阶级图式可以被清晰地勾画出来。

四、构建基于中国城市数据的权威阶级体系并获得良好的经验效度

结合2006年中国综合社会调查的城市数据，我们通过使用财产所有权指标做出雇主、自雇佣者和雇员这一首要的、基本的阶级位置区分，进而对雇员群体的组织权威进行直接测量以确定其在雇员阶级图式中的位置，由此构建基于权威的新阶级图式。雇员群体的阶级位置由以下四类拥有不同组织权威的群体占据：那些非体力的，拥有下属的，在组织的人事、生产经营管理、奖惩、财务等重大事项上有一定决策权和对下属的管理、监督权的雇员，处于这个权威体系的上层；那些非体力的，不拥有决策和对下属的管理、监督权，但拥有程度不等的工作自主性的雇员处于第二个等级；那些体力的，不拥有决策权，但拥有对下属的监督权的雇员为第三个等级；那些体力的，不拥有任何对下属的管理、监督权但有一定工作自主性的雇员，处于这个权威体系的最下层。在此基础上，对于每一个权威等级内部，可根据权威的量的大小，做出进一步的区分，最终形成一个面向雇员群体的权威阶级体系。加之处于雇佣地位其他两个位置的雇主阶级（可依据雇佣规模细分为大雇主和小雇主两个阶级）和自雇佣阶级，一个完整的面向社会经济活动者的阶级分类体系最终形成。

进一步地，我们考察了这一新的阶级分类体系在经验效度上的表现。

标准关联效度检验结果显示，由组织权威界定的雇员阶级位置，与职业类型、教育程度和组织类型等明确标示雇员社会经济地位和身份的常用变量之间有着良好的对应。尽管组织权威或工作状况难以简约为或等同于某一具体常用的指标，但工作状况指标反映的信息可以大致对应于上述常见变量的组合，即由工作状况划分的雇员阶级可以大致由外衍变量组合构

成的群体得以外显化或具体化；另一方面，工作状况上的等级差异（即在权威关系分化中所处的位置）也很好地对应于这几大常用分层指标组合体所反映出的优次顺序。或者我们可以这样说，就本质而言，职业、教育程度、党员身份等显性身份特征可以被看作是权威地位和权威关系的某种外在标识（proxy），权威才是在背后起着基础性决定作用的核心要素。

建构效度检验意在考察该阶级体系能够在多大程度上像理论所预期的那样解释和预测一些经验现象的变异。为此，我们选取了四种在理论上对阶级与其之间的关系有着系统阐述的社会经验现象：包含收入、受教育年限和住房状况在内的社会经济状况、雇佣状况、主观认知评价（主观地位认同、社会政治态度和生活满意度）、生活方式。研究发现，该体系内的阶级成员（尤其是雇员群体）在上述四种经验现象尤其是在社会经济状况及雇佣状况上均表现出一定程度的差异和分化，权威雇员和无权威雇员之间的差异尤其明显，并且各自内部又分别按照权威的大小和自主性的高低而呈现出有规律的变化趋势。

当然，作为自变量的权威阶级体系对于成员在社会经济状况和雇佣状况上的变异有着较好的解释，而对于主观地位认同和社会政治态度（集体行动倾向和社会冲突意识）的预测和解释能力较差。回到"强阶级"和"弱阶级"这一话题上，我们可以说，相比于主观态度评价，基于权威要素确定的阶级地位对成员的生活机会与物质利益形成了更为有力的约束。对于阶级意识乃至阶级行动而言，权威阶级体系或许并不是一个很好的预测变量。那种将阶级地位与阶级意识、集体行动必然性连接在一起的做法并不可取，因为其因果模式的成立有赖于更为具体的、特定的社会历史条件。

另外，我们就经验效度上的表现将权威阶级体系与其他国内外几个著名的阶级图式进行了比较。结果显示，持"一维性"分类标准的权威阶级体系的表现并不逊色于其他持"多维性"标准的阶级图式。一个表明权威阶级体系具有较高经验效度的极为有利的条件在于：在对各种社会经验现象的解释上，权威阶级体系的表现值均处于所有阶级图式的最高值与最低值之间，且有时表现处于前列，但从未有明显落后于其他阶级图式的状况。

也就是说，权威阶级体系在经验效度上的总体表现良好，基本具备了作为一种竞争性的阶级分类框架的资格和条件。有着良好理论基础和经验效度的权威阶级体系在中国有着广阔的应用前景。

第二节　权威阶级体系的特点

一、关系取向

关系取向是阶级之所以能够在众多分层研究视角中独树一帜的关键特征之一，它强调社会关系的不平等是最重要的社会不平等。关系型阶级概念被定义为不是简单相对于其他阶级的，而是处在与其他阶级的社会关系之中，如马克思主义阶级框架中资产阶级与工人之间的剥削关系。我们的权威阶级体系有着明确的关系取向，阶级群体各方处于一个从根本上由权威关系决定的框架之中。雇主与雇员阶级的关系体现在二者处于所有权关系的不同位置，而雇员阶级的位置是在与其他雇员的权威关系中定义的，雇员在权威关系中的地位决定了其在阶级体系中的位置。

二、结构性位置

按照经典的阶级概念定义，阶级指涉一系列的结构性位置，它独立于占据特定位置的特定的人而存在，是一种“空的空间”[①]。对于本书提出的权威阶级体系而言，劳动力市场和工作组织中的权威关系界定了这些结构性位置，而这些位置是独立于阶级成员的任何个人特征的。成员在组织内权威关系中所处的特定位置决定了其所进入的阶级体系中的位置。正所谓“铁打的营盘流水的兵”，作为“营盘”的阶级位置既不与暂时占据这一“营盘”的“士兵”的性别、年龄等人口学特征相关，也不与其职业、教育

① Sørensen, Aage B., “On the Usefulness of Class Analysis in Research on Social Mobility and Socioeconomic Inequality,” *Acta Sociologica*, 1991, 2: 71 - 87.

技能、党员身份等社会性“标签”相连。赖特曾经设计了一套具有开创性的测量权威位置和关系的概念工具，并用于阶级图式构建之中。但是，他用组织资产与技术/资格证书两变量交叉定义雇员阶级位置的做法违背了阶级位置理论。他使用技术/资格证书资产去解释专业人员在整个剥削体系中的位置，而技术/资格证书资产属于占据某些阶级位置的个人的个人特征，并非所有拥有同样技术/资格证书的人都能获得同样位置，因此，这是明显的对位置理论的违背。

三、一维分类标准

本研究建构的权威阶级体系与其他阶级图式相比存在的一个显著的不同在于：权威阶级体系坚持了阶级分类标准/依据上的“一维性”，在其理论基础与实践操作中，权威关系（具体体现在财产所有权和组织权威两个方面）始终是阶级划分的唯一标准。而其他各阶级阶层概念的分类标准大都是“多维性”的，如赖特对雇员群体进行划分时综合考察了其组织资产和技术/资格证书资产；戈德索普的 EGP 图式在操作上考察了阶级成员的职业和雇佣地位；十大阶层体系同时考察了社会成员的组织、经济、文化等三种资源；林—吴的新马克思阶级图式综合使用了户口、单位制度、干部身份、私有产权等多种因素；五大阶层体系同时考察了公共权力、资产控制权和技术资本三种因素。相比于“多维性”分类标准的阶级图式，权威阶级体系的优势在于：其一，它所需要的社会成员的信息和资料较少，这是毫无疑问的；其二，也是更为重要的一点，它在理论逻辑的论述上更具有一致性和简洁性。

四、解释逻辑及效用发挥的潜在性

对于雇员群体而言，相对于职业、教育程度（技术资格）、政治身份等这些社会成员较为明显的身份和地位分割线，由组织内权威分化所形成这条分割线在更多时候是隐藏的和潜在的，不易被公众识别和察觉。通过关联效度上的检验，我们大致可以认为，职业、教育程度、党员身份等显性身份特征在本质上是权威地位和权威关系的某种外在标识，权威才是在背后起着基础性决定作用的核心要素。而通过经验建构效度检验可以发现，权威阶级体系能够很好地像理论上所预期的那样预测和解释成员在社会经济状况上的变异，作为一条深层次的社会结构分割线，权威阶级体系确实抓住了当代中国城市社会不平等的结构性根源。

第三节　存在的问题

一、雇员群体权威分化的组织差异性问题

就总体而言，权威阶级体系在理论基础、解释逻辑和操作化上均有着完备而系统的理论阐述，这些基本上都能站得住脚，经得住推敲。但是必须承认，在阶级体系操作化的过程和细节上仍存在一些问题或漏洞，其中最为明显的一点在于对雇员群体权威分化的组织差异性问题的处理仍有值得完善之处。上文已述，这一问题也是赖特攻击达伦多夫阶级理论的核心论点，即“权威定义倾向于把所有组织看作是在概念上等价的”[①]。应该说我们的阶级体系相比达伦多夫的理论有明显的改善，但问题仍没有获得圆满解决。我们的改进之处在于：首先，我们是在做出首要的雇佣地位划分（雇主、自雇佣者和雇员）的基础上，在对雇员群体的阶级定位中使用组织权威变量的，而非达伦多夫简单的权威阶级二分；其次，纳入体力和非体力标准，在两套运行逻辑和作用机制有所差别甚至是完全不同的工作状况中定义雇员阶级位置，这在一定程度上或一定比例上消解了对所有组织类型“一视同仁”所造成的总体性误差；最后，上文使用“管理位置”、组织规模变量对权威雇员的阶级定位进行了一定幅度的调整，这是对组织差异性问题的又一应对策略。尽管如此，组织差异的其他重要体现如组织性质

---

① Wright, E. O., *Class Structure and Income Determination*, New York: Academic Press, 1979, p. 13.

(所有制性质、组织类型等)、组织结构(垂直或扁平)、不同组织类型的组织规模差异问题等，在本书中尚没有得到较为理想的解决，由此权威关系(或操作为权威地位、权威资源)就很难说在所有组织类型中具有完全的等价性和可比性。

二、权威阶级体系推广应用上的问题

首先，当前国内已有的几个较大规模的综合社会调查很少或几乎没有设置有关工作状况或组织权威的变量。设置较多且与此较为相近的变量是“管理位置”或“行政级别”，但这两个变量并不能完全替代组织权威。并且，在总体被访者中有管理位置和有行政级别者数量比例较少，绝大部分无管理职位和行政级别的雇员的阶级位置无从确立。因此，工作状况(组织权威)相关指标的缺失构成了该阶级体系推广和应用上的主要难题。鉴于权威阶级体系在理论基础和经验效度上的良好表现，我们希望并呼吁今后的社会调查能够提高对这一因素的重视，增加对相关内容的考察。

其次，权威阶级操作化过程中涉及的测量指标和变量较多，构建的过程和步骤仍显复杂，这也是制约该阶级体系获得广泛推广和应用的一个因素。因此，如何用较少的几个指标衡量工作状况和组织权威以迅速定位被访者的阶级地位，如何简化操作化过程并形成固定的操作程序，等等，是值得进一步探讨的问题。在此，戈德索普在构建 EGP 图式时使用的雇佣地位变量及其操作化策略是一个很好的借鉴：通过设置简单的四五个题目(雇佣状态、下属数量、组织规模等)，直接、准确地将被访者的雇佣地位定位于大雇主、小雇主、自雇佣者、大管理者、小管理者、监督者、普通雇员这七类之中。当然，这些理论目标的实现有赖于以下工作的出色完成：指标的精挑细选、对问题的精巧设计以及对各种替代性操作方案的检验评估。

第七章 “殊途异类”：当代中国城镇中产阶级的类型化分析[①]

结合当代中国社会制度转型的实际，使用“再分配→市场”的二元分析框架，按照“社会结构—阶级经历—阶级认同—阶级性格特征”的逻辑，本章对当代中国的中产阶级群体做了一个“内源—外生”的类型化区分，并基于 CGSS 2003 调查数据，在“代际延续性”、“政治意识”和“消费意识”三个方面讨论了两类中产阶级不同的性格特征及其社会功能，从而提供了一种分析当代中国中产阶级分化的类型学模式。

第一节 理论背景

众所周知，中产阶级最早为西方资本主义工业化过程的产物，而后中产阶级的发展过程也出现在很多迅速工业化的国家和地区，其中包括社会主义社会。随着中国社会 20 世纪 80 年代以来所发生的体制变革和现代化高潮，中国的中产阶级（或者说中间阶层、中产阶层、中间等级、新中间层等）问题在中国社会结构变迁的背景下已经引起了越来越多的关注。这种关注的重要原因之一是，人们普遍认为，中产阶级的发展及其所发挥的社会功能，将影响中国社会的稳定与未来发展。

本章希望通过一种“镜像”式研究[②]来对当代中国中产阶级的性

① 本章主要内容曾发表于《社会学研究》2007 年第 6 期。

② 这里的“镜像”式研究即为理论界经常讨论的东西方模式比较，在本章中主要是指资本主义体制与社会主义体制的比照，即比照于资本主义体制下的中产阶级来分析当代中国的中产阶级。

格[①]特征及其引发的社会功能做一个探讨。

系统化的中产阶级理论成型于20世纪40年代后期。其中，最具代表性、影响也最为深远的当属米尔斯的理论。以美国经济结构和社会结构在20世纪中期所发生的重大转型为基础，米尔斯在对美国中产阶级进行“旧—新”类型化区分的基础上，系统地阐述了新中产阶级即“白领”的性格特征及其在社会结构中所发挥的功能。相对于旧式中产阶级（19世纪的农场主和商人）的独立性和坚强性，米尔斯更强调新中产阶级（20世纪的白领）在工作上的依附性、思想上的保守性和行动上的迟钝性，将白领阶层描绘为政治冷漠、摇摆不定、没有明确政治意识的阶级，认为各中产阶层的社会形态不同，物质利益互相矛盾，意识形态不一，他们之间没有形成共同政治运动的现实基础。因此白领阶层被视为资本主义的“政治后卫”，充当着资本家与工人之间的缓冲带。[②] 此外，由于其工作的非自我意志性，白领阶层很难凭借自身的力量来提高其社会经济地位，只能通过日常的生活消费来表明自己的不同，“日常的消费要重于财产”，“模仿”便成为其日常消费生活重要的手段，由此成为资本主义的“消费前卫”。由此可以看出，中产阶级的出现和壮大对资本主义社会的发展起着重要的调节作用。

另外，其他许多西方学者如约翰·戈德索普、L. 科里以及大卫·洛克伍德等也都是以西方社会在19世纪末到20世纪中叶所发生的经济和技术变革为背景，虽然在具体的关于中产阶级的论述中存在一些差异，但大多支持中产阶级具有缓和社会矛盾、促进社会稳定的社会功能的观点。[③] 到了20世纪70年代，丹尼尔·贝尔在其《后工业社会的来临》一书中，又表达

① 阶级性格属于一种社会性格，这在美国社会学家理斯曼那里得到了很充分的论述。他提出某一团体或社会阶级所具有的性格结构是“团体经验的产物”，体现在文化生活和政治生活中，为同一文化的大多数人所共有，最终表现为一种动机认同及外部行为。理斯曼等人通过对美国的中产阶级性格的分析，提出阶级的性格取决于社会环境（社会结构）变化的影响。参见［美］理斯曼、格拉泽、戴尼：《孤独的人群——美国人性格变动之研究》，沈阳，辽宁人民出版社，1989。

② 参见［美］赖特·米尔斯：《白领——美国的中产阶级》，6页，杭州，浙江人民出版社，1987。

③ 参见周晓虹：《再论中产阶级：理论、历史与类型学》，载《社会》，2005（5）。

了类似的观点。从某种意义上说，中产阶级是平衡官僚主义和平民主义两方面的重要力量，因此具有稳定社会的功能。

这样的一种关于中产阶级性格特征[①]及其社会功能的论述，此后支配着众多关于中产阶级理论的讨论。

然而，后发—外源式现代化国家兴起，其社会结构的演变过程明显不同于早发—内源型国家。在关于这些国家的中产阶级的性格特征及其社会功能的讨论中，很多学者给出了与以往不同的观点，引发了关于中产阶级理论的争论。

典型的便是对韩国的研究。韩国是后起的现代化国家，其中产阶级是在急剧的社会结构变动过程中形成的，具有突生性和复杂性的特点，因而表现出来的性格特征以及社会功能也与欧美发达国家的中产阶级不尽相同，尤其在20世纪80年代之后，韩国的中产阶级在生活方式上更加表现出一种传统文化延承的特征，在政治参与方面，也表现出极大的热情，成为“一种新的民主力量”，更多地表现为一种激进的、改革的性格特征，成为领衔政治民主的前卫。[②] 同样的特征也表现在中国台湾的中产阶级身上。

其实，当米尔斯在论及中产阶级的政治层面的性格特征的时候，提出的中产阶级政治方向的四种可能性已经暗示了这方面的特点。李友梅在对上海的中产阶级进行分析后，提出中产阶级的社会功能和集体行动的可能性受着很多因素的制约，不仅与宏观因素（社会结构、历史发展阶段、文化传承、

---

① 米尔斯在《白领——美国的中产阶级》中说，新中产阶级的政治方向有四种可能性：(1)发展成为政治上的独立阶级，取代其他阶级，起到推动现代社会运转的中枢作用；(2)虽然没有成为独立阶级，但仍然是不同阶级总体平衡中的主要稳定力量；(3)属于资产阶级，成为保守、反动力量；(4)按照经典马克思主义模式发展，与工人阶级结为一体，接受社会主义政策。参见［美］米尔斯：《白领——美国的中产阶级》，326～327页，杭州，浙江人民出版社，1987。

② 参见 Lett，D. Potrzeba，*In Pursuit of Status：the Making of South Korea's "New" Urban Middle Class*，Harvard University Asia Center and Harvard University Press，1998；萧新煌：《变迁中台湾社会的中产阶级》，台北，巨流图书公司，1989；王建平：《中产阶级研究：理论视角及其局限》，载《天府新论》，2004 (3)；周晓虹：《再论中产阶级：理论、历史与类型学》，载《社会》，2005 (5)。

制度环境等）有关，还与微观因素（社会心态、社会情绪等）有关。[①] 以上对后发现代化国家或地区中产阶级的分析，都在不同程度上指出了中产阶级性格特征以及社会功能的差异性，预示了不同社会的社会结构特性和中产阶级性格特征及其社会功能的过程性、路径依赖性以及时空性的特点。

由此可以看到，以上分析的这些关于中产阶级的理论，都产生于特定的社会历史背景，它们或是面对“革命”前的纷乱，或是处于资本主义上升时期的繁荣以及资本主义不断走向成熟的过程，或是面对后发现代化国家的结构转型期。这些都说明，要研究中产阶级的性格特征以及社会功能，都需要在一定的社会结构背景下，关注中产阶级的形成路径。路径的不同可能形成不同的中产阶级性格特征及其社会功能。

因此，本章研究的理论前提是：相对于西方资本主义体制不断走向成熟的背景下中产阶级形成的二三百年历史，当代中国中产阶级的产生和逐步发展是在近二三十年之间[②]，是在一种急剧的社会结构变动之中“催生”出来的一个群体，在这样的一种时空条件下产生的中产阶级可能具有不同于西方资本主义体制下的中产阶级的性格特征、发挥不同的社会功能。因此，本章关注的问题是：在当代中国，由再分配经济向市场经济的转型，会对中国市场经济的形成以及中产阶级性格特征和社会功能产生什么样的影响?

第二节　两类中产阶级：理论与研究假设

从社会分层的观点来看，把一个群体作为一个阶级来分析，将其置于

---

① 参见李友梅：《社会结构中的‘白领’及其社会功能——以 20 世纪 90 年代以来的上海为例》，载《社会学研究》，2005（6）。

② 当然，关于在国家社会主义体制下是否存在中产阶级的问题，还是一个争论很大的问题，例如，帕金关于社会主义社会中产阶级的分析，参见 Parkin，Frank，“Class Stratification in Socialist Societies,” *The British Journal of Sociology*，20，1969；周晓虹、李强关于“类中产阶级”的分析，参见周晓虹：《再论中产阶级：理论、历史与类型学》，载《社会》，2005（5）；李强：《市场转型与中国中间阶层的代际更替》，载《战略与管理》，1999（3）；［德］托马斯·海贝勒、诺拉·绍斯米卡特：《西方公民社会观适合中国吗?》，载《南开学报（哲学社会科学版）》，2005（2）。本章不打算对此作专门的讨论。本章将主要从转型的视角来分析当代中国社会的中产阶级。

社会结构之中，其探讨的核心问题是该阶级在社会结构中的定位，而这样的结构定位从根本上决定了该阶级所发挥的社会功能。这种“结构→功能”的分析范式在本章的研究中被具体化为一种“社会结构→阶级性格→社会功能”的分析。也就是说，我们在分析中产阶级的社会功能时，一方面需要将其定位于一定的社会结构中，只有在社会结构分析视角下，才能正确认清中产阶级的性格特征以及社会功能，这就像米尔斯所说的那样，“要想知道怎样才能把握它们的问题，白领必须在运转的结构中把他们感兴趣的问题和对他们利害攸关的问题联系起来进行考虑”[①]。另一方面，应该从中产阶级的性格特征角度，关注中产阶级形成的过程和由此形成的政治、文化特征，并以此为中介说明中产阶级的社会功能。

我们将从两个层面对“社会结构→阶级性格”的中产阶级研究逻辑进行展开。一个层面是采用阶级形成的文化理论，该理论认为在从社会结构到阶级性格特征之间还存在阶级经历与阶级认同这两个环节；另一个层面是在分析中产阶级的性格特征及其社会功能的时候，需要做一种类型化的处理，这个类型化处理不是西方资本主义体制下“旧—新”中产阶级的替代式区分，而是站在中国社会结构转型视角下一种特定的类型化。如果说前一个层面可作为本章基本的研究逻辑框架的话，后一个层面则是以这样一种逻辑框架进行分析时的研究策略。

一、阶级形成的文化理论：客观与主观的共同作用

首先需要明确的是，本章所使用的阶级概念指的是具有利益一致性的共同体，就像汤普森定义的那样：“作为共同经历的结果（不管这种经历是从前辈那里得来的还是亲身参与的），当一些人感到并明确表示彼此之间具有与他人不同（甚至往往对立）的共同利益时，阶级就产生了。”[②] 该定义包含了阶级经历和阶级认同（阶级意识）这两个关键要素。阶级经历主要

① ［美］赖特·米尔斯：《白领——美国的中产阶级》，13页，杭州，浙江人民出版社，1987。
② ［美］汤普森：《英国工人阶级的形成》，2页，南京，译林出版社，2000。

指的是共同经历客观的社会经济实际，这里强调一种经历的延续或是自主的形成；而阶级认同主要指的是阶级的意识层面，是对该阶级利益有相对“正确”和“一致”的理解，其主要体现为一个阶级产生统一的社会行为的可能性。[①] 汤普森对阶级经历和阶级意识做了对比的分析：阶级经历强调阶级认同是社会经济实际的反映，来自长时间的与客观世界的相互作用；而阶级意识强调阶级认同是一种社会建构，是包括人的积极能动作用的具体历史进程的产物。[②] 正如约翰·斯梅尔所指出的，一个阶级的阶级经历建构着该阶级的阶级认同，由此来建构自身在社会结构中的位置，指引阶级的行为特征，而这样的阶级经历则产生于一定的社会经济实际，通过阶级认同反映着社会经济实际。正是基于此，他提出了“关于阶级形成的文化理论”[③]。这一理论是为试图消解马克思主义与现代阶级理论在阶级形成问题上的分歧而建立起来的。马克思主义强调客观的社会经济实际建构阶级本身[④]，而现代阶级理论更强调文化对阶级的建构作用[⑤]，阶级形成的文化理论则是将二者结合起来，认为客观的社会经济实际和文化是相互联系地、共同地作用于建构阶级本身的，也就是说，“阶级经历和阶级意识产生于同一个过程，一个集团在此过程中同时理解和建构它的社会经济实际”[⑥]，只有在客观与主观因素共同分析的基础上，阶级分析才更具有实际的意义。阶级形成的文化理论也是一个实践理论，也就是说，关于阶级的文化理论探究的是这样的一个问题：“经历在哪些方面构成了对人们自身有利的世界，以及这种构成的世界从哪些方面影响了个人的行为——这些个人行为接着又构成了他们经历的实际。”[⑦] 斯梅尔认为应当把阶级形成理解为一种文化的建构，“只有当阶级被当作一种文化看待时，它的含义才能得到理

① 参见［美］赖特：《阶级》，244～246页，北京，高等教育出版社，2006。

② 参见［美］汤普森：《英国工人阶级的形成》（上、下册），南京，译林出版社，2000。

③ ［美］约翰·斯梅尔：《中产阶级文化的起源》，上海，上海人民出版社，2006。

④ 参见［美］赖特：《阶级》，北京，高等教育出版社，2006。

⑤ 参见［法］皮埃尔·布迪厄：《实践与反思》，北京，中央编译出版社，1998。

⑥ ［美］约翰·斯梅尔：《中产阶级文化的起源》，10页，上海，上海人民出版社，2006。

⑦ ［美］约翰·斯梅尔：《中产阶级文化的起源》，前言，3页，上海，上海人民出版社，2006。

解。在这种文化中，通过自觉认识他们在生产关系中的地位（深嵌在某种文化环境中的生产关系），一个集团形成了（但不是被认识决定）自己的态度、习惯和对自身世界的独特观念”[①]。由此，阶级分析的重心集中在了一个集团立足于自身经历所建立的特定世界的结构。中产阶级的利益认同感在经济领域、政治领域和社会领域中同样都将表现出来。

客观的社会经济实际建构阶级的阶级经历、阶级认同，同时，阶级经历、阶级认同也建构着阶级的客观社会经济实际。经过这样一个实践的过程，阶级的文化和性格特征被建构起来。由于阶级的客观经济实际取决于社会结构的变动，“社会结构→阶级性格”的逻辑框架就可以具体化为“社会结构—阶级经历—阶级认同—阶级性格特征（文化建构）”。当经过这样一个实践过程之后，一个阶级产生社会行为以及发挥社会功能便具有了可能性。由此可以推论，社会结构的差异性特征，会导致不同的阶级经历，从而导致不同的阶级性格以及不同的社会功能。

从上述有关中产阶级理论的讨论以及阶级形成的文化理论的讨论，不难得出，中产阶级的性格特征及其社会功能根本上取决于社会结构的特征，并在一定的实践过程中被建构出来。不同的社会结构及其变迁过程，不同的实践过程，会形成不同的中产阶级性格特征，进而发挥不同的社会功能。美国、英国、法国、德国、韩国等发达资本主义国家，由于不同的社会结构背景，中产阶级形成的经历和意识也不同，其具体的性格及其社会功能也存在很大的差别。[②]

“社会结构→阶级性格”的差异性结果，不仅表现在不同的国家或地区之间，在那些正在经历巨大结构变迁的社会中，如中国社会，也具有重要的分析性意义。中国社会结构的特殊性以及巨大的变迁，不仅使得中国中产阶级的阶级经历与资本主义体制下的中产阶级不同，而且自身也经历了颇为不同的形成路径，导致了异类的性格特征以及社会功能。我们在下面

---

① ［美］约翰·斯梅尔：《中产阶级文化的起源》，262页，上海，上海人民出版社，2006。

② 参见［日］石井晃弘等：《みせかけの中流階級——都市サラリーマンの幸福幻想》，东京，有斐閣，1982。

将从有关中产阶级的界定开始讨论，通过对中国中产阶级的类型化分析，按照上述的逻辑框架对中产阶级的性格特征进行分析。

二、中产阶级的界定与构成

顾名思义，中产阶级指的是在社会属性或者社会资源占有上处于社会结构的中间位置。然而，社会属性或社会资源在类型上的多样性①，使得学界对中产阶级的界定也呈现着多样化的态势。按照不同的划分标准，在同一社会中，可以划分出不同的中产阶级群体。而正是由于中产阶级界定的多元性，对于这一群体究竟是一个同质的群体还是分裂的群体，即只有一个统一的中产阶级还是有着多个面向的中产阶级，理论界一直存在很大的分歧。

事实上，从近代以来中产阶级出现并引起社会理论家们的关注开始，有关中产阶级的类型学分析就一直是中产阶级研究的一个重要议题。在这种分析中，一种常见的划分方法是将中产阶级分为旧（或老）中产阶级（old middle class）和新中产阶级（new middle class）两大类型，而主要的理论争论又常常集中在新中产阶级的属性及其社会功能上。② 而来自东亚的国家和地区包括韩国、新加坡、中国香港和中国台湾的发展实践证明，尽管战后东亚资本主义的发展基本沿袭了欧美资本主义 200 年来的发展道路，但在中产阶级的发生方面，东亚的个案和西方世界则有不同。其中最重要的区别有二：其一，在东亚地区的发展中，国家或地区政府的力量通过直接和强有力的干预，在塑造和重塑阶级结构方面发挥着巨大的作用；其二，在东亚地区，虽然新中产阶级不断增加，但包括小业主在内的老中产阶级或小资产阶级的规模并没有减少，而是随着后福特主义在发展中国家或地区对生活活动的重构而稳定发展。结果，所有四个东亚社会都经历了新中

---

① 格伦斯基对为分层体系提供基础的资产、资源和有价事物作了七种类型的总结，分别为经济类、政治类、文化类、社会类、荣誉类、公民类和个人类，由此指出社会阶层分析的多维方法。参见［美］格伦斯基：《社会分层》，2 版，3 页，北京，华夏出版社，2006。

② 参见［美］赖特·米尔斯：《白领——美国的中产阶级》，杭州，浙江人民出版社，1987。

产阶级和老中产阶级的同时增长。[①]

现代意义上中国的中产阶级产生于19世纪末20世纪初，并在20世纪上半叶有了一定程度的发展，这一批人虽然数量不多，但对新思想和新文化在中国社会的传递起了相当大的作用，领衔了一种新的价值观念和生活方式，在政治上具有消极自保的特征。[②] 1949年后，社会主义的计划经济体制遏制了中产阶级的发展，在长达30年的时间中，中国的中产阶级由类似白领的普通干部和知识分子组成，还包含国有企业中的职工[③]，这时的中产阶级群体由于政治地位和社会声望参差不齐，因此其阶级认同和性格特征具有较大的分散性。本章所讨论的中产阶级，是伴随着中国由再分配体制向市场体制的巨大转变而逐渐产生和形成的，再分配体制的变革和市场体制的兴起，导致在中国的社会阶层结构中，新中间阶层不断涌现，我们现在称之为“中产阶级”或“中间群体”。

因此，当代中国的“中产阶级”具有很强的“突生”性质：他们一方面延续于改革之前的中国社会，另一方面又在社会转型过程中突生出来。

（一）类型化分析：再分配与市场

其实，当从形成路径来看当代中国中产阶级的产生过程时，背后就已经暗含了这样的一个逻辑，那就是“再分配—市场”的二元机制，也就是说当代中国中产阶级是在这样的一种二元机制作用下形成的。关于当代中国的中产阶级类型差异，中国的一些学者从不同的视角对其构成进行了描述。

周晓虹认为当代中国中产阶级应该包括如下的六类社会构成：（1）1978年以后新生的私营企业主和乡镇企业家，这一群体是依赖市场资

① 参见王晓燕：《韩国、新加坡、中国香港和台湾：中产阶级正在崛起》，载《扬州大学学报（人文社会科学版）》，2005（2）。

② 参见周晓虹：《全球中产阶级报告》，北京，社会科学文献出版社，2005。

③ 参见周晓虹主编：《中国中产阶层调查》，北京，社会科学文献出版社，2005；李强：《市场转型与中国中间阶层的代际更替》，载《战略与管理》，1999（3）。

源和流动机会发展起来的；（2）1978年以后与私营企业家和乡镇企业家同时产生的小业主、小商贩等自营业者以及其他形式的个体户；（3）与党和国家机构有连带关系的党政干部和知识分子，以及国营企业的领导人，这部分人是从计划经济体制中的"类中产阶层"中分化出来的；（4）因外资引进而产生的"外企白领"，包括在外资企业工作的中方管理阶层和高级员工；（5）大批企业和社会组织的管理者；（6）因高新技术的采用和新行业的出现而产生的高收入群体。[①]

李强提出了"中产阶级四个集团"的理论观点。他认为，目前中国大陆中产阶级主要由以下四个重要的集团组成：第一个集团是最典型的中产阶级，包括传统的干部和知识分子阶层；第二个集团是所谓"新中产阶层"，这一阶层主要指年龄比较轻，具有较高学历，有新的专业知识，就职于金融、证券、信息及其他高新技术领域的群体；第三个集团是效益比较好的国有企业、股份制企业和其他类型单位中的职工阶层；第四个集团是大量的个体、私营经营者，从事工商业活动的中小工商业业主、独立经营者、中小公司经理等。[②]

也有学者指出了这个当代中国中产阶级的异质性，提出由于中国社会结构双重转型的制约和影响，中产阶级的产生来源有三个渠道：由权力授予关系所作用的行政型进入、由市场交换关系所作用的市场型进入和借助社会关系资本作用的社会网络型进入。三者存在较明显的文化理念及价值观上的差异："官场文化"（官本位社会理念及价值观）、"业缘文化"（市场文化理念及价值观）、"亲缘文化"（熟人社会理念及价值观）。[③]

当然，有学者也从界定中产阶级的多元标准出发，将中产阶级分为职业中产、收入中产、消费中产和主观认同中产进行描述和分析。[④]

由这些学者的论述可以知道，当代中国中产阶级的构成是复杂的，

---

① 参见周晓虹主编：《中国中产阶层调查》，5页，北京，社会科学文献出版社，2005。

② 参见李强：《转型时期中国社会分层》，312页，沈阳，辽宁教育出版社，2004。

③ 参见张宛丽、李炜、高鸽：《现阶段中国社会新中产阶层的构成特征》，载《江苏社会科学》，2004（6）。

④ 参见李春玲：《中国当代中产阶层的构成与比例》，载《中国人口科学》，2003（6）。

在中国急速的社会结构转型背景下，“突生”的中国中产阶级没有经历一个“新”、“老”替代的过程，而是形成了一种共生的产生。因此，这样的一个突生、共生出来的中产阶级群体并不是一个同质性的群体，不同的中产阶级部分，其阶级经历是不同的，因而也必然会形成不同的性格特征。

在上述学者研究的基础上，本章基于“再分配—市场”转型的分析框架，对当代中国中产阶级进行了一个浓缩的类型化区分。从社会结构变迁的视角看，中国中产阶级的形成一方面是改革开放与市场经济导入的结果，另一方面又不可避免地带有传统计划体制的痕迹。也就是说，中国中产阶级的诞生经历了两条道路：一条我们称之为“内源”道路，主要是指更多延续再分配体制特征的中产阶级，本章将其称为“内源中产阶级”。另外一条可称为“外生”道路，主要是由于市场的兴起，在更加市场化的体制中产生发展的中产阶级，本章将其称为“外生中产阶级”。在本章看来，这是两条区别很大的中产阶级形成路径。我们并不否认上述学者所做的类型区分，但由于本章遵循的是“社会结构→阶级性格”的分析逻辑，因而更关注制度结构的变迁对于中产阶级形成的影响，认为不同的制度背景，将导致不同的阶级经历，从而导致中国中产阶级内不同的阶级性格。有关中国社会转型的制度分析和过程分析，已经有大量的文献，这里不再赘述，无论这些研究之间存在多大的差别，“再分配体制”和“市场体制”都构成了最基本的分析概念。

（二）两类中产阶级性格特征的分析：研究假设

在根据中国社会转型的制度特征将中产阶级的阶级经历区分为“内源”和“外生”两个基本类型后，本章将对不同的类型的性格特征进行分析。需要指出的是，这里的中产阶级的性格特征主要表现为社会功能方面的特征，在本章中将主要通过“代际延续性”、“政治意识”和“消费意识”三个指标反映出来。

首先，既然中国两类中产阶级分别是延续和突生的群体，那么其在阶级流动方面的机制自然会表现不同：再分配体制的延续性将使“内源中产阶级”表现较高的代际继承性，他们的职业经历和社会关系更多的是从上一代继承而来；而市场体制的兴起则给某些社会成员提供了新的机会渠道，从而使得“外生中产阶级”表现出一定的代际断裂性。由此可提出以下假设：

假设 1：“内源中产阶级”的代际延续性将强于“外生中产阶级”。

其次，将政治意识作为一种阶级性格特征具有很强的社会功能方面的意义。“内源中产阶级”的阶级经历更多地表现为对再分配体制的路径依赖程度，这有可能使得“内源中产阶级”在政治意识上保持一种保守的特征。而“外生中产阶级”的阶级经历是在市场的竞争过程中形成的，相对于“内源中产阶级”，他们在政治意识上有可能更为激进。由此可以得出如下的假设：

假设 2：在政治意识方面，“内源中产阶级”和“外生中产阶级”相比，前者较为保守，后者较为激进。

最后，消费模式和生活方式逐渐成为建构人们身份的标志，将消费行为、文化品位作为社会阶层区分的标志，已经成为阶层之间的区分的重要特征，成为人们正确认识自身阶层地位的符号，因而成为阶级社会功能的另一个显著的指标。①

不同社会结构下形成的中产阶级的消费行为应该具有差异。由于“内源中产阶级”的阶级经历具有很强的传统延续性，他们将认可一种较为传统的生活方式，或者说一种更为传统的消费方式。而“外生中产阶级”的阶级经历会导致这样的一种逻辑，即米尔斯所说的，他们希冀在生活方式、消费行为、文化格调方面显示自己，以得到别人对自己身份的认同。② 基于此，又可以得出如下的假设：

假设 3：在消费意识方面，“内源中产阶级”和“外生中产阶级”相比，前者较为传统，后者较为前卫。

---

① 参见［美］保罗·福塞尔：《格调：社会等级与生活品位》，北京，中国社会科学出版社，1998；［法］皮埃尔·布迪厄：《艺术的法则》，北京，中央编译出版社，2001。

② 参见［美］赖特·米尔斯：《白领——美国的中产阶级》，杭州，浙江人民出版社，1987。

第三节 当代中国中产阶级类型化的实证分析

以上我们从理论上分析了中国中产阶级的性格特征，按照“社会结构→阶级性格”的逻辑框架，以“再分配→市场”转型作为基本背景，通过对中国中产阶级的类型化区分，提出了本章的研究假设。在本节中我们将通过分析2003年中国综合社会调查（CGSS 2003）的资料（城镇部分），对上述假设进行检验。

一、变量的操作化

（一）两类中产阶级的类型操作化

本章所界定的中产阶级主要是指CGSS调查中的“管理人员、技术人员、事务人员以及私营企业家（包括个体经营者）”①。

而对于两类中产阶级类型化的区分，由于划分的依据是“再分配—市场”的二元分析框架，这里采用“国有部门—非国有部门”来区分。这主要是因为：尽管现在的国有部门也经历了市场化改革，但考虑到再分配体制的延续更多地集中于国有部门，而市场体制的机制主要体现在非国有部门之中。也就是说，“内源中产阶级”具体是指目前国有部门中的管理、技术和事务人员，而“外生中产阶级”则具体是指非国有部门中的管理、技术和事务人员以及私营企业家。

上述区分主要是制度概念上的区分。这一区分的适用性可通过其他界定标准下的分布结果来验证这一界定的中产阶级类型的解释力度。这样做的目的一方面是为了更好地认识不同界定标准下中产阶级构成的不同，另一方面也可以认识到在其他标准下中产阶级的分布情况。表7—1给出了两类中产阶级与收入分层、生活水平分层和阶层归属（家庭综合社会经济地

---

① 这里关于职业类型的划分是根据职业分类表对被访者当前职业所作的分类。

位）分层的交互结果。

表 7—1　两类中产阶级与收入分层、生活水平分层、阶层归属分层的交互分析表

收入分层						合计
两类中产阶级	1	2	3	4	5	
“内源” “外生”	32.6% 25.4%	21.8% 14.7%	21.8% 17.9%	14.3% 20.1%	9.5% 21.9%	1 118 224
生活水平分层						
两类中产阶级	1	2	3	4	5	
“内源” “外生”	0.2% 1.1%	7.7% 6.5%	48.7% 43.0%	31.4% 28.0%	12.0% 21.5%	1188 279
阶层归属分层						
两类中产阶级	1	2	3	4	5	
“内源” “外生”	0.4% 0.4%	7.7% 7.1%	47.8% 41.2%	30.3% 31.1%	13.9% 20.2%	1 032 238

注：三类交互的比率从上到下依次表示收入由高到低的五等分组、生活水平由上到下的五分层和家庭综合社会经济地位归属由上到下的五分层；在每一类交互的数据中，上方的数据表示“内源中产阶级”的交互结果，下方的数据表示“外生中产阶级”的交互结果，比率为行比率。

由上表的分析结果可以看出，在收入的五等分组中，“内源中产阶级”居于高收入层的比率比较高，第 1、2、3 层的比率分别为 32.6%、21.8% 和 21.8%；而“外生中产阶级”在收入分层上的分布相对较为平均，处于第 4、5 层的比率（20.1%和 21.9%）比处于第 2、3 层的比率（14.7%和 17.9%）还略高些。在生活水平分层和阶层归属分层的分布方面，两类中产阶级并没有很大的差别，基本上都是处于中层和中下层的比率比较高，但整体上还是处于中层的居多（生活水平分层上，“内源中产阶级”为 48.7%，“外生中产阶级”为 43.0%；阶层归属分层上，“内源中产阶级”为 47.8%，“外生中产阶级”为 41.2%）。由此可以看出，本章界定的中产阶级在其他界定标准的分布上仍然较多地处于中间层，中国中产阶级群体在不同指标上仍具有共性。

（二）中产阶级性格特征的操作化

两类中产阶级在代际流动方面的差异，将主要通过被访者父亲和本人之间的职业流动表揭示出来。通过这种职业间的代际关系，可以很明晰地从中国社会结构的视角出发来分析其性格特征。

在政治态度和消费态度方面，CGSS 调查问卷的 J9 和 J2 问题提供了一个关于人们政治态度和消费行为态度的量表，对这两个量表分别从“政治保守→政治激进”、“消费传统→消费前卫”进行由低到高的赋分并分组处理，由此来体现不同的层次差异。此外，为了本研究分析的需要，将J6的“社会参与”和J3的“过节”的选择问题，也纳入到分析的范围中来①，因为前者体现了在政治态度方面的差异，而后者则体现了在消费生活方式上的差异。

二、分析结果及检验

（一）代际延续性

我们首先从本章界定的中产阶级的整体层面上分析中产阶级的地位获得与父代和其他要素之间的关系。表7—2是关于子代职业地位获得的logistic分析，从表中我们可以从整体上看出当代中国中产阶级地位获得的模式。

表7—2　　子代职业地位获得的logistic模型

子代地位（对数发生比）（以自雇佣者和个体户为参照类）											
自变量		管理人员		技术人员		办事人员		农民		工人	
Intercept		−4.106***[a]		−3.149***		−1.616***		−6.077***		0.179	
		(0.375)[b]		(0.342)		(0.313)		(1.252)		(0.228)	
父代职业分类	管理人员	1.360***[a]	3.895[c]	0.991**	2.693	1.267***	3.550	1.698	5.463	0.869***	2.384
		(0.343)		(0.338)		(0.326)		(1.185)		(0.251)	
	技术人员	0.604	1.829	1.176***	3.243	1.224***	3.399	2.328*	10.259	0.809**	2.245
		(0.365)		(0.343)		(0.336)		(1.129)		(0.264)	
	办事人员	0.834*	2.302	0.584	1.793	1.268***	3.553	2.392*	10.940	0.752**	2.121
		(0.378)		(0.373)		(0.349)		(1.155)		(0.278)	
	农民	0.174	1.190	0.448	1.565	0.027	1.028	2.919**	18.515	0.168	1.183
		(0.298)		(0.293)		(0.289)		(1.027)		(0.202)	
	工人	0.776*	2.173	0.794**	2.212	1.189***	3.283	2.104*	8.201	1.297***	3.657
		(0.307)		(0.300)		(0.288)		(1.056)		(0.210)	
子代文化程度（中学）		1.291***	3.637	2.143***	8.522	1.304***	3.682	−1.338**	0.262	0.156	1.169
		(0.171)		(0.179)		(0.153)		(0.443)		(0.118)	
子代文化程度（大学）		3.550***	34.820	4.826***	124.696	2.742***	15.526	0.336	1.399	0.143	1.154
		(0.266)		(0.269)		(0.255)		(0.647)		(0.246)	

① 对于J9的政治态度的量表处理：根据三个不同选项所表示的对政治的敏感程度及保守程度分别赋予1、−1、0分，最后相加，由低到高分为5组。对于J2的消费行为态度的量表处理：根据五个不同选项所表示的对消费的传统与前卫程度分别赋予2、1、0、−1、−2分，最后相加，由低到高分为5组。对于J6的处理：将前两个选项作为参与、后两个选项作为非参与。对于J3的处理：将选项1、3、4、5、6、7、8、12作为传统节日，其他作为非传统节日。

续前表

子代地位（对数发生比）（以自雇佣者和个体户为参照类）										
自变量	管理人员		技术人员		办事人员		农民		工人	
子代性别（男性）	0.294*	1.341	−0.800***	0.450	−0.531***	0.588	−0.644**	0.525	−0.084	0.919
	(0.147)		(0.138)		(0.130)		(0.236)		(0.102)	
子代政治身份（中共党员）	2.816***	16.704	1.412***	4.104	1.780***	5.932	−0.575	0.563	0.657**	1.928
	(0.235)		(0.241)		(0.237)		(0.564)		(0.224)	
所在地区（东部）	0.044	1.045	0.107	1.112	0.090	1.095	0.334	1.396	0.275**	1.316
	(0.141)		(0.136)		(0.129)		(0.226)		(0.103)	
N	4 793									
−2 Log Likelihood	4 301.58									
df	70									
Chi-Square	2 898.03									

注：1. * $p<0.05$，** $p<0.01$，*** $p<0.001$。

2. [a] 非标准化系数；[b] 标准差；[c] 发生比。

从上表我们可以看出，中产阶级地位的获得与父代的职业、自身的文化程度、性别以及党员身份有着密切的相关关系。

在职业方面，父代是管理人员、技术人员和办事人员的人，同样成为管理人员、技术人员和办事人员的发生比率较高，也就是说成为中产阶级的可能性很高。同样，受过较高的文化教育、男性及具备党员身份的人，也更有可能成为当代的中产阶级。然而，我们的问题是：这样一种整体性的分析，是否意味着中产阶级群体在实质上会真的表现为一种统一的性格？这就需要根据本章提出的类型化分析策略做进一步的分析。

首先看关于两类中产阶级代际延续性的特征，表 7—3 列出了子代类型化中产阶级与父代职业类型的交互分析表。

表 7—3　　两类中产阶级与上一代职业的交互分析表

		中产阶级类型		合计
		内源	外生	
父代职业分类	管理人员	15.7%（19.2%）	1.0%（5.4%）	16.7%
	技术人员	12.1%（14.8%）	2.2%（12.0%）	14.3%
	办事人员	8.8%（10.8%）	1.7%（9.2%）	10.5%
	农民	18.7%（22.9%）	7.3%（39.7%）	26.0%
	工人	24.4%（29.9%）	4.3%（23.4%）	28.7%
	自雇佣者和个体户	1.9%（2.3%）	1.9%（10.3%）	3.8%
合计		81.6%（99.9%）	18.4%（100.0%）	100.0%

注：其中，纳入分析的样本量为 1 425，相关系数为 $\lambda=0.89$，显著度 $p<0.001$。交互表中的数字表示此类型人数占总样本数的比率，其中括号内的数字为列比率。

由表 7—3 的结果可以看出，“内源中产阶级”的父代仍是中产阶级的比率高于“外生中产阶级”。在“内源中产阶级”父代的职业类型中，管理人员、技术人员、办事人员的比率分别占到 19.2%[①]、14.8%、10.8%，而在“外生中产阶级”父代的职业类型中，上述职业类型分别只占到 5.4%、12.0%、9.2%。只有在“自雇佣者和个体户”职业类型中，“外生中产阶级”父代的比率（10.3%）比“内源中产阶级”的比率（2.3%）高。由此一定程度上支持了假设 1，也就是说，“内源中产阶级”相比“外生中产阶级”，具有较强的延续性特征。

（二）政治意识

下面看关于两种中产阶级在政治意识层面的特征。表 7—4 是由政治态度得分、党员身份以及社会参与三者与两类中产阶级的交互表，由此可以看到两类中产阶级在政治意识表现方面的分布情况。

表 7—4　　两类中产阶级与政治意识的交互分析表

		中产阶级类型		合计
		内源	外生	
政治态度得分	得分 1 组	4.5%（5.6%）	0.3%（1.6%）	4.8%
	得分 2 组	25.9%（32.1%）	3.4%（17.7%）	29.3%
	得分 3 组	35.8%（44.3%）	8.1%（42.2%）	43.9%
	得分 4 组	13.1%（16.2%）	5.6%（29.2%）	18.7%
	得分 5 组	1.5%（1.9%）	1.8%（9.4%）	3.3%
党员	党员身份	26.0%（32.0%）	1.0%（5.3%）	27.0%
	非党员身份	55.2%（68.0%）	17.8%（94.7%）	73.0%
社会参与	参与	28.9%（35.5%）	10.8%（58.1%）	39.7%
	非参与	52.5%（64.5%）	7.8%（41.9%）	60.3%
合计		（100.0%）	（100.0%）	

注：其中，纳入分析的样本量为 1 425，中产阶级类型与政治态度得分的相关系数为 $\lambda=0.25$，显著度 $p<0.05$；与党员身份的相关系数为 $\lambda=0.82$，显著度 $p<0.001$；与社会参与的相关系数为 $\lambda=0.33$，显著度 $p<0.05$。交互表中的数字表示此类型人数占总样本数的比率，其中括号内的数字为列比率。

在表 7—4 中，关于政治态度的得分组从上到下依次为政治态度得分升

① 这里的比率为列比率，也就是此类型占此列总数的比率，对于职业来说就是此职业类型占此列全部职业类型总数的比率，如“内源—管理人员”的为 15.7%/81.6%=19.2%，以下如无特殊说明都为这样的计算方法，表示占该类型的列比率。

高，也就是说，政治态度由上到下是由保守到激进。从分析结果可以看出，“内源中产阶级”和“外生中产阶级”在政治意识层面的特征是不一样的。在党员一栏中，“内源中产阶级”中党员的比率（32.0%）大大高于“外生中产阶级”（5.3%）。这就不难理解为什么在政治态度得分方面“内源中产阶级”相对较低，而“外生中产阶级”相对较高。虽然差异并不是很明显，但仍然大致可以看出两类中产阶级的差异，如在“内源中产阶级”当中，得分在前两组的比率（4.5%+25.9%）是得分在后两组的比率（13.1%+1.5%）的约两倍。也就是说，“内源中产阶级”更加偏向于一种相对保守的性格。此外，“外生中产阶级”（58.1%）比“内源中产阶级”（35.5%）具有更强的社会参与期望。

那么，这样两类中产阶级在政治意识方面表现出来的分布数量上的差异究竟是否具有统计学上的意义，换句话说，比率上的上述差别是否真正的显著，还需要做进一步的分析。表7—5关于两类中产阶级政治意识的方差分析则更为明确地揭示了两类中产阶级的差别。

表7—5　　两类中产阶级政治意识的方差分析表

	平方和	*df*	均方	*F*	Sig.
组间	48.269	1	48.269	4.878	0.027
组内	18 930.972	1 913	9.896		
合计	18 979.241	1 914			

由方差分析表可以进一步看出，将两类中产阶级作为分析的两组，这两组之间在政治态度得分上存在较为显著的差异（$p=0.027<0.05$），组间的差异为两类中产阶级比率上的差异提供了统计学意义上的证明。这种差异与中产阶级的类型化区分之间存在相关性，且区分是有意义的。这样，表7—4显示的在政治态度得分方面“内源中产阶级”与“外生中产阶级”的比率不同便有了根据，“内源中产阶级”更多地分布在得分较低的组，“外生中产阶级”更多地分布在得分较高的组。这就在一定程度上支持了研究假设2，即在政治态度方面，“内源中产阶级”比“外生中产阶级”相对来说较为保守。

（三）消费意识

最后来看关于两类中产阶级在消费意识上的差别，表 7—6 提供了两类中产阶级在消费行为方面的得分以及“过节”情况的交互分析。

表 7—6　　两类中产阶级与消费意识的交互分析表

<table>
<tr><td colspan="2" rowspan="2"></td><td colspan="2">中产阶级类型</td><td rowspan="2">合计</td></tr>
<tr><td>内源</td><td>外生</td></tr>
<tr><td rowspan="5">消费意识得分</td><td>得分 1 组</td><td>25.5%（31.6%）</td><td>0.3%（1.6%）</td><td>25.8%</td></tr>
<tr><td>得分 2 组</td><td>31.0%（38.4%）</td><td>1.4%（7.3%）</td><td>32.4%</td></tr>
<tr><td>得分 3 组</td><td>14.8%（18.3%）</td><td>3.1%（16.1%）</td><td>17.9%</td></tr>
<tr><td>得分 4 组</td><td>8.0%（9.9%）</td><td>5.6%（29.2%）</td><td>13.6%</td></tr>
<tr><td>得分 5 组</td><td>1.4%（1.7%）</td><td>8.8%（45.8%）</td><td>10.2%</td></tr>
<tr><td rowspan="2">过节情况</td><td>传统节日</td><td>76.0%（93.6%）</td><td>7.0%（39.3%）</td><td>83.0%</td></tr>
<tr><td>非传统节日</td><td>5.2%（6.4%）</td><td>10.8%（60.7%）</td><td>16.0%</td></tr>
<tr><td colspan="2">合计</td><td>（100.0%）</td><td>（100.0%）</td><td></td></tr>
</table>

注：其中，纳入分析的样本量为 1 425，中产阶级类型与消费意识得分的相关系数为 $\lambda=0.34$，显著度 $p<0.05$；与过节情况的相关系数为 $\lambda=0.80$，显著度 $p<0.01$。交互表中的数字表示此类型人数占总样本数的比率，其中括号内的数字为列比率。

在表 7—6 中可以看到，关于消费意识的得分组从上到下依次为消费意识得分升高，也就是说，消费意识由上到下是由传统到前卫。从统计结果可以看出，“内源中产阶级”和“外生中产阶级”在消费意识层面的特征也是不一样的。在消费意识得分分组方面，“内源中产阶级”前两组的比率（25.5%+31.0%）是后两组（8.0%+1.4%）的约 6 倍；而“外生中产阶级”前两组的比率（0.3%+1.4%）是后两组（5.6%+8.8%）的1/8.5。在“过节”问题上，“内源中产阶级”也比“外生中产阶级”更偏向过中国的传统节日。

同样，对于两类中产阶级在消费意识方面的差别，也可通过方差分析来进行进一步的论证（见表 7—7）。

表 7—7　　两类中产阶级消费意识的方差分析表

	平方和	*df*	均方	*F*	Sig.
组间	19.016	1	19.016	0.693	0.045
组内	48 053.559	1 752	27.428		
合计	48 072.575	1 753			

由方差分析表可以看出，将两类中产阶级作为分析的两组，这两组之

间在消费意识得分上存在较为显著的差异（$p=0.045<0.05$），组间的差异同样为两类中产阶级比率上的差异提供了统计学意义上的证明。像在政治态度得分上的表现一样，两类中产阶级在消费意识方面的差异也是存在的，这种差异与中产阶级的类型化区分之间存在相关性，且区分是有意义的。由此，表7—6显示的在消费意识得分方面“内源中产阶级”与“外生中产阶级”的比率不同便有了根据，“内源中产阶级”更多地分布在得分较低的组，“外生中产阶级”更多地分布在得分较高的组，所以其两类之间的得分均值也是不同的。

由上述证明同样可以看出，两类中产阶级在消费意识层面表现的特征也是不同的，“内源中产阶级”的消费意识明显传统于“外生中产阶级”，由此支持了研究假设3，即两类中产阶级在消费行为上的表现具有很大的不同，“内源中产阶级”比“外生中产阶级”更加传统一些。

整体来看，虽然在当代中国，“内源中产阶级”的比率（81.6%）明显高于“外生中产阶级”（18.4%），但是仍然可以看出，在“代际延续性”、“政治意识”和“消费意识”三个方面，两类中产阶级的特征表现是不一样的。这些不同的性格特征必然造就了中国中产阶级不同的社会功能，暗示着中国中产阶级群体并不是一个统一的群体。

第四节 小结

至此，我们按照“社会结构→阶级性格”的逻辑框架以及中产阶级类型化的分析策略，通过以上从理论和经验材料两方面的论证分析，说明了当代中国两类中产阶级的不同的性格特征。也就是说，不同的社会结构背景可能造就不同的中产阶级性格特征，它们的社会功能需要站在不同的时空条件下来进行分析。

我们将研究对象——中国当代的中产阶级——进行“内—外”类型化分析，主要是根据研究目的“结构→功能”而进行的分类，这是一种社会结构变动的分析视角。从这样的研究视角我们可以看出，中国的中产阶级群体其实并不是一个统一的群体，而是存在着结构上的分化，这种分化主要体现在中产阶级的性格特征上。在这个层面上可以说，当代中国的中产阶级仍然是一个差异性群体，很难形成一致的社会行为。

在再分配体制下产生的“内源中产阶级”具有较强的代际延续性，在政治意识和消费意识方面相对保守，这使得他们至少在现阶段很难成为激进社会运动的领衔者；而产生于市场条件下的“外生中产阶级”，由于其产生与形成更具市场经济体制的特征，在政治意识上会较为激进，在消费意识上也会较为前卫。因此，有关当代中国中产阶级社会功能的讨论，应该建立在不同的类型学基础上，而和再分配体制的关系以及由于社会转型过程所导致的不同形成路径，使得当代中国中产阶级实际上是一个非同质性的阶级，其社会功能很可能是不同的。

既然本章提出了两类中产阶级并通过论证说明其不同的性格特征以及不同的社会功能，那么，随着中国社会结构的不断变动，“再分配”与“市场”两种力量的相对优势的变化，这两类中产阶级各自的发展趋势如何？其性格特征是会发生变化——比如说相互转化或是一方向另一方转化？中国中产阶级的社会功能是会趋向西方资本主义体制下的中产阶级功能，还是继续发挥不同的功能？当我们对中国中产阶级的这样一些问题进行探讨和分析时，其实也是在对中国当前的社会经济分化、社会结构变迁的趋势作一个回应。随着改革开放以后的市场经济的发展，中国社会结构、经济结构都发生了巨大的分化。然而本章的分析表明，虽然中产阶级现在在迅速增多，但中国中产阶级的发展仍然表现出较强的路径依赖特征。我们相信，随着中国经济的继续增长和社会结构的转变，中产阶级的社会功能也会发生相应的变化，包括本章所区分的两种类型的中产阶级之间的关系和区别，都有可能发生重大的变化。由此，我们需要更好地认清在中国社会经济变化的趋势下，中国社会阶级结构的变动趋势。对于这些问题，由于本章使用的数据材料有限，不能进一步深入地讨论，这也成为本章遗留的问题，对于这样的问题研究，长时段的历史性的分析是十分必要的。

第八章　中间阶层社会—政治功能的多维分析框架[①]

在当代中国的社会转型过程中，中间阶层的兴起和发展是最为引人注目的现象之一，必将对中国社会未来的发展产生巨大影响。下面我们将就当代中国中间阶层问题的新的意义和相应的分析框架，以及中国中间阶层的政治意识和社会生活特征做出分析。

本章的问题和分析思路是：中间阶层的社会功能特征不是单一的或恒定的，而是基于中间阶层的基本性质随社会环境的变化呈现出多样化的特征。因此，有关中间阶层的社会功能问题研究应转变为：在什么样的社会环境下，中间阶层会彰显出特定的功能特征？

在几乎所有的工业化社会和正在经历工业化的社会中，以专业技术人员和管理人员为代表的中间阶层[②]，其形成和发展是社会结构变革中最引人注目的变化之一。中国社会中间阶层的发育和成长，也成为当代中国最引人注目的结构变革之一。

围绕中间阶层的定义、范围、数量、构成、社会性质、社会功能及社

---

① 本章的主要内容曾发表于《中国人民大学学报》2008年第4期。

② 与本章所使用的“中间阶层”概念相类似的其他概念还有很多，如中产阶级、中间阶级、社会中间层等。相对于专业技术人员和管理人员来说，中间阶层还包括那些传统的自雇佣者，如作为独立经营者个体的农民、小业主、个体户等，他们可被称为“老中间阶层”。“新”、“老”中间阶层的分析可参见［美］赖特·米尔斯：《白领——美国的中产阶级》，第2章，杭州，浙江人民出版社，1987。本章对中间阶层的分析主要是指新中间阶层。同时，在中间阶层的分析中存在着“一元”和“多元”的分歧，即中间阶层内部的同质性和差异性的分歧。前者可参见John Goldthorpe, “On the Service Class, its Information and Future,” in Anthony Giddens, *The Class Structure of the Advanced Societies*, New York: Harper & Row, 1973, Chapter 6；［美］塞缪尔·P·亨廷顿：《第三波——20世纪后期民主化浪潮》，上海，上海三联书店，1998。同时也有很多学者持后一种观点。基于本章所要讨论的基本问题，笔者将把中间阶层看作是一个整体，暂且忽略其内部的差异性。

会影响，一直存在着各种各样的争论。[①]本章集中关注的是中间阶层的社会功能[②]，这是中间阶层分析的核心问题。

在一定意义上，中国社会的中间阶层正处在一个快速形成的过程中。因此，本章力图借助于一些典型的国家（地区）个案[③]，从中间阶层的基本性质和社会环境条件等变量入手，采用“理想类型”的方法，建立一个具有前瞻性的关于中间阶层社会功能的分析性框架。笔者充分了解有关这一问题在理论争论和现实状况中的复杂性，认为这种分析方法和所建立的概念模型也许有助于我们看到基本的变化模式，而不致深陷纷繁复杂的现实或具体的争论而丧失了分析的基本线索。

第一节　中间阶层的社会功能

中间阶层的社会功能，彰显出多种多样而非单一性的特征。

一些研究认为，中间阶层是一个相对保守的阶层，因而它具有“稳定剂”或“缓冲器”的社会功能。最为典型的是米尔斯的所谓“政治后卫”与“消费前卫”概念，其他许多学者虽然在具体论述中存在一些差异，但大多支持中间阶层具有缓和社会矛盾、促进社会稳定的社会功能的观点。在西方工业化国家19世纪末到20世纪中叶所发生的结构变革中，可以看到中间阶层的这种保守性特征和稳定性功能。

---

① 有关中国社会中间阶层的分析和讨论，可参见张宛丽：《对现阶段中国社会中间阶层的初步研究》，载《江苏社会科学》，2002（4）；李春玲：《断裂与碎片：当代中国社会阶层分化实证分析》，第9章，北京，社会科学文献出版社，2005；李正东：《关于当前中产阶层研究的几个思考》，载《天府新论》，2004（1）；周晓虹：《中国中产阶层调查》，北京，社会科学文献出版社，2005；李友梅：《社会结构中的“白领”及其社会功能——以20世纪90年代以来的上海为例》，载《社会学研究》，2005（6）等众多研究，这里不再一一列举。

② 本章所谓“中间阶层的社会功能”一词，是指中间阶层的行为取向、社会特征及其对社会的影响或者社会作用。中间阶层的社会功能是多方面的，如社会政治、文化、消费等层面，其特征和表现也各不相同。本章的分析主要集中于中间阶层的社会—政治功能。

③ 这些个案包括韩国、中国台湾、巴西、印度等。笔者认为它们对于讨论中间阶层的社会功能而言是典型的国家（地区），尽管其他国家的情况与这些典型个案有所不同，但作为新兴工业化国家（地区），它们具有很强的代表性。

但是，在其他一些国家或地区，中间阶层彰显出与保守性或稳定性完全不同的社会功能特征，即它们成为激进社会变革的重要力量。①特别是在那些新兴工业化国家或地区中，最积极的政治变革力量来自中间阶层。② 人们对于中间阶层的这种激进取向一般给予两种解释：或者是文化和意识形态的解释，例如，中间阶层因其有相对较高的教育水准，因而具有较强的自我意识和自由意识，追求私人领域和公民权利，具有更高的参与意识等；或者是一种可称之为“市场的解释”，即新兴工业化国家基本上都是市场经济的国家或地区，经济发展意味着市场的发展，而市场交易是基于独立的个人或集团的权利，因此是与自由联系在一起的，在这个过程中发展起来的中间阶层总是会积极推动基于自由的变革。③ 但是，上述文化解释或市场解释都无法合理地解释中间阶层所彰显出来的第三种社会功能特征，即“依附性”，以及中间阶层社会功能的转换。

“依附”是指在社会结构的意义上，中间阶层作为一相对独立的阶层或群体存在，但是，它们没有相对独立的作用和行为，而是依附于某一个社会阶层或利益集团，特别是某种威权主义的政体。④

不仅中间阶层的社会功能存在上述三种特征，而且三种特征之间可以相互转化。在文化或者市场既定的情境下，中间阶层的社会功能特征却可能发生很大变化，例如，亨廷顿曾经指出，首批出现的中产阶级是最革命的，随着中产阶级的发展就会变得保守。⑤

---

① 有必要对中间阶层的“激进”特征做进一步分析。早期的研究者看到了工业化国家中间阶层与“新社会运动”的紧密联系，从而认为中间阶层的发展会表现出激进性特征。但是，在笔者看来，这种激进的特征主要表现为文化意识形态上的激进性或革命，如女权运动、和平运动、民权运动以及环境保护运动等。而人们在新兴工业化社会中讨论的中间阶层的激进性特征，则涉及社会政治秩序的变革。本章是在后一个意义上使用“保守”或“激进”的概念。

② 在20世纪80年代的韩国、中国台湾和巴西，都可以看到中间阶层彰显出的激进特征。

③ 参见［美］詹姆斯·布坎南：《经济自由与联邦主义》，见刘军宁、王焱、贺卫方主编：《经济民主与经济自由》，上海，上海三联书店，1997。

④ 正如人们在20世纪20—30年代的德国、60年代的韩国和中国台湾、60年代末到70年代初的巴西所看到的情景，中间阶层依附于威权主义政权，甚至法西斯主义政权。

⑤ 参见［美］塞缪尔·P·亨廷顿：《第三波——20世纪后期民主化浪潮》，313～314页，上海，上海三联书店，1998。

鉴于中间阶层在现实中所表现出来的不同功能特征，有关中间阶层社会功能的分析就不应该停留在单一维度的分析上，而是应该转变为一种多维度的模式分析，即：探讨在什么样的社会环境条件下，中间阶层会呈现出某种特定的社会功能。这些基本社会环境至少包括如下几个变量：经济发展、政体性质、秩序化程度。这些要素之间不同的关系模式决定了中间阶层所彰显出来的社会功能特征。

这一方向上的努力业已存在。例如，米尔斯早在他的开创性著作《白领——美国的中产阶级》中，就已经讨论了中间阶层在政治方向上的四种可能性。[①] 亨廷顿对于始于 20 世纪 70 年代的民主化浪潮从合法性、经济发展、宗教影响和外部势力等方面给予了解读，但他的分析毕竟集中于一种特定的政治运动，而不是对于一个特定阶层的分析。李友梅在对上海的白领群体进行分析后，提出白领群体的社会功能受着多种因素的制约，包括各种宏观因素（社会结构、历史发展阶段、文化传承、制度环境等）和微观因素（社会心态、社会情绪等）。[②] 而赖静萍则从经济、阶层、社会结构、现实政治和国际因素等方面解读了新加坡中间阶层的特征。[③] 问题在于他们的分析模式化的程度较低，对各因素之间的联系缺乏解释。本章可以看作是这些努力的继续。

第二节　中间阶层的基本性质

中间阶层的社会功能是基于其基本性质在不同社会环境条件下的彰显。因此，讨论中间阶层的社会功能，首先应该从中间阶层的基本性质开始。

中间阶层的基本性质，在很大程度上来自它的产生过程。（新）中间阶

---

① 参见［美］赖特·米尔斯：《白领——美国的中产阶级》，326～327 页，杭州，浙江人民出版社，1987。

② 参见李友梅：《社会结构中的“白领”及其社会功能——以 20 世纪 90 年代以来的上海为例》，载《社会学研究》，2005 (6)。

③ 参见赖静萍：《新加坡的威权政治及其历史走向》，载《南京师大学报（社会科学版）》，2007 (3)。

层因其在科层制组织中的管理职能和所拥有的专业技术知识，在社会中形成了一个独特的群体。顾名思义，中间阶层是处于中间位置的社会群体，他们的社会结构位置处于以大财产所有者为代表的社会上层和以体力劳动者为代表的社会下层之间。中间阶层作为一个社会位置的概念，可以从多种维度进行界定，如收入（财产）、职业、生活方式或消费方式、主观认同、社会关系等。但是，这种社会位置的核心是中间阶层所处的社会关系结构。中间阶层的形成和发展之所以成为社会科学研究的重要主题和社会变迁的重要特征，其根本原因在于它凸显了社会结构的重大变革。

从社会关系结构的视角出发，中间阶层的社会位置有两个基本特征：第一，生产和服务的高度社会化、组织化，以及专业技术在生产和服务中的重要性，导致相应的社会结构位置从过去的两分结构中分化出来，在社会关系的结构中具有了相对独立性，以及利益的相对独立性。无论是从阶层封闭的机制，还是从利益的对立性来看，正是这种位置和利益的相对独立性，构成了在社会等级结构中区分出中间阶层的基础。第二，从社会分层的角度看，社会关系结构的核心之一是社会等级秩序。中间阶层的相对独立性嵌入在过去的两分等级结构中，因而构成了它与上、下层关系的多面性。在中间阶层的研究中，即使是完全不同的理论视角，也都特别强调了中间阶层的这种中间性以及由此产生的多面性特征。例如，赖特曾经以“矛盾阶级位置”的概念描述了它们的矛盾特征，戈德索普曾以自主性和依赖性描述了它们的两面性，普兰查斯则从“新小资产阶级”的概念出发认定：中间阶层与传统的小资产阶级一样，处于无产阶级和资产阶级的冲突之中。[①] 很多中国大陆和中国台湾的学者也指出了新兴工业化国家（地区）

---

① 参见 Wright，E. O.，“The Biography of a Concept：Contradictory Class Locations，” in John Holmwood，eds.，*Social Stratification*，Volume Ⅲ，London：Edward Elgar Publishing Limited，1985，pp. 46－48、80－81；Goldthorpe，J. H.，“On the Service Class，Its Formation and Future，” In Giddens，A. and MacKenzie，G. （Eds），*Social Class and the Division of Labour：Essays in Honour of Ilya Neustadt*，Cambridge：Cambridge University Press，1982；［希腊］尼克斯·普兰查斯：《当代资本主义的阶级》，1976，见何建章等编：《当代社会阶级结构和社会分层问题》，北京，中国社会科学出版社，1990。

中间阶层特征的多样性。[①] 中间阶层的不同功能特征就根植于这种特定的社会位置中。

保守性 在一个存在不平等的社会中，经济、社会、政治或文化的权力、资源与机会，都是在一种等级结构中分配的。这种社会等级秩序之中的中间阶层位置，同样是随着社会等级秩序的分化而形成的，虽然中间阶层主要由受雇佣者组成，其上存在着一个控制、支配、剥削它们的上层阶层，但是，一系列的原因，如一定的组织管理或专业技能的需要，使得他们的雇佣状况，包括工作状况、权力（权威）、收入以及社会声望等各个方面都优于其他的受雇佣者，中间阶层的特定利益也产生在这种等级秩序之中。因而这一位置的占据者往往具有维护等级秩序的特征，因而具有保守性或稳定性特征。

激进性 尽管中间阶层相对独立的位置主要来自经济发展和技术变革，但一个社会的等级结构在本质上是由在这个社会中占统治地位的社会群体所建构的。因此，至少存在着两种可能性：

一是由社会上层所建构的等级结构与中间阶层的相对独立性位置相“协调”，即：虽然中间阶层受到上层阶层的支配、控制甚至剥削，但他们得到的“回报”是相对独立和相对稳定的，他们的特定利益有独特保障且明显不同于社会下层。这时他们的保守特征就突出出来。戈德索普曾经用“服务关系”和“服务阶级”的概念描述并预期了中间阶层的保守特征。[②]

二是上层阶层所建构的等级秩序损害或者威胁到中间阶层的相对独立性。由于中间阶层和上层阶层毕竟分别处于社会等级秩序的不同位置上，二者之间在利益上具有根本的不同，因而中间阶层也内在地具有疏离的取向：当上层阶层主导的秩序损害或威胁到中间阶层的位置和利益时，中间阶层疏离的取向就有可能转化为“反抗”的激进行动。“无产阶级化理论”、

---

① 参见萧新煌：《变迁中台湾社会的中产阶级》，台北，巨流图书公司，1989；何平立：《现实与神话：东亚中产阶级与政治转型》，载《上海大学学报》，2006（3）。

② See Goldthorpe，J. H. ，“On the Service Class，Its Formation and Future，” In Giddens，A. and MacKenzie，G.（Eds），*Social Class and the Division of Labour：Essays in Honour of Ilya Neustadt*，Cambridge：Cambridge University Press，1982.

“新工人阶级理论”等都曾特别强调：这种关系结构在一定程度上决定了中间阶层具有“激进”的潜在特质。①

依附性　“中间阶层”位置的含义之一，是在社会结构的等级秩序中存在一个与之相对的下层阶层。因此，中间阶层的位置和利益不仅取决于和上层阶层的关系，而且取决于和下层阶层的关系。社会等级秩序尽管是由占有优势的上层阶层主导的，但同时也是各个阶层相互斗争或妥协的结果，因而下层阶层对于等级秩序的建构也具有重大影响，有时甚至是根本性的影响。因此，中间阶层与下层阶层的关系同样存在着两种可能性：

一是所谓“联合”，即：相对于上层阶层来说，中间阶层和下层阶层同属于下层，因而有利益上的一致性。当中间阶层的位置和利益受到来自上层阶层的威胁时，他们有可能和下层阶层联合起来维护或争取自己的利益。

二是所谓“排斥”，即：当中间阶层相对独立的位置和利益受到来自社会下层的威胁或损害时，他们不仅会维护既有的等级秩序，而且如果有必要，为了保证他们在社会等级秩序中的位置和利益，甚至有可能接受维持秩序的极端方式，暂时放弃自身的相对独立性，依附于社会上层。值得指出的是，以往很多对中间阶层的分析，更多地关注了中间阶层与上层阶层之间的关系，忽略了中间阶层与下层阶层的关系，结果，不仅忽略了中间阶层的依附性特征，而且将保守性和依附性混为一谈。

中间阶层功能特征的多维性质，不仅源于它们在复杂的社会关系结构中的位置，还来自其自身的发展过程。强调“发展过程”包括两个含义：第一，当中间阶层力量还比较弱小时，意味着社会结构中还不存在需要它发挥作用的足够空间，其自身也不足以抵制可能来自社会上层和下层的威胁，中间阶层会更多地彰显出依附性的特征。第二，随着中间阶层力量的壮大，它生存的社会空间和能力都随之扩大，中间阶层所彰显的特征也就有可能发生变化。

---

① See Wright, E. O., “The Biography of a Concept: Contradictory Class Locations,” in John Holmwood, eds., *Social Stratification*, Volume Ⅲ, London: Edward Elgar Publishing Limited, 1985, pp. 46－48、80－81.

如果上述关于中间阶层的多维性质以及多维特征的分析得以成立的话，那么，接下来的问题是：在什么样的社会环境条件下，中间阶层会有可能彰显出某一特定的功能特征？这是本章在下面要集中讨论的问题。

第三节　社会环境变量及中间阶层社会功能的多维模式

在本章看来，经济发展、政体性质和秩序化程度构成了影响中间阶层社会功能彰显的主要社会环境因素，并且随着其间关系模式的变化，中间阶层所彰显的某一功能特征也会发生改变。

一、经济发展

现代经济发展过程是一个工业化和现代化的过程，是影响中间阶层社会功能的最基本的背景变量。经济发展过程对于中间阶层来说具有三个方面的意义：

首先，无论对早发工业化国家（地区）还是对新兴工业化国家（地区）来说，经济—技术的发展都会导致社会结构的变迁。现代经济发展意味着整个社会的财富增加，以及更加多样化和复杂的职业结构、权力结构和社会结构。随着经济发展过程的更替，每一个社会阶层的相对位置和相互之间的关系，都会随之发生变化，甚至是根本性的变革。例如，贝尔曾最早在经济结构变化的背景下系统揭示了工业化社会职业结构的改变，以及这种改变的革命性意义①；古尔德纳则在同样的背景下讨论了以知识分子为主体的“新阶级”的崛起②。

---

① 参见［美］丹尼尔·贝尔：《后工业社会的来临——对社会预测的一项探索》，北京，新华出版社，1997。

② 参见［美］艾尔文·古尔德纳：《知识分子的未来和新阶级的兴起》，南京，江苏人民出版社，2002。

其次，经济发展意味着中间阶层的形成和发展。经济发展以及增长方式和机制的改变，使得原本一个两分的结构日益转变为“三极化”的结构。相对于在这个过程中不断减少的处于下层位置的阶层来说，伴随经济发展过程，中间阶层由小到大、由弱到强，成为现代社会中成长最快的一个阶层。中间阶层的社会结构位置和社会功能，正是在经济发展过程中日益凸现出来的。在这个意义上，中间阶层得益于并依赖于经济发展过程。

最后，正因为如此，经济发展的迟缓或“中断”将会直接影响中间阶层的生存和利益。

因此，在经济发展的不同阶段，中间阶层有可能彰显出不同的功能特征。

如果单纯地考虑经济发展过程，我们可以将中间阶层所实际彰显出的不同社会功能特征与经济发展直接联系起来。①但是，再没有比把经济因素和社会—政治现象直接联系起来更为简单的社会科学分析了。经济发展无法直接解释不同国家（地区）中间阶层所彰显出的社会功能特征②，一方面，经济发展可以通过不同的方式、在不同的制度结构背景下实现③，另一方面，社会—政治现象，除了受到经济发展的因素影响之外，还会受到其他多方面因素的影响。中间阶层社会功能的多维特征同样如此。

因此，经济变量可以被作为一个基础性的背景变量，为了能够更有效地揭示中间阶层所彰显的不同社会功能特征，有必要引进第二个社会环境变量：在经济发展的背景下，一个国家的政体对于中间阶层所彰显的社会功能具有重要影响。

---

① 例如，在西方工业化社会中可以看到中间阶层的保守特征，在韩国和中国台湾等东亚新兴工业化国家（地区）可以看到中间阶层的激进特征。

② 例如，在巴西等一些拉丁美洲国家中间阶层所表现出来的依附性特征，以及在经济发展水平相差较大的不同国家（地区）中间阶层所彰显出来的共同特征。参见［美］塞缪尔·P·亨廷顿：《第三波——20世纪后期民主化浪潮》，73～74页，上海，上海三联书店，1998。

③ 例如，在西方现代社会，社会经济发展是在民主制度背景下实现的，印度作为一个后发展国家，其经济发展也是在民主制度下实现的，但在韩国、中国的台湾地区，经济发展则是在威权主义制度下实现的，拉丁美洲一些国家的经济发展则经历了民主制度和威权主义制度的变化。

二、政体

政体是国家政权的组织形式。各个国家政体的形式多种多样，为了集中表达本章的分析逻辑，笔者借用政治学家的概念，将纷繁复杂的政体形式理想类型化为“民主政体”和“威权政体”两种基本类型。[①]我们可以在经济发展的背景下，分别考虑两种政体的影响或意义。

民主政体是一种制度安排。[②] 在民主政体下，权力结构及其等级秩序是通过公民及其（利益）组织公开、合法、有序的竞争来建构的，因此，政体对于社会结构具有较高程度的响应性，即：政体对于社会状况的变化做出相应的反应，制度安排相应发生变化。

在民主政体下，一个社会的经济从不发达走向较为发达、从较为发达走向高度发达，与之相应的中间阶层的发展与民主政体的权力结构较少发生根本性冲突，原因不仅在于中间阶层是在这一政体下的权力结构及等级秩序中形成和发展起来的，而且在于这种制度安排也是中间阶层发展壮大后维护和追求自己相对独立性和利益的基础。在这样的权力结构和等级秩序下，虽然在中间阶层上面还存在一个上层阶层，但是，其相对独立性在相应制度安排中是有保证的，其特定利益是可以预期的，并且可以将这种社会位置在代际之间延续下去。即使出现了经济增长的迟缓，其基本制度安排仍然会保持下来。因此中间阶层更有可能成为米尔斯所说的“政治后卫”，其他一些概念，如“稳定剂”、“缓冲器”等，都适用于描述这种政体条件下中间阶层的社会功能特征。

---

① 林茨曾系统讨论了“民主政体”、“威权政体”（authoritarian regime）和“极权政体”（totalitarian regime）三种基本的政体类型，参见 Juna Linz，“Totalitarian and Authoritarian Regimes,” in Fred I. Greenstein and Nelson W. Polsby，eds.，*Macropolitical Theory*，*in Handbook of Political Science*，Reading，Mass：Addison-Wesley，1975，p. 175。后人又在此基础上发展出众多的亚类型，如“软威权政体”、“后威权政体”等。本章借鉴亨廷顿的做法，用“威权政体”来指称所有和“民主政体”相对的政体形式，参见［美］塞缪尔·P·亨廷顿：《第三波——20 世纪后期民主化浪潮》，11 页，上海，上海三联书店，1998。

② 参见［美］约瑟夫·熊彼特：《资本主义、社会主义与民主》，395 页，北京，商务印书馆，1999。

在威权政体中，虽然权力结构存在有限的竞争，社会拥有一定的自由，但是，国家保持着对社会较高程度的影响和干预，在很大程度上控制着各种社会组织、社会资源和社会机会。威权政体也能够实现经济发展，特别是对于后发国家（地区）来说，威权政体甚至对于推动经济转型和高速增长具有特殊意义。中间阶层也会随着经济发展的过程逐渐形成、发展和壮大，但是，经济发展的不同阶段对于中间阶层社会功能的彰显则有着特别重要的意义。

在经济发展的前期阶段，伴随现代经济的增长，中间阶层将随着经济发展的过程而逐渐发育和成长。在这一阶段，我们会看到中间阶层在总体上对于威权政体的依附性特征，这主要是因为其发育、成长都依赖并得益于威权政体主导的经济起飞和增长过程。在这一阶段，中间阶层的社会空间受到很大限制。但是，这种依附性将随经济发展而变化。当经济发展达到一定阶段①，威权政体和中间阶层二者之间的关系模式就有可能发生变化。因为现代经济发展过程意味着：第一，新的、更加多样化、复杂和互赖的经济体系；第二，新的财富和权力来源②；第三，中间阶层规模的急剧扩大。由此，尽管中间阶层在经济发展的初期依附于威权政体，但是，其社会空间不断扩展，相对独立性和利益日益凸显。

所有这些变化都有可能导致与威权政体的矛盾和冲突：一方面，威权政体对于多样化的经济体系越来越难以驾驭和进行干预；另一方面，威权政体就其本质来说，始终像一把达摩克利斯剑，随时有可能威胁到中间阶层相对独立的地位和利益。这时，威权政体自身的性质导致它有可能从中

---

① 亨廷顿曾经讨论了经济发展阶段与民主化的关系。他的资料显示，在 20 世纪 70 年代中期，人均 GDP 在 1 000～3 000 美元之间的国家（地区），更有可能发生民主化的浪潮。但是，有两点是值得特别注意的：第一，人均 GDP 的水平不是绝对的，实际上在那个时期发生变革的国家（地区）中，人均 GDP 的差距是十分巨大的，可从 300 美元左右到 3 000 美元左右。因此，第二，威权政权的可行性似乎更是其社会性质的函数，而不是其政权性质的函数。参见［美］塞缪尔·P·亨廷顿：《第三波——20 世纪后期民主化浪潮》，73～74 页，上海，上海三联书店，1998。但是，经济发展毕竟提供了变革的基础，经济发展的绝对水平可能是无意义的，经济发展的过程和所带来的变化更为重要。

② 参见［美］塞缪尔·P·亨廷顿：《第三波——20 世纪后期民主化浪潮》，4、75 页，上海，上海三联书店，1998。

间阶层依附的对象转变为威胁的可能来源之一。中间阶层的“激进”的反体制特征及其社会功能就有可能开始彰显。[①]同时，如果在威权体制下出现经济增长的迟缓甚至“中断”，其体制的合法性就将随之受到极大损害。因此，在威权政体下，经济发展会导致中间阶层所彰显的社会功能经历一个从依附到激进的转变过程。[②]

三、秩序（制度化）

可以将“秩序”理解为社会行动单位互动关系和行为的模式化，或者在共同价值和规范框架内的社会互动模式。在一定意义上，社会秩序是以制度来标识的，即：一个社会的制度化水平越高，一个社会就表现得越有秩序。因此，制度化是社会秩序形成的基本过程。秩序的对立面是无政府状态。如果说秩序是和社会的“稳定”联系在一起的，无政府状态就是和社会的“混乱”联系在一起的。

社会秩序表现在社会的各个方面和各个层次。从社会分层的角度看，等级秩序（包括分层秩序，或者阶级秩序、阶层秩序）是社会秩序的基本

① 我们在韩国、中国台湾地区可以看到典型的转变。韩国在朴正熙通过政变建立威权政府时，人均国民生产总值仅为 87.71 美元，城市化率为 28%。自 1962 年韩国开始连续实行五年经济发展计划，创造了著名的经济发展的“汉城奇迹”，1962—1966 年国民生产总值年均增长率为 8.3%，1966—1971 年达到 11.4%，1987 年经济增长率高达 13%。至 80 年代已成为国际公认的“新兴工业化国家”。1987 年，国民生产总值达到 1 180 亿美元，为 1962 年的 41 倍，居世界第 15 位，人均 GDP 达到 3 360 美元，1980 年城市化水平达到 57.3%。80 年代初，韩国经济开始由政府主导的宏观调控式发展向“民间主导”的经济体制过渡。从 70 年代开始，反体制运动逐渐复苏，80 年代不断高涨，1987 年爆发著名的“和平大行进”，最终导致长达 32 年的威权政体解体。参见曹中屏、张琏瑰等编著：《当代韩国史（1945—2000）》，第 5 章，第 6 章，天津，南开大学出版社，2005；［韩］金都姬：《韩国解放 50 年政治简史及其意义》，载《当代韩国》，1995（5）；黄俊尧、金基福：《市民社会兴起下的韩国政治变迁》，载《学术中国》，2004－07－07，http：//www.gongfa.com/hanguoxianzheng.htm，2008－02－06。

② 当然，并不是说在经济不发展的背景下，中间阶层不会彰显某种“激进性”特征。事实告诉我们，在经济发展的任何阶段，中间阶层都有可能形成这种特征。这不仅是因为中间阶层内部包括了不同的组成部分，例如知识分子群体会更多地受到意识形态的作用影响（本章在下面要讨论意识形态的影响作用），而且还因为其他制度条件的影响。我们在一些后发国家（地区）的经济起飞阶段，甚至经济起飞之前，也看到了很多这样的实例，例如，20 世纪 50—60 年代韩国和中国台湾地区的民主化运动等。但是，作为一个阶层的普遍性特征，在社会转型中发挥不可替代的影响作用，则更多地表现在经济发展的较高阶段。经济发展水平低下限制了相对独立财富和权力的来源以及受教育程度的增长。

内容之一。正如前述已经指出的，中间阶层的地位、特征和功能就是建立在社会的等级秩序之上的。等级秩序是中间阶层地位的基础。

本章在这里关注的是秩序或制度化的水平而不是秩序形成的过程。

之所以将“秩序”作为一个相对政体的独立变量，是因为对于社会的秩序来说，虽然政体是影响秩序的重要因素，但并不是最重要或唯一重要的因素。从秩序的本质看，建立社会秩序的最基本机制在于制度化的过程，而秩序的维持主要取决于国家的能力。也就是说，无论是在威权政体还是在民主政体下，秩序和混乱都是可能存在的社会状态。

在社会有秩序的状态下，中间阶层有可能表现出保守或激进的特征，这主要取决于经济发展和政体的性质，此点在前面已有所讨论。这里需要补充说明的是，在经济发展的基础上，威权政体下中间阶层从依附转向激进的过程，在一定程度上伴随着对秩序的破坏，如大规模的示威游行等。但是，由中间阶层所主导[①]的激进运动是一种低度混乱的运动，中间阶层的地位特征决定了他们不会进行一个彻底打破社会秩序的运动，而是希望构建一个能够更好地保护自身地位和利益的社会权力结构。因此，这种激进运动不是等级秩序的颠覆，而是政体的变革或权力结构的变革。这种“变革”通常是一个伴随合作、妥协、低度暴力的过程。[②]

社会无秩序则有可能威胁到社会等级秩序和经济增长过程。从统治的角度来说，无秩序意味着国家统治的衰落；从经济的角度看，相互依赖的现代经济不可能在混乱的秩序中维持增长；从社会的角度看，无秩序意味着整个社会缺乏共享的核心价值观和权威的行为规范；当社会冲突发生时，社会成员和各种社会力量对于解决冲突的合法性和权威性没有认同，也没有具有合法性的政治法律制度和权威人物作为仲裁人。“混乱”是对任何秩序包括等级秩序的破坏。

当无秩序状态有可能威胁到社会等级秩序和经济发展，而中间阶层又

---

① 这里所谓“主导”是指引领或领导，并非是指中间阶层是激进运动的全部力量。

② 参见［美］塞缪尔·P·亨廷顿：《第三波——20世纪后期民主化浪潮》，233页，上海，上海三联书店，1998。

不足以主导社会秩序时，它就有可能彰显出“依附性”的特征：中间阶层为了保护自己的利益和地位，会表现出强烈的恢复秩序的倾向，甚至不惜依附于极端的威权主义，以期借助于威权主义国家恢复社会秩序，并进一步推动经济发展以及自身的发展。这种依附不同于工业化或现代化前期的那种依附性成长，而是由无秩序或低度制度化的秩序（即使是民主制度①）转向有秩序的威权主义。② 在意识形态的意义上，相对于民主政体来说，我们可以将其称为一种“反动”。

四、中间阶层社会功能的多维模式

以上从中间阶层基本性质的分析出发，分别讨论了三个社会环境变量对于中间阶层社会功能的影响，以及中间阶层社会功能特征彰显的模式。我们的基本结论是：

中间阶层特定的社会结构位置蕴涵着社会功能特征的多种可能性。

经济发展是一个基本的背景变量，没有现代经济发展，在一定意义上

① 民主政体涉及两个基本维度，即：竞争和参与。而“制度化是组织和程序借以取得稳定性和重要性的过程”。如果竞争和参与与制度化之间是一种反比关系的话，则结果是政治不稳定或无秩序。参见［美］塞缪尔·P·亨廷顿：《第三波——20世纪后期民主化浪潮》，14、60页，上海，上海三联书店，1998。

② 我们可以在20世纪60—70年代的拉丁美洲看到中间阶层这种特征的彰显，巴西是一个典型。1945—1964年，巴西经历了一个长达20年的民主化时期。1950—1964年，巴西经历了一个迅速城市化和工业化的巨大变革时期。1957—1961年，巴西国民生产总值以平均每年7%的速度增长，巴西国民生产总值的人均增长值接近拉丁美洲其他国家的3倍。但是，这种民主化的过程基于拉丁美洲国家自己的国情、社会结构和历史，形成了一种带有特殊色彩的拉丁美洲“民众主义”(populism)，即：各种社会集团的政治参与急剧增加，在不同利益的竞争和斗争中，各个政党为了获胜，直接动员民众积极参与国家政治活动，导致大规模的工人农民运动迅速兴起，并且具有越来越大的影响，与此同时，各种社会力量对于解决冲突的合法性和权威性没有共同的意见，也没有政治制度和有权威的合法政治领袖作为仲裁人。1963年当经济发展遇到困难，且各种社会运动的激进倾向不断增长时，整个社会和国家陷入高度的动员且无序的状态中。当这种无秩序的参与威胁到社会的基本结构和中间阶层生存的基本秩序，特别是来自社会下层的威胁日益明显时，中间阶层保持或重建秩序的愿望成为主导的行为取向，支持军人发动军事政变，建立威权政府，实行高压统治以重建秩序，为经济发展提供了稳定的社会基础，由此形成了著名的“巴西经济奇迹”。1969—1973年，巴西GNP年平均增长11.2%，1973年更是达到13%（参见［巴西］博勒斯·福斯托：《巴西简明史》，北京，社会科学文献出版社，2006；苏振兴主编：《拉美国家现代化进程研究》，北京，社会科学文献出版社，2006）。1974年，当时的印度总理英迪拉·甘地在印度实行“紧急状态法”，我们也可以看到印度中间阶层彰显出类似的特征。

就没有所谓（新）中间阶层的问题，现代经济发展造就了中间阶层。伴随经济发展而成长起来的中间阶层彰显出什么样的社会功能，取决于经济发展背景下的政体性质和社会的秩序化程度。

在民主政体下，伴随经济发展而成长起来的中间阶层，一方面从经济发展中获益，另一方面该政体类型在一定程度上保证了中间阶层赖以生存的等级秩序和权力结构。中间阶层因而彰显出保守的社会功能特征。

在威权政体下，伴随经济发展而成长起来的中间阶层，其社会功能将随着经济发展的不同阶段而有所变化。在经济发展的前期，中间阶层会彰显出依附性的特征。但经济发展达到一定阶段后，经济发展本身和中间阶层扩大导致与威权政体发生冲突，中间阶层会由“依附”转向“激进”，即试图改变威权政体。

中间阶层的本质在于社会等级秩序中的中间位置。因此，“秩序”，特别是等级秩序对于中间阶层来说至关重要。如果社会秩序遭到了威胁或破坏，特别是当社会无秩序严重影响到中间阶层的地位和利益以及经济发展时，即使是在民主政体下，中间阶层恢复秩序、维护利益的强烈取向也将导致它们依附于威权政体。

中间阶层的上述社会功能模式可以见图 8—1：

经济发展	秩序	经济发展 政体 民主政体	威权政体
经济发展	有秩序	“保守”	“依附”到“激进”
	无秩序	“依附”	“依附”或“激进”

图 8—1　中间阶层的社会功能模式

上述模式表达了本章的基本思想，即：中间阶层基于特定的社会结构位置，在不同的社会环境条件下，会表现出不同的社会功能特征，并且在一定条件下其社会功能特征会发生变化，因而它们在社会结构和社会变迁中的意义是不同的。

第四节 进一步的影响变量

如前所述，社会、经济和政治之间的关系是一个非常复杂的关系结构，上述模式仅是在“理想类型”意义上建构起来的模式。这个模式涉及的三个基本变量，能够构成中间阶层不同的生存环境和社会空间，中间阶层的功能特征由此可以得到基本确认，也就是说，它们给出了因这些社会环境变量的变化导致不同中间阶层功能彰显的逻辑，构成了分析中间阶层社会功能的基本模式。

但是，这一基本模式还存在两个缺陷：第一，三个基本变量之间相对关系难以精确化。例如，威权政体下经济发展水平对中间阶层的影响，或者秩序化程度对于经济发展的影响，以及对于中间阶层的影响等，这些变量之间的关系都无法给出精确的界定。应该说，这不是本章能够完成的任务，甚至也许是根本无法完成的任务，因为社会现象和社会过程的复杂程度远远超出了我们的思维能力，本章只能给出一个基本框架。第二，只要研究者对于中间阶层的实际行为表现有更多了解，就会发现即使是在上述基本模式内，中间阶层的社会功能特征也常常无法得到充分的解释，例如，在政体性质和秩序化制度基本相同，但经济发展水平存在较大差距的情况下，中间阶层彰显出类似的社会功能特征。这意味着中间阶层社会功能的彰显还有可能受到其他一些变量的影响，甚至是更为直接的影响。

因此，本章认为深入的讨论和分析是必要的。在笔者看来，有三个变量对于中间阶层社会功能的彰显具有进一步的重要影响，可以引入上述基本模式，即：意识形态、国际环境和中间阶层的同质性。

意识形态 在这里是指一种观念的集合，包括观念、理想、信念、价值观、世界观、宗教、政治哲学、道德观等，它是一种人们用来理解世界的解释性框架，或者通俗地说，是一种观察事务和世界的方法。这样一种意识形态的概念也包括了曼海姆所说的“特定的”和“总体的”两种基本类型[①]，因而是一种广义的意识形态概念，而不仅仅是某种具有政治倾向和选择、为特殊利益集团服务的思想体系。

在上述基本模式框架内，中间阶层的社会功能在一定程度上更直接受到意识形态的影响，即：由于意识形态的作用，包括中间阶层在内，社会成员对生存状况、社会环境、未来趋势乃至利益诉求等，都有可能形成不同的解释性框架，不仅政治意识形态，而且文化传统等都会影响到这种解释性框架的形成，从而影响到中间阶层的行为取向。政治意识形态直接涉及特定社会集团的利益和社会目标，而且往往是相互冲突的利益和社会目标，一种在某一政治意识形态下可以接受的秩序，在另一种政治意识形态下就变得不可接受。而长期形成或沉淀下来的社会观念和道德理念，构成了人们行动的深层结构，在深层次上影响到人们的选择和判断，引领人们的行为。[②]

国际环境　该因素主要是从外部影响的角度考虑中间阶层社会功能的彰显，强调的是中间阶层的功能特征不仅仅是一个国家或社会内部的结果。

---

① 参见［德］卡尔·曼海姆：《意识形态和乌托邦》，73～85 页，北京，华夏出版社，2001。

② 例如，从韩国、中国台湾地区和巴西的经验来看，既不能给定只要经济发展或人均 GDP 达到什么样的水平，在这些国家（地区）中就会出现中间阶层的民主化运动（只能给出一个充满弹性的空间，可参见前面关于经济发展因素的讨论），这些国家（地区）的中间阶层民主化运动也不是一蹴而就的，而是或早或晚多次发生的。其中，意识形态起到了重要作用。按照熊彼特所谓“古典民主理论”（参见［美］约瑟夫·熊彼特：《资本主义、社会主义与民主》，370 页，北京，商务印书馆，1999），民主也是一种意识形态。在 20 世纪 70 年代开始的第三波民主化浪潮中，民主作为一种意识形态在韩国、巴西和中国台湾地区都形成了巨大的影响。巴西在 20 世纪中期由民主政体向威权政体的转变，同拉丁美洲独特的“民众主义”民主体制有密切的关系。再如宗教。在韩国、巴西等国家的转型中我们都可以看到宗教的重要影响，韩国在反威权主义的政治转型前，全国信仰基督教的人口已经占到总人口的四分之一，主要由城市青年、市民和中产阶级构成，汉城的敏东大教堂成为当时著名的异议人士聚会场所，金友焕主教等宗教界领袖在 1987 年改宪斗争的关键时刻，站出来支持反对派直选总统的要求。参见王来法、黄俊尧、金基福：《市民社会兴起下的韩国政治变迁》，载《国际论坛》，2004（1）。还有研究者指出，韩国现代历史上威权主义政体长期存在的原因，除了现代化过程中推动经济发展的需要外，韩国政治文化中重秩序、重等级和要求绝对服从的家长制等传统，都是有利于威权政府生存的社会土壤。参见王来法、黄俊尧、金基福：《市民社会兴起下的韩国政治变迁》，载《国际论坛》，2004（1）。

其实，自工业化和现代化进程在西欧开始起步以来，整个世界就日益紧密地联系在一起，形成了一个相互影响的全球体系。这里的所谓国际环境，包括政治、经济、意识形态以及历史等众多因素，其作用于一个国家或地区的方式从一般的传播到直接的干预等，都会作为重要因素进入到该社会中，从而对该社会的中间阶层产生影响。国际环境可以加速或阻碍一个社会的经济—社会发展程度和方向：当一个社会达到了特定的社会和经济发展水平时，国际环境有可能推动中间阶层的转变；反之，当一个社会的经济和社会发展水平还没有达到一定水平时，国际环境也有可能导致中间阶层做出某种努力。① 有时，国际环境的影响甚至是决定性的，例如，一种意识形态传播到一个社会并为中间阶层的某一部分所接受，会直接影响到该部分成员的行为；外部直接的政治或经济干预也会导致一个社会内部的变化。即使国际环境的影响不是直接的，仅仅是示范效应，也会成为中间阶层功能转变的诱导因素。②

中间阶层的同质性 这一变量涉及中间阶层自身的特征。在上述分析模型中，我们预先设定了作为一个整体的中间阶层的存在。但是，与上层阶层和下层阶层相比较，中间阶层的同质性以及相应的自我认同是一个更为重要的影响变量。也就是说，中间阶层的矛盾性质以及多样化的来源和构成，都使得它表现出更强的异质性特征。在一定意义上，研究者们强调中间阶层的文化意识形态特征，正是对这种异质性特征的反映。

---

① 参见［美］塞缪尔·P·亨廷顿：《第三波——20世纪后期民主化浪潮》，97～112页，上海，上海三联书店，1998。

② 例如，我们可以看到20世纪60年代巴西的中间阶层转向依附威权政体，在很大程度上受到古巴革命以及美国遏制战略的影响，中间阶层对于在古巴所发生的“底层”革命的恐惧，以及对于秩序的担忧，成为他们倒向威权政体的重要因素之一。而20世纪70年代到80年代在很多国家，特别是在像韩国这样的新兴工业化国家所发生的反威权主义的运动，除了经济发展的影响之外，也与美国和欧共体，特别是美国政府全球战略的转变有关，即与美国政府的一系列相关外交活动、经济和政治干预以及意识形态的推行有密切关系。参见［美］塞缪尔·P·亨廷顿：《第三波——20世纪后期民主化浪潮》，97～112页，上海，上海三联书店，1998。同时，正如我们在前面已经指出的那样，在例如韩国、中国台湾和巴西等社会，中间阶层在经济发展的初期就已经表现出某种激进的特征，这种表现无法用经济和社会发展的水平来解释，而更多地受到外部因素和意识形态因素的影响。

正如本章已经指出的那样，上述三个进一步的影响变量，也只是在“理想类型”中得到了讨论。当我们越接近一个具体的社会或过程时，就越有可能看到更多的影响因素，它们之间的相互关系也就越复杂。[①]

第五节　当代中国社会中间阶层社会功能的影响因素

上述分析是借助于几个典型国家（地区）个案，以“理想类型”的方法，建构了中间阶层的社会功能模式。笔者想要强调指出的是，如果将分析的目光转向当代中国社会，将上述“理想类型”模式运用于分析转型期中国社会“新中间阶层”的社会功能的具体研究时，必须考虑到相对更为特定的影响因素，遭遇“复杂性”的挑战。由于受本章分析目标所限，在这里无法对中国社会的中间阶层社会功能进行深入全面的分析，笔者只能从前面所建立的分析模式出发，遵循同样的分析逻辑进行一个简要的讨论。

众所周知，当代中国社会不仅是一个处于经济高速发展的现代化转型过程中的社会，而且是一个正在经历渐进式制度转型的社会，即由高度中央集权的计划经济体制向社会主义市场经济体制的转型。如果说现代化转型具有更为普遍的特征的话，渐进式的制度转型则会带来更为特殊的影响。这些影响可以从三个方面来考虑。

制度结构　高度集中的“再分配体制”构成了转型社会的起点。在以中央计划经济体制为核心的制度基础上，中国社会结构的下述特点对于分

---

① 例如，中间阶层的社会来源：不同的社会来源会将自身特征带入中间阶层，而社会来源的模式又受到工业化过程和社会转型过程的影响。再如，形成过程的差异：渐进形成和高速增长形成的过程会导致在前一过程中形成的中间阶层带有更多的同质性，而在后一过程中形成的中间阶层可能带有更多的异质性。同时，需要指出的是，用上述“理想类型”模式分析中间阶层社会功能时，存在着一个不应忽视的个案，即新加坡。新加坡在威权政体下经历了高速的经济发展，中间阶层正在崛起，但在新加坡没有出现强有力的激进中间阶层运动，从而成为在上述模式之外的一个特例。有研究从新加坡社会的一些特殊因素角度解释了这种状况，如自然地理、种族、历史文化、经济发展、现代政治发展和国际环境等特殊因素的影响。参见赖静萍：《新加坡的威权政治及其历史走向》，载《南京师大学报（社会科学版）》，2007（3）。笔者没有能够给出一个更具普遍性的理论解释，还需要留待后续的研究。

析中间阶层的社会功能具有特别的意义。第一，高度集中的政治和经济体制控制了大部分的社会资源和社会机会，国家，主要是中央政府通过“再分配体制”将这些资源和机会分配给每一个个人或群体。第二，与之相应的城镇社会中的典型组织形式是“单位体制”，几乎所有的社会成员都被组织到了一个个“单位”之中，“单位”构成了中国城镇社会基本的组织制度。① 第三，制度化的身份“隔离”和行政化的普遍化，几乎覆盖了城乡的每一个角落，形成了一个所谓的“总体性社会”。②尽管在社会主义建设时期逐渐形成了类似于中间阶层的职业群体，即专业技术人员和管理人员群体③，但是在这种特定的制度结构下，他们生存的社会结构空间和与其他群体之间的关系都完全不同于其他类型的社会。

转型过程 中国的制度转型过程是一个渐进式的过程。这一过程是由国家推动和主导的，采取改良方式分阶段、分领域逐步推进，并且在制度转型过程中实现了持续高速的经济发展，因而表现出相对更强的对于传统体制的路径依赖特征。尽管大量新的结构要素和关系已经进入到社会结构的体系之中，给中国社会带来了极大改变，但原有的体制要素仍然在社会中占据相当重要的地位，发挥重要的影响作用。

现代化过程 伴随改革开放的，是中国社会迅速的经济增长或工业化、现代化过程。当代中国几乎是世界上唯一一个维持了近30年经济高速增长的社会。随着体制改革和高速的现代化过程，中国社会结构，特别是职业结构发生了巨大的转变，其中一个主要的标志是中间阶层的迅速扩大和成长。因此，迅速的经济增长过程一方面催生了中间阶层的发展，另一方面

---

① 参见 Ivan Szeleny, “Social Inequalities in State Socialist Redistributive Economies,” *International Journal of Comparative Sociology*. 1978, Vol. 19, No. 1-2；路风：《单位：一种特殊的社会组织形式》，载《中国社会科学》，1989 (1)；李路路、王奋宇：《现代化进程中的中国社会结构及其变革》，杭州，浙江人民出版社，1992；李汉林：《中国单位现象与城市社区的整合机制》，载《社会学研究》，1993 (5)。

② 例如，干部、“城里人”和农民的隔离，“政企合一”、“政社合一”的制度等。

③ 可参见帕金的分析，他认为随着社会主义进入了建设时期，由于经济和技术发展的需要，在社会主义社会中逐渐形成了一个类似于市场经济社会中的中产阶级。See Frank Parkin, “Class Stratification in Socialist Societies,” *The British Journal of Sociology*, 1969, Vol. XX, No. 4, pp. 355-374.

也造成了中间阶层异质性的增强。

原有制度结构和转型过程的特殊性，以及迅速的工业化和现代化过程，对当代中国中间阶层的社会来源及构成、形成、行为取向和社会功能都将产生直接影响，构成了分析中国中间阶层的基础。[①] 转型社会，特别是转型中的中国社会，势必会提供中间阶层分析的新的环境性变量。

以上关于中间阶层社会功能的分析，实际上分为了三个层次。笔者力图首先建立一个基本的理想类型模式，然后以此为基础逐渐向丰富复杂的现实层面推进。现实社会是如此丰富复杂，中国社会是如此丰富复杂，以至于任何理论模式都不可能概括全部的现实，都是从某一角度对现实一定程度的抽象。中间阶层的分析也是如此。本章所做的努力如果能够引起更多的关注和讨论，就达到了笔者的目的。从笔者的分析逻辑出发，正如前述所指出的那样，有关中间阶层的任何一种单一的功能特征，在国内外的文献中都有或多或少的讨论，因此，在我们转向关注转型期中国的中间阶层时，分析的重点应该是更多地关注在中国特定的经济发展水平和制度结构及其转型过程中，中国中间阶层的性质（社会结构位置等）具有哪些特殊性，哪些社会环境变量直接或间接影响了中间阶层的社会功能彰显。

---

① 参见周晓虹：《全球中产阶级报告》，北京，社会科学文献出版社，2005；周晓虹主编：《中国中产阶层调查》，北京，社会科学文献出版社，2005；李强：《市场转型与中国中间阶层的代际更替》，载《战略与管理》，1999（3）；李强：《农民工与中国社会分层》，北京，社会科学文献出版社，2004；李路路、李升：《“殊途异类”：当代中国城镇中产阶级的类型化分析》，载《社会学研究》，2007（6）。

第九章　当代中国中间阶层的社会存在：阶层认知与政治意识[①]

本章借助 CGSS 2003 数据，以确认当代中国中间阶层的阶层认知与政治意识状况为目的，从阶层认知、政治意识与参与和利益分配等三个方面，揭示中间阶层的阶层认知与政治意识特征。

中间阶层的分析可分成两个方面：首先，中间阶层的“确认”问题，即对当代中国中间阶层的形成和特征进行“确认”，对它的存在状况形成一个基本认识。其次，是“认识”中间阶层的社会功能，特别是社会—政治功能，即中间阶层的崛起和形成对社会的影响。尽管两个问题相互联系在一起，但“确认”中间阶层的社会存在状况是“认识”其社会和政治功能的基础，在一定程度上，中间阶层的社会和政治功能是其特征的逻辑结果。

第一节　分析框架、分析策略和数据说明

对本章分析框架和策略的说明包括两个方面。

一、阶层分类框架

从理论上讲，分析中间阶层的社会存在状况，无论在什么领域进行，基本的前提都是确认中间阶层的相对独立性，即中间阶层彰显出与其他阶层不同的特征，只有确认了和中间阶层相联系的特征，中间阶层的问题才有社会意义，才能进而解释它的社会功能。为了实现这个分析目标，从阶

---

① 本章主要内容曾发表于《社会科学战线》2008 年第 10 期。

级理论的视角出发，一般的策略是依据某种理论分析，建立一个包括中间阶层的阶层分类框架，然后以此为核心，分析中间阶层在社会存在各个领域中的特征。在这个框架中，至少应该存在一个在中间阶层之上的上层阶层，和一个在它之下的社会下层，以及一个自雇佣者阶层①。但是，如果是利用基于个人的问卷调查数据进行分析的话，实际上只有很少的也许可以称之为社会上层阶层的样本，这样的情况在基于此种方法所进行的研究中是正常的。② 因此，只要我们的分析能够满足这样两个条件，其结果就应该是可以接受的：第一，所界定的中间阶层属于能被普遍接受和认可的中间阶层范畴；第二，在用来进行确认测量的指标上，中间阶层能够和其他阶层区分开来。因此，本章的基本阶层分类框架包括了中间阶层、社会下层和自雇佣者阶层。

一方面为了能够更为清晰地揭示出中间阶层的特征或者与其他阶层的区别，另一方面考虑到当代中国中间阶层的形成过程和中间阶层的复杂性，本章在中间阶层之中又区分了上层和下层中间阶层，以便更好地确认中间阶层的存在特征。③在下面的分析中，我们将以三个阶层为基础（其中自雇佣者阶层实际上为“老中间阶层”），并根据分析的需要推进到四分类的框架中。

本章所使用的数据来自中国人民大学社会学系和香港科技大学社会调查中心进行的 2003 年中国综合社会调查（CGSS 2003）的资料，根据本章的分析要求，我们共获得有效样本为 3 468 个，具体分类和规模如表 9—1 所示。

---

① 这里的中间阶层主要是指所谓“新中间阶层”，因而与老中间阶层——自雇佣者阶层区分开来。

② See Erikson, R. and Goldthorpe, J. H., *The Constant Flux. A Study of Class Mobility in Industrial Societies*, Oxford: Clarendon Press, 1992, pp. 28 - 63.

③ 当然，社会下层同样也具有复杂性或内部异质性。但由于本章的重点是中间阶层的存在特征，因而忽略了社会下层的异质性，而将其视为一个整体。在本章中，有时出于分析的需要，我们才将上述四阶层做进一步的区分：在下层中间阶层内部，将中层管理人员和专业人员与一般管理人员和专业人员区分开，为了与上、下中间阶层相区别，本章将其称为中上、中中、中下中间阶层；在原来的社会下层中，将监工和技术工人与非技术工人以及下岗失业人员相互区分开来，形成下上社会下层、下中社会下层和下下社会下层三个阶层。

表 9—1 **阶层分类及数量构成**

阶层名称	人员构成	样本数
上层中间阶层	高层管理（行政）人员和高级专业人员	120
下层中间阶层	中、下层管理（行政）人员，中、低级专业人员，办事人员	1 167
社会下层	监工，技术工人，非技术工人，下岗失业人员	1 702
自雇佣者阶层		479
合计		3 468

二、分析领域

以中间阶层在阶层关系结构中的客观位置为基础，其社会存在状况可以从很多方面进行分析。如本章标题所示，本章分析的关注点集中在阶层与政治意识领域，原因很简单，因为这一领域构成了中间阶层崛起问题的核心。

中间阶层的阶层与政治意识分析将从三个方面展开，即：阶层认知、政治意识及参与、利益分配，它们虽然不是中间阶层的阶层与政治意识的全部，但集中代表了中间阶层的阶层与政治意识。①

本章所有的分析，都包括了两个相互联系的方面：第一，在阶层与政治意识领域中是否存在阶层化的特征，或者说中间阶层是否彰显出其特征？第二，这种特征的具体表现是什么？

本章主要使用对应分析（correspondence analysis）方法对相关数据进行分析。

第二节　阶层认知

阶层认知是阶层意识的组成部分，而阶层意识被认为是描述阶层形成

① 需要指出的是，在阶层分析中，客观阶层分析和阶层意识分析虽然是两个相互联系的层面，但二者之间存在很大区别。从客观阶层地位到阶层意识，中间存在众多社会—文化环节，且受到时—空结构的重要影响，并非是简单的决定关系，因而二者不能简单地相互取代。阶层意识的分析揭示阶层形成乃至阶层行动的重要变量之一。尽管本章着眼于阶层意识的分析，但笔者不同意简单地以阶层意识的状况否定客观阶层结构的存在。

的最重要特征之一。

关于阶层意识的论述，最早可以追溯到马克思关于从“自在阶级”（class in itself）向“自为阶级”（class for itself）转化的阐释。在这个过程中，阶级成员明确了自己所处的阶级位置、阶级利益和阶级关系，并为争取自己的阶级利益而行动。可以看出，在马克思的观点中，阶级意识实质上是一种“集体理念”，它为群体所处的客观经济位置所影响。韦伯及随后的一些学者，对阶级意识的研究则更为注重处于不同阶级位置的个人的主观感受和思想方式。在吉登斯的分析中，阶级认识（class awareness）和阶级意识（class consciousness）被区分开来，在这个区分的过程中，阶级意识的操作化变得可能——从个体的心理层面区分自己和他人。[①] 在中国国内的诸多研究中，刘欣区分了阶级意识和阶层意识之间的差别，并将阶层意识这一概念操作化。在他看来，阶级意识类似于马克思阶级理论中的阶级意识，而阶层意识则更多地强调阶级成员的情感、幻想等。他认为阶层意识并非一个集体意识的概念，它所指的是居于一定社会阶层地位的个人对社会不平等状况及其自身所处的社会经济地位的主观意识、评价和感受，所强调的是个体的心理和意识状态；其基础也并非仅仅建立在物质经济利益的基础之上，各种经济、权力、文化、技术资源的不平等分配，都可以成为这种意识的基础。本章在这部分主要从社会成员对于阶层结构的认知角度进行分析性描述。

概念的操作定义包括以下三个相互联系的方面：第一，人们是否有阶层认知，也就是人们是否意识到自己所处的社会存在着不平等的阶层结构？以测量对社会分化的认知。第二，如果存在阶层分化和阶层结构，是否存在相应的阶层认同，或者说人们是否对自己的阶层地位有相应的认知？第三，人们划分和认同社会阶层的主要依据是什么，或者说什么因素对于阶层区分有重要影响？依据这种分析思路，本章分别用阶层认知、阶层地位认同和阶层区分的因素三个指标测量了不同阶层的阶层认知。通常的测量

① 参见李炜：《中国与韩国社会阶级意识的比较研究》，载《社会学研究》，2004（5）。

都只包括了第 1 和第 2 个问题，本章则增加了第 3 个问题，使得阶层认知的测量更为完整。

一、阶层认知

当代中国社会是否存在阶层，当然是阶层认知的基本问题。在调查中我们的问题是："您是否认为，根据一般的家庭综合社会经济地位，社会可以划分为：1. 上层、2. 中上层、3. 中层、4. 中下层、5. 下层等几个阶层?"从下面的饼状图可以看出，绝大部分社会成员认为中国社会是存在着上述五个阶层的（84.66%），这一比例要高于前些年的一些调查[①]，而"说不清"和认为"不存在社会分层"的认知仅仅占到了 6.63%和 8.71%（见图 9—1）。也就是说，在认为目前中国社会是一个存在阶层分化的社会这一点上，不论社会成员的客观阶层位置如何，他们之间不存在差异性。应该说，这样的认识与人们对于当代中国社会的感觉一致。

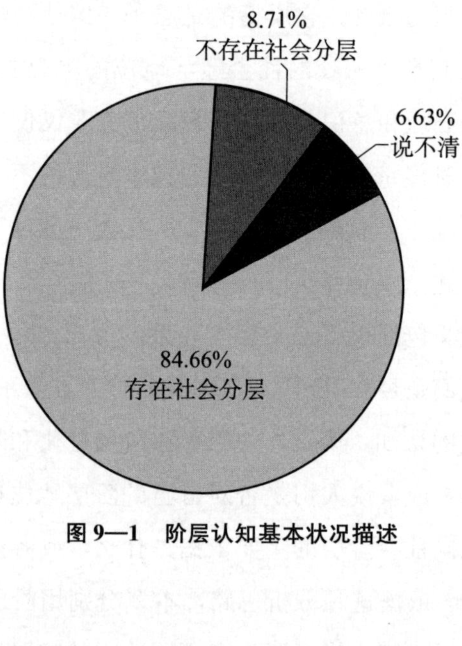

图 9—1　阶层认知基本状况描述

① 参见李炜：《中国与韩国社会阶级意识的比较研究》，载《社会学研究》，2004（5）。武汉市的调查结果显示有 76.8%的居民认为社会存在不同的阶层。

二、阶层地位认同

如果大多数人都认为中国城镇社会存在着阶层分化，那么接着的一个问题就是在客观上已经被我们区分的阶层成员对自身阶层地位的认同或归属，即：相同阶层地位的人是否对于自身的阶层地位形成了共同意识？阶层地位的认同在一定程度上显现出阶层认知成熟与否。

数据分析的结果表明，在三阶层的结构下，不同阶层之间存在明显差别：社会下层倾向于把自己看成“下层”，自雇佣者阶层把自己看成“上层”，二者在阶层地位认同上都表现出明显的阶层特征，但中间阶层则没有表现出显著的阶层特征。将中间阶层区分为上下两层的四分类结构，也没有显现出显著的阶层特征。

如果对阶层结构进行更细致的划分，中间阶层的阶层地位认同就会变得清晰而明确并且这种认同与自身客观阶层地位相对吻合，这一结果与中国国内某些调查的结果有所不同。[①] 具体结果如图 9—2 所示。

从以上结果可以看出，对于社会下层和自雇佣者阶层来说，由于它们明确的社会地位，因而形成了明确的阶层地位认同。但是，中间阶层只有在更为细致的内部差异基础上，才显现出与之相应的地位认同，也就是说，在地位认同上，中间阶层内部异质性的影响要大于它的同质性。这样的结果是可以理解的：虽然大多数人都认为这个社会已经阶层化，但相对于社会下层和自雇佣者阶层来说，中间阶层在急速的社会转型过程中，属于一个正在崛起和形成的阶层，阶层内部显然存在较大的差异，缺乏长时间的共同经历和利益认同。因此，在阶层地位的认同问题上，较粗的阶层分类显现不出阶层特征，只有细化了的阶层结构才能将阶层化的特征显现出来。

---

① 参见李培林：《研究中国当代社会冲突意识的七个发现》，载《理论参考》，2006（5）；李培林、张翼：《中国中间阶层的规模、认同和社会态度》，载《社会》，2008（2）。对于自雇佣者阶层的向上认同，本章没有合理的解释，但这一结果与自雇佣者在阶层区分标准的认知上所表现出的特点类似，即自雇佣者阶层更认同“有产和无产”的区分，并自认为属于“有产者”。

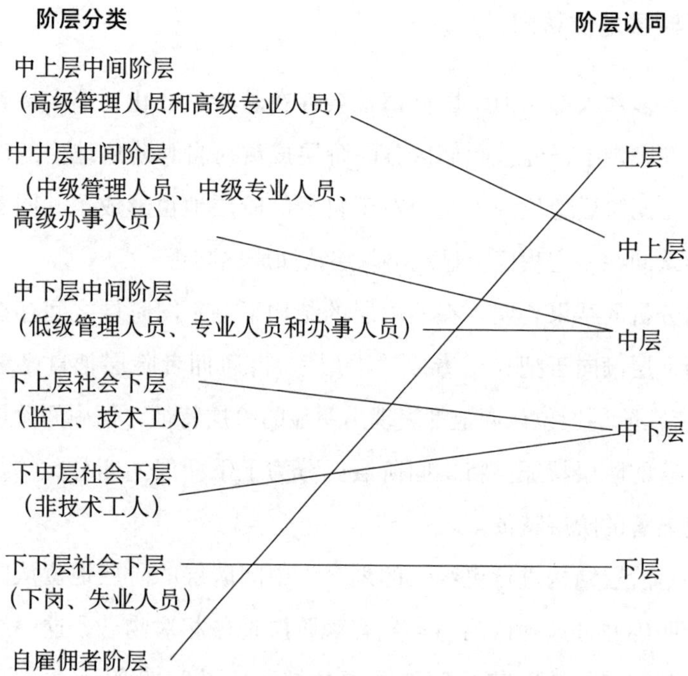

图 9—2　客观阶层地位与阶层认同

三、阶层区分的因素

上述结果表明，社会分层在当代中国社会已经被认为是一种普遍的存在，并已经形成了一定的阶层认同。那么，有关阶层认知的进一步的问题是：阶层区分的因素或原因是什么？不同阶层对于这些区分因素的认知如何？我们根据目前中国社会中经常被人们提到的一些因素，设计了一组具体形象的问题："现在社会上常常将人们划分为下面一些不同的类型，你认为自己属于哪一个群体？"这些维度实际上涉及财富、身份、财产、权力、教育和职业等不同的分层标准。根据对应分析的统计，得到结果如表 9—2 所示。表中右边所列阶层，表示它们与左边区分标准的相关关系。

表 9—2　　分层标准与阶层认同

分层标准	维度	三阶层框架	四分类框架
富人、穷人	富人	—	—
	穷人	社会下层	社会下层
	不清楚	中间阶层	下层中间阶层
	不相关	自雇佣者阶层	上层中间阶层，自雇佣者阶层
干部、群众	干部	—	上层中间阶层
	群众	社会下层、自雇佣者阶层	社会下层、自雇佣者阶层
	不清楚	中间阶层	下层中间阶层
	不相关		
有产、无产	有产	—	—
	无产	社会下层	社会下层
	不清楚	—	—
	不相关	中间阶层、自雇佣者阶层	上层、下层中间阶层，自雇佣者阶层
管理、被管理	管理	中间阶层	上层中间阶层
	被管理	社会下层	社会下层
	不清楚	自雇佣者阶层	自雇佣者阶层
	不相关		下层中间阶层
高、低学历	高学历	—	上层中间阶层
	低学历	社会下层、自雇佣者阶层	社会下层、自雇佣者阶层
	不清楚	中间阶层	下层中间阶层
	不相关		
白领、工人	白领	—	上层中间阶层
	工人	社会下层	社会下层
	不清楚	自雇佣者阶层（弱相关）	自雇佣者阶层
	不相关	中间阶层	下层中间阶层

根据上述结果我们可以看出：

第一，以三阶层框架为基础，在所有的维度上，社会下层都具有明显的阶层认知特征，和新老中间阶层都有显著区别，并且在所有的维度上都认为自己处于劣势地位。也就是说，在他们看来，无论用什么标准进行区分，他们都属于社会下层。

第二，在三阶层框架下，中间阶层除了在“管理者”的认知上表现出显著的阶层特征外，在其他维度上都没有表现出阶层特征。“管理”的概念既带有权力意义，又带有职业的内涵，这一特点基本上符合人们对于中间阶层的一般界定（非体力劳动者），是正在形成过程中的中间阶层对自身共同特征的某种认同。而在“富人、穷人”、“干部、群众”和“学历”这样的标准上，他们的选择也仍然带有显著的阶层特征，只不过他们不清楚这样的标准是否构成了阶层区分的因素。真正比较分散的选择表现在“有产、无产”和“白领、工人”标准上。在我们看来，以上的认知结果正是转型过程中复杂情况的反映，多种因素对于中间阶层地位的获得都具有影响力，很多中间阶层成员对此类因素的认知表现得“迷茫”或分散。

如果将中间阶层做进一步区分的话，可以得到阶层区分认知的更多信息。

对于上层中间阶层来说，他们并不认同（或者不愿意认同）“穷人、富人”和“有产、无产”这类物质化的区分标准，而更认同“干部”、“管理者”、“白领”这样的身份、权力、职业标准和“高学历”这样的人力资本标准，在这些维度的认知上他们表现出显著的阶层特征。而下层中间阶层在所有的维度上都没有表现出阶层的特征，或者“不清楚”，或者认知较为分散，即他们对于自身地位的基础没有明确的认知或意识。下层中间阶层之所以如此，一个很重要的原因可能是他们和社会下层更为接近、相互之间存在更多的流动，一个急速发展和转型的社会使得这些特点更为突出，造成了他们的“迷茫”和分散。

第三，作为所谓“老中间阶层”的自雇佣者阶层，在身份和人力资本维度上，他们明确显示出自己的劣势群体认知；在与之相关的“富人、穷人”和“有产、无产”的维度上，则表现出分散的认知。

由上面的数据和分析可以看出，尽管大多数社会成员都认为中国社会已经阶层化，但显然社会下层的阶层化意识和社会位置的认知表现得更为明显。而中间阶层特别是下层中间阶层在分层标准上则没有明显的阶层化特征，不清楚自己的“根”在哪里；上层中间阶层由于相对较高的社会位置，与其他阶层存在较大的地位差别，在一些分层维度上表现出较强的阶层特征。

从阶层结构的认知，到阶层地位的认同，再到阶层区分的认知，即是一个阶层意识逐渐深化的过程，同时也可以看到在现实中阶层意识逐渐

“模糊”的进程，也许这就是当代中国社会复杂的转型过程和阶层形成过程的真实反映。

第三节　政治意识及参与

众所周知，关注中间阶层，在很大程度上是基于关注中间阶层的社会—政治功能，对于处在转型时期的中国社会来说，更是如此。前述阶层认知的测量属于相对抽象的测量，而通过政治意识及参与的指标，不仅可将阶层化的分析深入一步，而且也是确认中间阶层形成和判定其社会—政治功能的重要方面。我们设计了一组相互关联的问题，测量了中间阶层的政治意识状况。

一、民主政治意识

民主政治的意识或理念，应该是现代政治意识中最重要的部分。

（一）什么是民主？

首先的问题是：什么是民主？特别是对于经历了体制转型的中国社会来说，“民主意味着什么”反映了最基本的政治理念。调查中设计了一个形象的问题：“你是否同意‘民主就是政府为民做主’这样的说法？”我们希望使用这种通俗的说法对不同阶层的民主理念进行测量，以确认中间阶层的存在特征，而不是分析民主的学术概念。对应分析结果如图 9—3 所示。

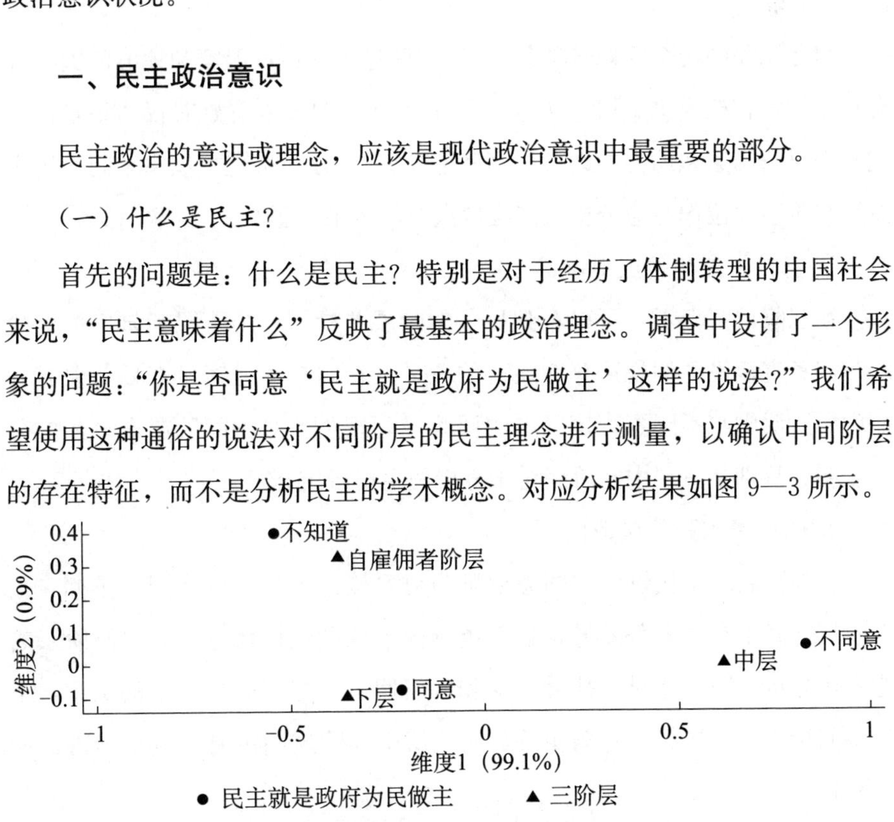

图 9—3　民主概念与阶层地位

三个阶层对于“民主就是政府为民做主”这一说法给出了不同的回答，显示出明显的阶层特征。社会下层更倾向于认同这一说法，而中间阶层并不同意这种说法，自雇佣者阶层没有明确的态度。进一步的分析表明，中间阶层中主要是下层中间阶层不认同这种说法，而上层中间阶层没有表现出明显的特征。对“什么是民主”的不同看法，彰显出中间阶层在基本政治理念上已经开始有了独特的意识。但在后面的分析中可以看到，这种政治意识又是复杂和多面向的。

（二）直接和间接民主

在有关民主的讨论中，直接民主和间接民主（或代议民主）可以说是两种不同的有关民主权利表达的理念和相应的制度形式。前者更强调权利的直接表达，后者更强调制度化的程序。现代国家多实行的是间接民主的制度形式。

与此相关的两个问题选项是：(1)“只有老百姓对国家和地方的大事都有直接的发言权或决定权，才算民主”；(2)“如果老百姓有权选举自己的代表去讨论国家和地方的大事，也算是民主”。分别将直接民主和间接民主意识与阶层地位作对应分析，二维散点图的结果如图 9—4 所示。

1. 直接民主与阶层地位

在三阶层框架下，可以看到显著的阶层差异：社会下层和自雇佣者阶层与同意直接民主的说法存在显著的关系（它们二者之间没有显著差异），而中间阶层则与不同意直接民主的回答显著相关。对中间阶层进一步的分析表明，特别是下层中间阶层对于直接民主持否定态度。

2. 间接民主和阶层地位

不同阶层对于代议民主的态度则与对直接民主的态度有明显不同：三个阶层之间不存在显著差异，且都更倾向于认同代议民主。对中间阶层的进一步分析表明，相对于社会下层和自雇佣者阶层与间接民主的关系，下层中间阶层与间接民主有弱相关，而上层中间阶层则没有表现出显著的阶层特征。

对比上述两个结果很有意思。社会下层和自雇佣者阶层对于在学理上

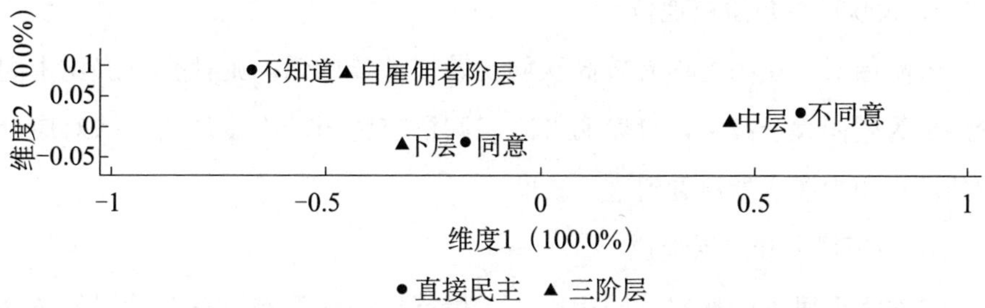

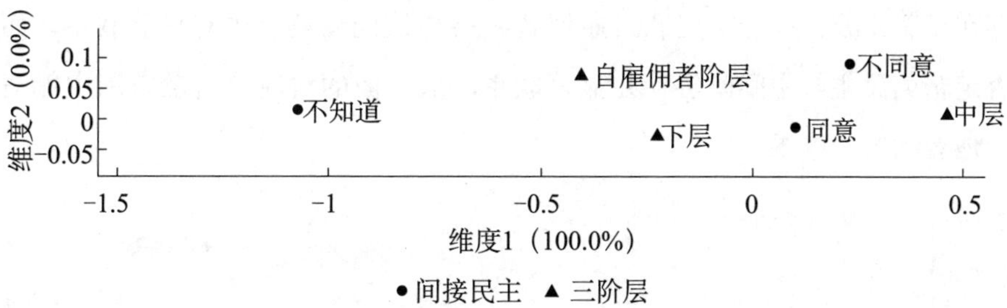

图 9—4　阶层地位与直接民主、间接民主意识的关联

有很大差别的民主制度都持同意的态度，这看起来有些奇怪，但实际上可以理解：第一，他们也许并不能很好地理解两种形式的差异；第二，他们中的多数（“个体户”）处于社会的边缘，任何民主形式对于他们来说都是值得追求的。而对于中间阶层“反对”直接民主的一个可能的解释是：中间阶层因其“中间位置”使得他们对于来自下层的可能“威胁”有着天然的敏感性，下层中间阶层因与社会下层有着更多的接触，对此尤为敏感；而代议民主则是维持中间阶层整体相对独立性地位的保证。①

（三）大众民主和精英民主

大众民主和精英民主涉及民主的范围，也是民主作为一种政治意识的重要方面。我们在调查中设计了两个相反的问题选项来进行测量：（1）“每个人无论水平高低，都有同样的权利讨论国家和地方的大事”；（2）“讨论国家和地方大事需要比较高的知识和能力，所以只能让有较高知识和能力的人参与”。对应分析结果如图 9—5 所示。

① 参见李路路：《中间阶层的社会功能：新的问题取向和多维分析框架》，载《中国人民大学学报》，2008（4）。

1. 大众民主与阶层地位

各阶层对大众民主均有较高认同，若谈差异的话，则社会下层比中间阶层更为赞同大众民主，自雇佣者阶层则没有清晰的态度取向。从对应分析的散点图中能清晰地看到这一结果。

2. 精英民主和阶层地位

与对大众民主的普遍认同相反，在精英权力的问题上三个阶层的选择存在显著差异：社会下层和自雇佣者阶层与认同精英民主有显著联系，而否定精英民主与中间阶层存在显著联系。从下面的对应分析散点图中能清晰地看到这一结果。

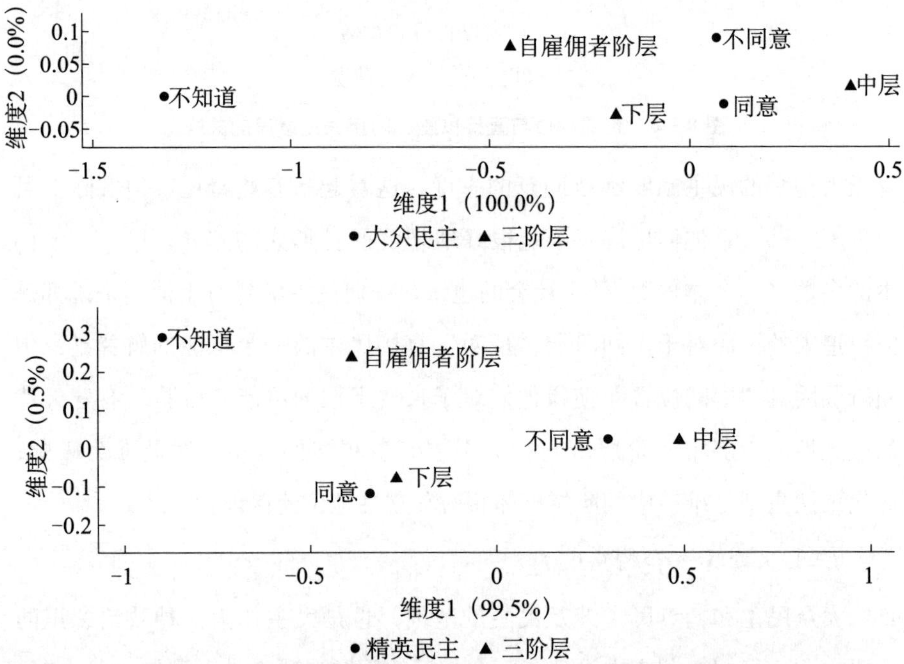

图 9—5 阶层地位与大众民主、精英民主意识的关联

上述结果与直接民主和间接民主的结果正相反，在大众民主问题上不存在显著的阶层差异，而在精英民主问题上则存在显著的阶层差异，并且不同阶层的取向显示出较大矛盾。我们的解释如下：第一，社会下层和自雇佣者阶层对于学理上相反的民主理念和制度的普遍认同，其原因基本上与前面的解释类似，不再赘述。第二，在中间阶层看来，“权利”和“权力”之间存在很大区别，特别是对于大众来说更是如此，普遍的权利应该得到认同，这其中也包括了中间阶层自身；但来自下层的权力则不应被认同，原因在上面已经提及。第三，中间阶层对于精英民主的不认同好像与一般的理解相矛盾，其实也是合理的，因为这在很大程度上取决于对于“精英”的界定，中间阶层不仅担心来自社会下层的威胁，而且也会抵制来自社会上层的威胁，保护自己的相对独立性和特殊利益。

（四）结果合理性和程序合理性

民主的重要准则之一，是将程序合理性相对于结果合理性置于更高的地位，因而这两者的区别也可以成为测量民主意识的重要维度。在我们的调查中涉及了这一问题，即：(1)“决定国家和地方大事，关键是看结果是否对大家有利”；(2)“决定国家和地方的大事，关键是看作出决定的方法是否合适”。前者强调结果的合理性，后者强调程序的合理性。对应分析检验了不同阶层的态度和看法。

1. 对结果合理性的看法

在三阶层的基本框架内，三个阶层之间不存在明显的差异，多倾向于认同结果合理性。将中间阶层进一步区分为上层和下层中间阶层后，二者之间可以看到微弱的差异：上层中间阶层更倾向于选择“不同意”，而下层中间阶层则处于“同意”与“不同意”之间，没有明显的特征。进一步将中间阶层和社会下层细化，我们得到了七阶层关于结果合理性问题的对应分析散点图（见图9—6）。

在七分类的框架中，中上层中间阶层与“不同意”显示出较强的相关性，中中层和中下层中间阶层的态度趋于一致，更接近于“同意”。社会下层被细分为下下、下中、下上三个阶层之后，与“同意”的关系都变弱了，但是，尽管进行了细化，他们仍然与“同意”的态度相关。归纳起来，在结果合理性问题上，较细的阶层分类显示出相对明显的阶层特征：社会下层和自雇佣者阶层倾向于认为“结果更重要”，而中上层中间阶层则不同意“结果更重要”这一说法，中中、中下层中间阶层的态度没有明确的特征。

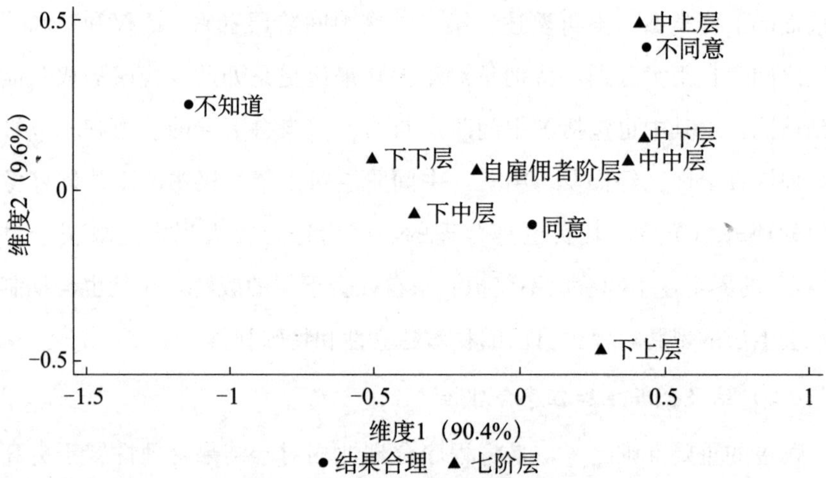

图 9—6 阶层地位与结果合理性认知

在结果合理性问题上，中间阶层内部存在某种异质性。

2. 对程序合理性的看法

在对程序合理性的评价上，三个阶层表现出明显的差异：社会下层与认同程序合理性有着显著的关系，而不认同的态度与中间阶层有着显著的联系，自雇佣者阶层则倾向于回答“不知道”（见图 9—7）。在四分类的框架中，可以发现上层和下层中间阶层在不同意的态度上还是存在一些差异的：不认同程序合理性与上层中间阶层有着显著联系，而下层中间阶层的态度实际上是不明晰的，介于“同意”与“不同意”之间。将阶层结构进一步细分为七个阶层后，基本的态势没有改变。

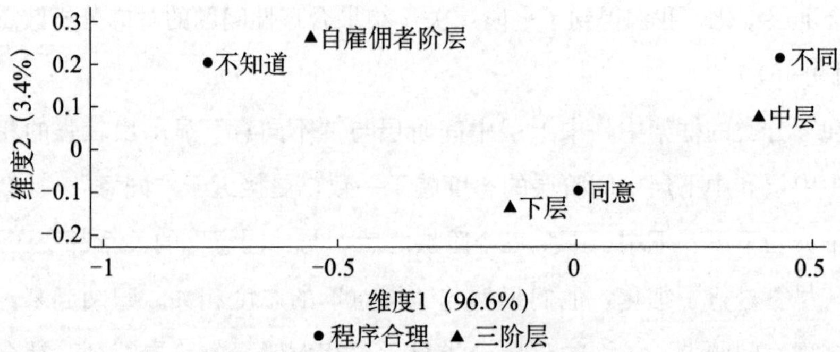

图 9—7 阶层地位与程序合理性认知

综合以上两个问题：第一，在认同结果合理性上，不同阶层之间不存在显著差异，但在认同程序合理性上则存在明显的阶层差异。第二，社会下层无论对于结果合理性还是程序合理性都持一种认同的态度，但中间阶层则更多地认同结果合理性，不认同程序合理性。第三，相对于下层中间阶层来说，上层中间阶层既不认同结果合理性，也不认同程序合理性，而下层中间阶层则对结果合理性表示出更多的认同。第四，自雇佣者阶层更倾向于结果合理性，但对程序合理性则更多地不知道如何回答。

令人奇怪的是，中间阶层作为一个整体认同结果合理性而不认同程序合理性。我们的一个解释是，中间阶层作为一个正在崛起和形成的阶层，在急速和前景充满不确定性的转型过程中，认为结果因为"实在"所以更为重要，而程序最不稳定。

将不同阶层关于民主政治意识的最鲜明的特征汇总起来，可以更好地看到不同阶层的异同：在什么是民主、直接民主、精英民主和程序合理性方面，中间阶层都显示出相对独立性，与社会下层和自雇佣者阶层形成了显著的区别。但是，他们对于上述民主形式或制度的不认同，特别是对于精英民主和程序合理性的不认同，以及对于间接民主、大众民主和结果合理性的认同，比较充分地反映了中间阶层的矛盾特征和实用倾向，反映了一个正处于形成过程中的阶层的特征（见表 9—3）。

表 9—3　　民主政治意识的阶层差异

	阶层差异	同意	不同意	不明确
民主就是政府为民做主	有差异	社会下层	中间阶层	自雇佣者阶层
直接民主	有差异	社会下层 自雇佣者阶层	中间阶层 （下层）	
间接民主	无差异	√		
大众民主	无差异	√		
精英民主	有差异	社会下层 自雇佣者阶层	中间阶层	
结果合理性	无差异	√		
程序合理性	有差异	社会下层	中间阶层	自雇佣者阶层

注：表中的"√"表示不同阶层的人集中选择了这一选项。

二、政治参与

以上有关民主意识的讨论，在一定程度上揭示了不同阶层特别是中间阶层的政治意识，为分析中间阶层的社会—政治功能提供了基础。但是，正如上面已经指出的，政治意识的分析结果在一定程度上受到被调查者对于问题的理解的影响。为了能够更好地测量不同阶层特别是中间阶层的政治意识，调查从政治参与的角度进行了测量，以扩展对于中间阶层政治意识的认识。

“政治参与”在调查中被分别用对政治过程的“关心程度”、“参与程度”和“参与倾向”三个维度来测量，相应的问题是：(1)“您是否知道本社区居委会是如何产生的?”(2)“您是否参加了最近一次居委会的投票选举?”之所以以居委会选举为例，是因为居委会选举是城镇居民能够最直接参与、与自身最相关的民主政治活动。第三个维度的测量是借助于一个假设题：“假定您的单位在调整工资或工作时，使包括您在内的一大批人受到严重不公正的待遇。这时，如果有人想叫上大家一起去找领导讨个说法，动员您一起去，您会怎么办?”第二个和第三个问题类似，只不过题目所指以及真实性程度不同。

分析结果表明，在是否关心如居委会选举这样的事情上，不同阶层有明显的差异：中间阶层最为关心，社会下层和自雇佣者阶层则不太关心。在是否参与居委会选举投票的问题上，三个阶层之间的差别不是很大，但也存在微弱的差别：自雇佣者阶层有更多的人参与过居委会选举，次之为社会下层，再次之为中间阶层。在“参与倾向”上，社会下层的特征最为明显，更倾向于“积极行动”，而中间阶层和自雇佣者阶层都没有显示出明确的意向（见图9—8)，进一步分类分析结果同样如此。中间阶层关注比如选举这类问题，但参与程度和参与倾向都不高，而社会下层或自雇佣者阶层则表现出较高的参与或行动的积极性。这一结果也显示了现阶段中间阶层的政治意识特征。

通过以上有关中间阶层的政治意识和参与的分析，可以看出，在基本

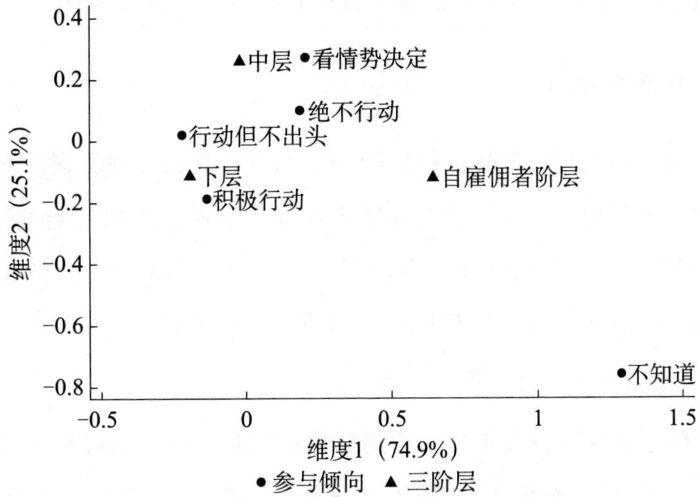

图 9—8　阶层地位与政治参与倾向

的政治意识方面，中间阶层已经形成了自身的特征，但是，这些特征受到了社会转型过程和中间阶层形成过程的强烈影响。中间阶层在政治意识上的复杂表现，恰好反映了中国社会转型过程和中间阶层形成过程的阶段性特征。

第四节　利益分配

阶层和民主政治认知较为直接地揭示了中间阶层的阶层和政治意识状况。在分析的逻辑上，阶层和政治意识状况是阶层地位和利益结构的反映。从中国社会的具体情况来看，30 年来的改革在一些基本社会领域引发了巨大变革，同时也成为整个社会关注的焦点。在本研究的预设中，由于这些焦点领域直接涉及几乎每一个人的基本利益和分配状况，所以，阶层和政治意识不仅应该在这些焦点领域中得到明显的反映，而且应该得到说明。利益分配的状况构成了中间阶层形成的重要机制，也是确认中国城镇社会阶层化的重要领域。本章选择了相对剥夺感、社会公平取向（要求）、机会平等状况评价等三个涉及阶层关系的方面，从利益分配的角度对中间阶层的阶层和政治意识状况进行了测量和分析。

一、相对剥夺感

相对剥夺感强调的是利益得失的相对比较。我们分别从横向和纵向两个维度设计了问题：（1）“与同龄人相比，您本人的社会经济地位是：1）较高 2）差不多 3）较低 4）不好说”；（2）“与三年前相比，您的社会经济地位是：1）上升了 2）差不多 3）下降了 4）不好说”。

（一）与同龄人相比

三个阶层显现出较大差异：中间阶层认为自己的社会经济地位与同龄人相比“差不多”，而社会下层则更倾向于“较低”，表现出较强的剥夺感。自雇佣者阶层的认知比较分散，没有表现出明显的阶层特征（见图 9—9）。在四分类的框架中，可以发现上层中间阶层相对于其他阶层，更倾向于“较高”，下层中间阶层更倾向于“差不多”，二者之间还是存在较为显著的差异的。

（二）与三年前相比

三个阶层同样显示出较大差异。中间阶层更多地认为自己的社会经济地位上升了，而社会下层和自雇佣者阶层则没有表现出明显的特征。在四分类的框架中，不同阶层的特征表现得更为明显：下层中间阶层认为自己的社会经济地位与三年前相比是上升的，自雇佣者阶层觉得差不多，社会下层明显感受到下降，上层中间阶层则没有显现出清晰的阶层特征（见图 9—9）。

将上面的分析结果汇总起来，如表 9—4 所示。可以看到，无论是和同龄人相比还是与三年前相比，社会下层都具有明显的相对剥夺感，而中间阶层不同于社会下层，尽管细分起来有所不同，但总体上具有相对优越感，毕竟相对于社会下层来说，他们在经济发展和体制转型中具有一定的竞争优势，且获得了更多收益。

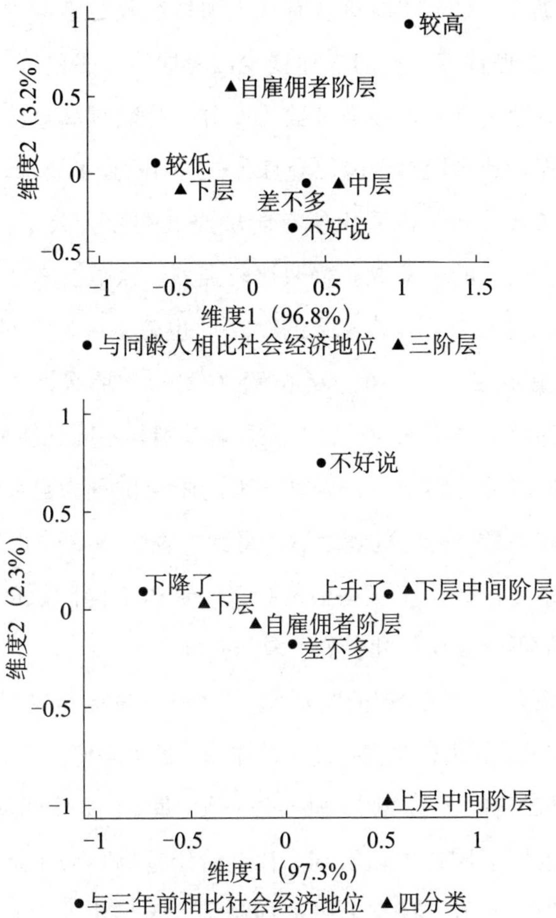

图 9—9　阶层地位与相对地位变化

表 9—4　不同阶层的社会经济地位相对变化

社会经济地位变化	与同龄人相比		与三年前相比	
	三阶层	四分类	三阶层	四分类
较高、上升		上层中间阶层	中间阶层	下层中间阶层
差不多	中间阶层	下层中间阶层	自雇佣者阶层	自雇佣者阶层
较低、下降	社会下层	社会下层	社会下层	社会下层
不好说				

二、社会公平取向（要求）

社会公平是当代中国社会中最为受到关注的问题之一。我们选择了人们普遍关注的三个问题进行了测量，即：（1）“进城农民工应该享受与城市居民相同的待遇”；（2）“应该从有钱人那里征收更多的税来帮助穷人”；（3）“现在有的人挣钱多，有的人挣钱少，但这是公平的”。然后对回答赋值打分，最低分数为 0 分，最高分数为 6 分。分数越高意味着回答者的社会公平取向越强，或者说对中国社会有着更强烈的公平要求。

从整体的频数分布可以看出所有阶层成员的社会公平取向分布情况。总的来说，社会成员的公平取向普遍比较强烈，众数分布为 4 分，约占总体的 38%；其次是 6 分，约占总体的 29%。也就是说，大部分社会成员的公平取向得分集中在 4、5、6 分的位置（72%）。那么，本章关注的问题是：不同阶层的社会公平取向是否存在显著差别和不同的特征呢?

以公平取向得分为因变量，以被访者的阶层位置为自变量做线性回归分析。在对回归系数进行了处理之后，得到了表 9—5 的 MCA 系数。MCA 系数表示回归系数偏离因变量均值的程度。通过不同阶层间 MCA 系数的比较，能够评估不同阶层的社会公平取向差异。

如表 9—5 显示，在三阶层的框架下，三个阶层的公平取向差异实际上非常明显：社会下层的公平取向最强，高于总体回答的平均值。其次是自雇佣者阶层，约等于总体的均值（−0.02）。社会公平取向最弱的是中间阶层（−0.2）。

在四阶层框架下同样可以看到，社会阶层越高，公平取向越弱，或者说，一个阶层地位越低，社会公平取向越强，上层中间阶层的 MCA 系数比平均值要低 0.3。在七阶层分类中，这种趋势表现得更加明显。

表 9—5　　不同阶层的 MCA 系数

<table>
<tr><td></td><td colspan="4">MCA 系数（偏离总平均值）</td></tr>
<tr><td></td><td>三阶层</td><td>四阶层</td><td>七阶层</td><td>N</td></tr>
<tr><td>中上层</td><td rowspan="3">−0.2</td><td>−0.3</td><td>−0.3</td><td>120</td></tr>
<tr><td>中中层</td><td rowspan="2">−0.19</td><td>−0.16</td><td>568</td></tr>
<tr><td>中下层</td><td>−0.23</td><td>599</td></tr>
<tr><td>下上层</td><td rowspan="3">0.16</td><td rowspan="3">0.16</td><td>0.05</td><td>421</td></tr>
<tr><td>下中层</td><td>0.16</td><td>780</td></tr>
<tr><td>下下层</td><td>0.25</td><td>501</td></tr>
<tr><td>自雇佣者阶层</td><td>−0.02</td><td>−0.02</td><td>−0.02</td><td>479</td></tr>
<tr><td>R^2</td><td>0.013</td><td>0.013</td><td>0.014</td><td></td></tr>
</table>

在社会公平取向上，社会下层和中间阶层的表现与他们在民主政治意识上的表现基本一致（社会下层有着更多的、即使在学理上不同的民主要求，而中间阶层则表现出多面向、参与倾向低的特征）。也就是说，中间阶层对于中国社会目前出现的分化状况比社会下层更能接受，在本章看来，因为很大程度上他们正是这种社会分化的受益者。

三、机会平等状况评价

机会平等也许是在现阶段更被倡导的社会平等准则之一。在问卷中我们设计了两个问题，着重于测量不同阶层对于中国社会目前机会平等现状的评价，即：(1)"（在我们这个社会）只要孩子努力，够聪明，都能有同样的升学机会"；(2)"在我们这个社会，工人和农民的后代与其他人的后代一样，有同样多的机会成为有钱、有地位的人"。采取同样的赋值打分方法进行了统计分析。最高分为 4 分，最低分为 0 分，分数越高意味着判定当前中国社会的机会分配越公平。统计分析的结果是：与社会公平取向类似，总体上有超过半数的人（61.4%）对当前中国社会的机会分配状况给予了较好评价，但不同的是，给予较高评价的分布频数远低于社会公平取向的相似分布（72%）。较高的要求和相对低的评价之间形成了明显的对应关系。运用同样的方法计算了不同阶层的 MCA 系数，我们发现在这一问题上，不同阶层之间并不存在显著的阶层差异和阶层特征表现，即使在不同的阶层框架下，结果同样如此。

第五节　小结与讨论

综合以上所有三个领域的分析，可以对在本章开始时提出的两个分析重点，即阶层差异和阶层取向总结如下（见表 9—6）。

表 9—6 **地位认同、政治意识的阶层差异**

测量领域	阶层差异和取向	进一步分析
阶层意识		
阶层地位认同	分散	在七分类框架下阶层特征显现：认同与自身客观阶层地位相对吻合
阶层区分维度	社会下层：所有弱势维度 中间阶层：管理者	上层中间阶层：干部、管理者、高学历 下层中间阶层：无特征
民主政治意识		
民主就是政府为民做主	社会下层：同意 中间阶层：不同意 自雇佣者阶层：不清楚	
直接民主	社会下层：同意 中间阶层：不同意	
间接民主	无阶层差异：都同意	
大众民主	无阶层差异：都同意	
精英民主	社会下层：同意 中间阶层：不同意	
结果合理性	无阶层差异：都同意	
程序合理性	社会下层：同意 中间阶层：不同意 自雇佣者阶层：不知道	
政治参与		
基层选举	社会下层：不关心 中间阶层：关心	
基层选举参与倾向	无阶层差异：分散	
维权行动参与倾向	社会下层：积极 中间阶层：无特征	
利益分配		
相对剥夺感：与同龄人相比	社会下层：较低 中间阶层：差不多	上层中间阶层：较高 下层中间阶层：差不多
相对剥夺感：与三年前相比	社会下层：下降 中间阶层：上升 自雇佣者阶层：差不多	上层中间阶层：无特征 下层中间阶层：上升
社会公平取向	社会下层：较强 自雇佣者阶层：其次 中间阶层：较弱	
机会平等状况评价	无阶层差异：分散	

通过上表可以清楚地看到：

第一，在间接民主、大众民主、结果合理性、参与基层选举投票以及对于机会平等状况的评价等方面（表中阴影部分），不存在显著的阶层差别，而且值得注意的是，这些问题主要集中于政治意识和参与的领域中。

第二，在阶层地位认同、阶层区分维度、什么是民主、直接民主、精英民主、程序合理性、基层选举关心程度、维权行动参与倾向、相对剥夺感和社会公平取向等方面，都存在显著的阶层差异。

第三，分析所有的领域，可以发现，在阶层意识、政治参与和利益分配等方面，中间阶层大都和社会下层，包括自雇佣者阶层存在显著区别，显现出相对独立的阶层特征。如果进一步分析中间阶层所显现出的特征取向，人们会看到，在一些基本问题上，如阶层地位认同、阶层区分维度、什么是民主、直接民主、基层选举关心程度等，中间阶层显现出与一般认识相同的特征；在精英民主、程序合理性等问题上他们所持的反对态度，都明显带有形成过程中社会地位结构特征的影响；而在利益分配上的差异，为他们在政治意识和参与上的复杂表现提供了某种解释。

第四，那些不存在显著阶层差异的领域，同样也是当代中国制度转型和城镇中间阶层形成过程的反映，他们对于大众民主、间接民主、结果合理性的普遍认同，在基层选举参与、维权行动参与倾向等问题上的不积极表现，显现出中间阶层自身发展的成熟程度。

综合以上分析，对于中国城镇社会来说，尽管在一些领域或一些维度上中间阶层的阶层化趋势还不明显，中间阶层的特征还没有清晰的表现，但主导的趋势是中间阶层正在经历一个阶层化的过程。中间阶层作为一个相对独立的阶层，正在中国城镇社会形成和崛起。中间阶层在阶层与政治意识领域中的多面向，来自中国社会转型和阶层形成过程的阶段性，构成了解读中间阶层社会与政治功能的基础。我们相信，随着中国现代化进程和制度转型的发展，中间阶层作为一个相对独立的社会阶层将会得到越来越多的确认，它将会对中国社会产生重要的影响。

第十章　当代中国中间阶层的社会存在：社会生活状况[①]

如果说上一章是从中间阶层的阶层认知和政治意识方面来“确认”当代中国中间阶层的社会存在，那么，本章同样基于CGSS 2003数据，从中间阶层居住模式、社会交往、婚姻匹配和生活方式四个方面入手，分析中间阶层的社会生活状况，“确认”在居住模式和生活方式两个方面，中间阶层并未显现出特定的阶层特征；在社会交往和婚姻匹配两个方面，中间阶层已经形成了显著的阶层特征。中国社会转型的连续性、市场取向和急速性是造成上述结果的重要原因。

第一节　分析策略、分析框架和数据说明

一、分析层次和主题

前面已经指出，第一，不同于发达的“中间阶层社会”，当代中国的中间阶层问题具有特殊意义；第二，中间阶层研究可以区分为两个相互联系，但有很大区别的主题，即中间阶层的“确认”和社会功能的分析，前者关注中间阶层的存在状况及其特征，后者着眼于中间阶层在社会结构和社会变迁中的影响作用。前者在一定程度上是后者分析的基础。[②] 本章是上述“确认”分析的延续。

① 本章主要内容曾发表于《江苏社会科学》2009年第1期。

② 参见李路路、王宇：《当代中国中间阶层的社会存在：阶层认知与政治意识》，载《社会科学战线》，2008（10）。

对于中间阶层社会存在状况的“确认”又可以分为两个基本部分，即“人口统计学”意义上的确认和“社会—文化”意义上的确认，前者着眼于中间阶层的数量特征（如人口和职业等），后者关注中间阶层的阶层意识、政治意识、社会—文化特征以及形成机制。笔者曾从中间阶层的制度特征和阶层—政治意识状况领域，揭示了中间阶层在阶层认知、政治意识和利益取向等方面的不同状况和特征。[①] 本章将延续这种分析策略，从中间阶层的社会生活领域描述性地分析中间阶层的社会存在。

本章对中间阶层社会生活领域的分析，包括了两个相互联系的主题：第一，在上述社会生活领域中是否存在阶层化的特征，或者说中间阶层是否彰显出其特征？第二，这种特征的具体表现是什么？

二、分析领域

不同于政治领域，本章关注的社会生活领域主要是指中间阶层的居住模式、社会交往、婚姻匹配以及生活方式等社会活动诸领域。相对于政治领域来说，社会生活诸领域应该是“确认”中间阶层形成过程和程度的更好指标，因为在很多研究者看来，中间阶层的形成不仅在于社会结构中的特定位置，而且在于他们在生活方式、文化和意识形态等方面所具有的特征。[②] 同时，伴随着阶级分析中文化范式的兴起，以往的大多数研究给予中间阶层的生活方式和消费方式以更多的关注。本章的分析范围将有所扩展，使用社会生活状况来概括本章的关注领域，希望能够从更多的方面分析描述当代中国中间阶层的形成和特征。

（一）居住模式

已有的很多研究都已经证明，无论是在市场体制中还是在再分配体制中，

① 参见李路路、李升：《“殊途异类”：当代中国城镇中产阶级的类型化分析》，载《社会学研究》，2007（6）。

② 参见 Bourdieu，Pierre，*Distinction：A Social Critique of the Judgement of Taste*，London：Routledge & Kegan Paul Ltd.，1984；［法］皮埃尔·布迪厄：《艺术的法则》，北京，中央编译出版社，2001；［美］赖特·米尔斯：《白领——美国的中产阶级》，杭州，浙江人民出版社，1987。

居住（住房）都是社会经济分层的重要指标，尽管二者的机制不同。居住（住房）是人们职业、权力、收入以及其他社会经济变量决定的产物，因而居住（住房）差异是社会阶层差异的重要方面。[1] 居住或住房差异可以从两个方面进行分析。一方面从住房产权、住房质量以及住房面积、价格等方面，揭示不同阶层之间的差异。边燕杰等人利用中国“五普”数据，揭示了在中国城市中，社会阶层对于住房产权、居住质量及住房价值等方面的显著影响，认为在中国社会转型的过程中，社会分层的分配机制仍然得到延续，而市场化机制同时并行地增长着，社会精英阶层在住房资源的分配中占有显著的优势。[2]

另一方面是“居住分异”的角度。“居住分异”是从人文生态学的角度揭示社会阶层在居住空间地域上的反映，关注不同社会群体在居住区位上所形成的积聚和分异状况。[3] 社会分层或社会经济地位差异是形成居住分异的重要机制之一，而城市居住空间形态的特点，是城市阶层关系的一种反映：不同社会阶层在社会经济地位上的差异会体现为居住空间的差异，所谓“择邻而居”即是居住分异的通俗表述。[4] 可以说，不仅居住分异是阶层分化的产物，而且居住分异也是强化阶层差异甚至维持阶层再生产的机制之一。

（二）社会交往

我们曾讨论过社会交往对象分析在阶层化分析中的意义[5]，这一分析的基础之一，即布劳的宏观结构理论所阐述的“接近性假设”[6]，社会网络研

---

① 参见边燕杰、刘勇利：《社会分层、住房产权与居住质量——对中国“五普”数据的分析》，载《社会学研究》，2005（3）。

② 参见边燕杰、刘勇利：《社会分层、住房产权与居住质量——对中国“五普”数据的分析》，载《社会学研究》，2005（3）。

③ 参见李志刚：《中国城市的居住分异》，载《国际城市规划》，2008（4）；徐掬芬、张京祥：《中国城市居住分异的制度成因及其调控——基于住房供给的视角》，载《城市问题》，2007（4）。

④ 参见吴启焰：《城市社会空间分异的研究领域及其进展》，载《城市规划汇刊》，1999（3）；邱梦华：《中国城市居住分异研究》，载《城市问题》，2007（3）；李志刚：《中国城市的居住分异》，载《国际城市规划》，2008（4）。

⑤ 参见刘精明、李路路：《阶层化：居住空间、生活方式、社会交往与社会认同》，载《社会学研究》，2005（3）。

⑥ 即：人们更多地与自己群体或社会阶层中的其他成员交往，处于相同社会位置的人们有着共同的社会经验和角色以及相似的属性和态度，这一切都将促进他们之间的交往，如婚姻、朋友等性质的交往关系。参见［美］布劳：《不平等和异质性》，57～59、67页，北京，中国社会科学出版社，1991。

究中关于关系强度分析的逻辑起点也建立在这一假设之上。在社会资源、社会资本的研究中，阶层地位对于社会交往方式和范围的影响，一直是一个重要的解释变量：个人和家庭的社会资源分布于一个金字塔式的社会分层结构之中，这一阶层结构构成了不同阶层成员之间社会交往的结构性制约，因而社会资本的变异性可以从阶级阶层地位角度得到解释。[①] 社会交往对象的分析提供了一个分析阶层化的视角：处于某一特定阶层位置的人们的交往对象更多地局限于同一阶层之内，在一定程度上意味着整个社会的分层结构呈现为较高程度的结构化，因而成为“确认”中间阶层形成或存在的一个重要方面。

（三）婚姻匹配

择偶或婚姻是最重要的社会生活领域以及最基本的社会行为之一。虽然择偶会受到多种因素的影响，如居住空间的临近因素、工作接触程度、兴趣爱好选择等[②]，但大量有关择偶和社会阶层关系的研究证明，在婚姻选择中存在着一种“同类婚”模式，即择偶双方具有种族和民族、宗教和文化以及个人社会属性（教育水平、社会经济地位、家庭背景等）等不同层面上的相似性，可称之为“同类匹配”。婚姻匹配过程本身，就是一个社会进行自我建构、复制和再生产的过程[③]，其中，阶层地位的相似性具有重要意义。有学者指出，（中国）绝大多数人的婚姻对象，都在自己所属的阶层或与自己所属阶层等级地位临近的阶层，因而是男女两性在社会地位上的结合，可称之为“阶层内婚制”。这种阶层内婚制不仅在传统中国存在，改革开放以后，阶层内联姻的趋势同样是越来越强，而且在未来很长一个时

---

① 参见边燕杰：《城市居民社会资本的来源及作用：网络观点与调查发现》，载《中国社会科学》，2004（3）；林南、沃尔特·M·恩赛尔、约翰·C·沃恩：《社会资源和关系的力量：职业地位获得中的结构性因素》，载《国外社会学》，1999（4）。

② 参见徐安琪：《择偶标准：五十年变迁及其原因分析》，载《社会学研究》，2000（6）。

③ 参见李煜、徐安琪：《择偶模式和性别偏好研究——西方理论和本土经验资料的解释》，载《青年研究》，2004（10）；徐安琪：《择偶标准：五十年变迁及其原因分析》，载《社会学研究》，2000（6）；李煜、陆新超：《择偶配对的同质性与变迁——自致性与先赋性的匹配》，载《青年研究》，2008（6）。

期都将持续存在。[①] 特别是年青一代和教育层次较高的人，其配偶的社会经济地位在择偶和婚姻过程中起到越来越重要的作用。[②] 因此，“确认”中间阶层的形成和特征，“婚姻匹配”状况可以作为一个重要指标。

（四）生活方式

生活方式与社会分层之间的关系一直是社会分层研究中被十分关注的问题之一。韦伯以生活方式和社会声望作为身份或地位群体区分的社会基础[③]，而布迪厄、吉登斯等则借用了韦伯的上述思想，将生活方式与阶级地位联系起来，强调生活方式也是阶级区分和阶级地位的重要标志。布迪厄所谓“惯习”（habitus）即主要是指一定社会阶级的人们在日常生活中思想、行为所带有的特定倾向，因而惯习的产生过程也就是阶级形成的过程。[④] 米尔斯更是因为中产阶级在生产关系和权力关系中的“模糊位置”，将生活方式看作是中产阶级的重要特征。[⑤]

尽管在后现代理论家看来，生活方式的意义脱离了“传统的”阶级概念，在现代社会中逐渐成为人们“建构”自己身份的标志，但是，无论生活方式与客观阶级地位是什么样的联系，研究者都承认生活方式构成了社会区分的重要标志，是人们认识自身阶层地位的符号。[⑥] 因此，生活方式将成为确认中间阶层形成及其特征的重要领域之一，正如米尔斯那句著名的结论所表明的：美国中产阶级具有“政治后卫”、“消费前卫”的特点，后者同样是中产阶级的显著标志。

三、阶层分类框架

本章中的阶层分类框架与前一章的分析类似，此处从略。

---

① 参见张翼：《中国阶层内婚制的延续》，载《中国人口科学》，2003（4）。

② 参见徐安琪：《择偶标准：五十年变迁及其原因分析》，载《社会学研究》，2000（6）。

③ 参见［德］韦伯：《经济与社会》（下册），253～260页，北京，商务印书馆，1997。

④ See Bourdieu, “What Makes a Social Class? On the Theoretical and Practical Existence of Groups,” *Berkeley Journal of Sociology* (2), 1987.

⑤ 参见［美］赖特·米尔斯：《白领——美国的中产阶级》，杭州，浙江人民出版社，1987。

⑥ 参见［法］皮埃尔·布迪厄：《艺术的法则》，北京，中央编译出版社，2001。

第二节　社会生活领域中的中间阶层

一、居住模式

本部分的目的之一，是“确认”中间阶层是否形成了与其他阶层分异的居住模式。中国城市社会的两个特点使得这一分析有些复杂化：第一，再分配体制下的住房作为一种国家分配的“福利”，其不平等主要存在于“精英—大众”的结构之中。第二，中国城市社会特有的“单位制”使得尽管在单位内部住房分配上也存在多种形式的不平等，但在更广泛的城市空间里不平等主要体现在不同的单位社区之间，在单位社区内部是不同社会经济地位的人共同居住在一起。改革开放以来，特别是1998年住房商品化改革以来，住房分配领域中市场化机制开始发挥越来越大的作用，这意味着人们社会经济地位的差别或者阶层地位的差别，对于住房和居住环境的选择具有越来越重要的影响。

有研究表明，居住分异的现象在很多转型社会，包括中国，特别是在大城市郊区迅速发展。[①] 但是，在中国，住房商品化是遵循着两条路径发展的，即市场化购置和福利性售房。因此，虽然单位制度在逐渐解体，但历史上形成的单位社区作为一种区位空间形态并没有完全消失，很多单位社区由于历史的原因，占据了城市中最好的区位，其中的居民是通过福利性售房的方式获得了该住房的产权或居住权，这其中既包括了大量的中间阶层成员，也包括了很多的社会下层成员。因此，中国城市中的居住分异很可能会表现出非常复杂的状况，对此应该有足够的预见。

本章根据社区性质和位置两个主要因素，将城市社区分为如下表的类型，然后从两个维度上描述了居住分异的状况。首先，不同阶层在不同类

① 参见李志刚：《中国城市的居住分异》，载《国际城市规划》，2008（4）。

型居住区中的分布见表10—1。可以看到，中间阶层和社会下层之间并没有显现出明显的阶层差异，两个阶层表现出一种共同的特征，即这两个阶层中都有一半左右的成员居住在单一或混合的单位社区中；自雇佣者阶层则显现出自己的特征，即这个阶层中只有约1/4的成员居住在单位社区中。相对来说，不同阶层之间的差别仅仅表现在：第一，与中间阶层相比，社会下层中有更多的成员居住在未经改造的老城区中；与社会下层相比，中间阶层中有较多的人居住在普通商品房社区中。第二，自雇佣者阶层没有呈现出特定的居住模式。

表10—1　　不同阶层在不同类型社区中的分布（%）

社区类型	中间阶层	社会下层	自雇佣者阶层
未经改造的老城区（街坊型社区）	10.96	24.09	25.47
单一或混合的单位社区	54.62	43.60	22.55
普通商品房社区*	17.72	13.87	16.08
“合并社区”**	16.71	18.45	35.91
合计	100.01	100.01	100.01

* 在原始的分类中有一类为“高级住宅区”，由于样本过少，因此将其与普通商品房社区合并。

** 该类型中包括了移民社区、集镇社区、新近由农村社区转变过来的城市社区。

其次，不同社区中居民的阶层构成见表10—2。从社区维度上可看到类似于阶层维度的结果，即：在单位社区和商品房社区中，主要居民为中间阶层和社会下层成员，而且二者的比例相差不多。两个阶层的差别仅在于：在未经改造的老城区中，大多数居民都是社会下层的成员；在那些环境较差的社区中，社会下层成员的比例也远远超过中间阶层和自雇佣者阶层。也就是说，由于社会下层成员数量庞大，虽然有超过一半的成员居住在单位社区和商品房社区，但在那些未经改造的老城区及“合并社区”中，其主要成员仍然是社会下层。

表10—2　　不同类型社区中各阶层成员的分布（%）

社区类型	中间阶层	社会下层	自雇佣者阶层	合计
未经改造的老城区（街坊型社区）	20.95	60.92	18.13	100.00
单一或混合的单位社区	45.27	47.78	6.95	100.00

续前表

	中间阶层	社会下层	自雇佣者阶层	合计
普通商品房社区*	42.14	43.62	14.23	99.99
“合并社区”**	30.67	44.79	24.54	100.00

* 在原始的分类中有一类为“高级住宅区”，由于样本过少，因此将其与普通商品房社区合并。
** 该类型中包括了移民社区、集镇社区、新近由农村社区转变过来的城市社区。

综合以上两个维度，结论是：居住分异，特别是中间阶层社区的模式并不十分显著；但是，在那些老城区及“合并社区”中，社会下层和自雇佣者阶层居民占了绝大多数，具有某种程度的居住分异特征。

如果在三阶层的框架下没有显现出显著的阶层差异，那么进一步的分析能够揭示在什么样的程度上有可能存在阶层差异。因此，我们将中间阶层细分为三个阶层（中上层、中中层、中下层），将社会下层细分为三个阶层（下上层、下中层、下下层），保留自雇佣者阶层。基本发现如下（数据图表省略）：

第一，社会下层（包括下上层、下中层、下下层）更多地集中在“单一或混合的单位社区”、“未经改造的老城区”。其中，下下层和下上层表现出比较明晰的居住特征，即：下下层更多地和“未经改造的老城区”联系在一起，而下上层则集中在单位社区中。

第二，中间阶层（包括中上层、中中层、中下层）更多地分布在单位社区和普通商品房社区之中，除了中上层中间阶层与单位社区表现出更多的联系之外，中中层、中下层中间阶层没有表现出集中的分布特征。

第三，自雇佣者阶层绝大多数集中居住在“合并社区”中。

二、社会交往

社会交往对象的分析直接揭示了阶层结构化的程度。问卷调查了解了被访者在过去半年里最重要的5位交往对象，包括配偶、家人、亲戚、同事、老同学、邻居、朋友及其他人等，本章只选择了“朋友”作为分析的对象，因为“朋友”相对于其他各类对象，更多受到阶层地位相似性的影响。在本数据中，有1 324个被访者将他们最重要的交往对象（第一位）列为“朋友”[①]，本章据此分析不同阶层成员的交往对象模式。

需要说明的是，由于人口分布的影响，边缘频数的分布（结构性因素）将影响单元格中的百分比。因此，表 10—3 中括号内数值为被观察频数与所期望频数的比率，这个数值屏蔽了结构性因素的影响，反映了每个阶层选择不同阶层朋友的机遇。从下表中可以发现，每一个阶层成员最亲密的朋友都有较高的机会来自本阶层内部（中间阶层和社会下层为 1.5 倍，自雇佣者阶层为 3 倍），或者说，来自不同阶层的最亲密朋友的机会都远低于本阶层。简单百分比的分布也显现出同样的结果：中间阶层被访者中有接近 3/4（73.86%）的最亲密朋友来自本阶层；社会下层的这一比率接近 60%，在自雇佣者阶层中也是众数分布。也就是说，每个阶层都倾向于选择相同或邻近阶层的朋友。

表 10—3　　不同阶层（三阶层）的交往对象（最亲密朋友）

最亲密朋友阶层地位	被访者阶层地位			
	中间阶层	社会下层	自雇佣者阶层	合计
中间阶层	73.86% (1.5)*	30.51% (0.6)	26.00% (0.5)	48.49%
社会下层	20.00% (0.5)	59.21% (1.5)	35.00% (0.9)	38.67%
自雇佣者阶层	6.14% (0.5)	10.29% (0.8)	39.00% (3.0)	12.84%
合计	100.00%	100.01%	100.00%	100.00%

* 括号内的值为被观察到的频数与所期望频数的比率。

将中间阶层区分为上下中间阶层时，可以看到更为细致的阶层特征（见表 10—4）。上层中间阶层自我选择的机遇为 2.2 倍，高于选择下层中间阶层的机遇（1.5 倍）。而下层中间阶层向上选择的机遇和自我选择的机遇非常接近（1.6∶1.5），对于下层中间阶层来说，上下中间阶层的隔离并不是特别明显。但是对于社会下层和自雇佣者阶层来说，情况则完全不同：不仅自我选择机遇高，而且选择其他阶层，尤其是上层的机遇非常低。下

① 也有被访者所列 5 位对象都是“朋友”，那么，列在第一位的朋友可以说是被访者最亲密的朋友。

层仅有 0.03 倍的机遇选择上层中间阶层的成员为朋友，而自雇佣者阶层也仅有 0.5 倍的机会。

表 10—4　　不同阶层（四阶层）的交往对象

最亲密朋友阶层地位	被访者阶层地位				
	上层中间阶层	下层中间阶层	社会下层	自雇佣者阶层	合计
上层中间阶层	28.85% (2.2)	20.46% (1.6)	7.40% (0.03)	6.00% (0.5)	13.14%
下层中间阶层	51.92% (1.5)	52.70% (1.5)	23.10% (0.7)	20.00% (0.6)	35.35%
社会下层	17.31% (0.4)	20.27% (0.5)	59.21% (1.5)	35.00% (0.9)	38.67%
自雇佣者阶层	1.92% (0.1)	6.56% (0.5)	10.29% (0.8)	39.00% (3.0)	12.84%
合计	100.00%	99.99%	100.00%	100.00%	100.00%

* 括号内的值为被观察到的频数与所期望频数的比率。

归纳上述结果可得出如下两个结论：第一，在社会交往领域，阶层化的趋势十分明显，中间阶层、社会下层和自雇佣者阶层自我选择的机会都远高于选择其他阶层成员。第二，中间阶层和社会下层内部的差异并不十分显著。

三、婚姻匹配

分析婚姻匹配的状况，可借助于布劳—邓肯所创立的地位获得分析框架，即将婚姻匹配区分为“自致性”和“先赋性”两种类型，前者考察的是婚姻双方本人的社会经济地位的相似性，后者考察的是夫妻双方家庭社会经济地位的相似性。[①] 本章由于资料所限，将只分析“自致性”婚姻匹配的状况，关注的是阶层地位相似性的状况，从婚姻匹配的角度揭示中间阶层的存在状况和相应特征。

本章并非是对婚姻选择模式做一种因果分析的解释，而是利用调查时点数据中已婚者的婚姻资料，对不同阶层成员的婚姻匹配程度进行描述，

① 参见李煜、陆新超：《择偶配对的同质性与变迁——自致性与先赋性的匹配》，载《青年研究》，2008（6）。

其中的已婚者包括了离婚后再婚者以及丧偶再婚者。由于数据的局限性，无法对结婚时点时婚姻匹配的状况进行描述和解释。

表10—5显示，阶层内婚的倾向是较为明显的，婚姻的阶层匹配程度相对较高，特别在社会下层和中间阶层之间更为明显，约3/4的社会下层成员与本阶层内的人结婚。

表10—5　　不同阶层的婚姻匹配状况

被访者阶层地位	配偶阶层地位			
	中间阶层	社会下层	自雇佣者阶层	合计
中间阶层	59.90%	35.78%	4.32%	100%
社会下层	20.85%	73.04%	6.11%	100%
自雇佣者阶层	11.98%	38.54%	49.48%	100%
合计	34.20%	54.09%	11.71%	100%

四、生活方式

虽然生活方式被认为是中间阶层的一种特征，但是，在中国社会中是否已经形成了中间阶层的生活方式范式，存在一些矛盾的结论。① 本章认为，消费和休闲是生活方式的主要形式，而且是消费和休闲的类型而不是能力或水平，能够更准确地表达出中间阶层的独特性。本章分别分析了在消费和休闲领域中阶层化的程度和特征。我们建立了两个简约的分类，即：根据消费的层次，将消费区分为"大众消费"和"高消费"；根据休闲的类型，将休闲区分为"大众休闲"和"前卫休闲"。上述分类中的"高"更多表示相对较贵的消费，也包含有时髦的意义，而"前卫"更多地表示某种"品位"、"选择"。同时，对于被访者的生活感受进行了询问。

表10—6是不同消费、休闲类型和生活感受的特征，以及根据对应分析整理的与不同阶层的联系。无论是"符合"还是"不符合"，如果标明了相应阶层，意味着某一阶层与此选择具有显著的关联；如果是空白，意味着在这个选择上没有显著的阶层特征（回答是离散的）。从表中可以看到，

① 参见张宛丽、李炜、高鸽：《现阶段中国社会新中产阶层的构成特征》，载《江苏社会科学》，2004（6）；李春玲：《中国当代中产阶层的构成与比例》，载《中国人口科学》，2003（6）。

即使是在生活方式领域中，阶层化的特征也表现出复杂的情形，与政治意识领域有相似之处。[①] 例如，在大众消费方面，中间阶层和社会下层表现出显著的阶层差异，即社会下层与自雇佣者阶层总是远离高消费，但是，中间阶层也仅是在餐馆和购物商店的选择上显示出不同于其他阶层的选择特征，在其他两项高消费上则没有形成显著的阶层特征。在休闲领域，中间阶层和两种大众休闲形式之间都不存在显著联系，它们属于社会下层或自雇佣者阶层的休闲方式；同时，社会下层和自雇佣者阶层都与所谓前卫休闲方式不存在显著联系，但是，中间阶层也仅仅在休息的方式上表现出显著的阶层特征，在其他两个方面都没有表现出阶层特征。如果将中间阶层细分为上、下两个阶层，可以发现下层中间阶层更多地与在健身房锻炼相关，而上层中间阶层更多地与家庭艺术品装饰相关，这也许与不同中间阶层的收入和工作状况有关。从上述这些结果可以得出的结论是：在最能够标识中间阶层的生活方式领域中，中间阶层仅仅表现出部分的阶层化特征，在很多方面都还没有形成自身的特征。而社会下层和自雇佣者阶层则在生活方式诸领域都表现出明显的阶层特征。中间阶层在中国确实还在形成过程之中。

表 10—6　　不同阶层的生活方式类型

生活方式类型	生活方式特征	阶层化特征	
		符合	不符合
大众消费	1）除非必要，我和我的家人从不轻易购买生活必需之外的物品	社会下层 自雇佣者阶层	中间阶层
高消费	2）我和我的家人过生日或遇上重要节日时，总是到餐馆去聚餐	中间阶层	社会下层 自雇佣者阶层
	5）我出门总是坐出租车或私家小汽车		社会下层 自雇佣者阶层
	6）我家的耐用消费品大都是名牌、高档品		社会下层 自雇佣者阶层
	3）我总是到较有名气的商店去购物	中间阶层	社会下层 自雇佣者阶层

① 参见李路路、王宇：《当代中国中间阶层的社会存在：阶层认知与政治意识》，载《社会科学战线》，2008（10）。

续前表

生活方式类型	生活方式特征	阶层化特征	
		符合	不符合
大众休闲	11）我在家里的休息时间多数是看电视度过的	社会下层 自雇佣者阶层	中间阶层
	12）周末或有空的时候，我常常与他人一起玩牌或打麻将	社会下层 自雇佣者阶层	中间阶层
前卫休闲	13）我经常去专门的体育场馆或健身房锻炼身体		社会下层 自雇佣者阶层
	7）我家用了好些艺术品、艺术画来装饰家庭空间		社会下层 自雇佣者阶层
	10）在休息时间，我总是要听些音乐或欣赏一些艺术作品	中间阶层	社会下层 自雇佣者阶层
生活感受	9）我觉得现在过得很舒适、安逸，生活上没有多少可让我着急的事	中间阶层	社会下层
	4）我从事的工作总是很紧张	中间阶层	社会下层 自雇佣者阶层

生活方式受到中间阶层分析的青睐，是因为相对于客观阶层地位本身，生活方式具有更多的社会建构的特色，无论它是地位结构还是文化价值"建构"的结果。本章尝试分析影响生活方式的因素，包括职业、教育程度、收入等，但所得结果对于生活方式的差异没有较好的解释力。之所以如此，一方面可能是因为统计模型的建构问题，另一方面可能是因为整个社会包括中间阶层都处于急速变迁的过程之中，因而还没有形成稳定的模式。就其显露出的趋势来说，收入对于消费模式有着较大的影响，而休闲方式除了受到收入影响外，还更可能受到教育程度和职业的影响，但所有这些在本章的分析中都没有显现显著的作用。有些研究强调了"消费分层"的视角或形成了"消费中间阶层"的概念，需要指出的是，这样的结论大多来自对消费水平或消费能力分析的结果，而不是来自对于消费模式和消费行为（偏好）的分析，后者被认为是中间阶层的主要特征之一。就消费模式和消费行为来说，阶层分化还不显著，消费模式的差异取决于阶层地

位还是其他因素，本身就是一个存在争议的问题。[①]

第三节　小结与讨论

社会生活领域中的中间阶层，与政治意识领域中的中间阶层相似，在某些方面显现出中间阶层的阶层特征，在另一些方面则没有形成中间阶层的阶层特征。

在居住模式方面，中间阶层并没有呈现出独特的模式。但是，居住分异的特征已经值得关注，即：与社会下层相比，中间阶层中有较多的成员居住在价格较贵、环境较好的普通商品房社区中，而社会下层中有更多的成员居住在未经改造的老城区中。

在生活方式方面，虽然有数据表明存在着中等消费水平的阶层，但在消费模式或消费行为方面，中间阶层的范式还未形成；或者说，没有显现出与其他阶层不同的中间阶层消费模式。

与上述两个方面有所区别的是，在社会交往方面，阶层化的趋势已经十分明显，各个阶层的交往对象来自同一阶层内部的可能性，远高于来自阶层外部。人们的社会交往更多地局限在本阶层内部。而简单的婚姻匹配分析证明了“阶层内婚制”的存在，在中间阶层和社会下层之间存在一条明显的界线。

在我们看来，上述相互区别的结果，是中国作为一个转型社会的特征所决定的，即：中国社会的转型是连续的、市场取向的和急速的。所谓“连续性”主要是指在转型过程中没有发生断裂式的变革，连续性的转型使得再分配体制的“遗产”仍然大量存在于当今社会中，在居住领域中可以清楚地看到这种遗产的存在。朝向市场体制的转型，使得基于“市场状况”和“市场权力”（韦伯）的地位在社会交往和婚姻选择领域中发挥着更多的

---

① 参见李春玲：《当代中国社会的声望分层——职业声望与社会经济地位指数测量》，载《社会学研究》，2005（2）。

影响，因而呈现出阶层化的特征。如果按照阶级阶层的视角来解释，则急速的社会转型使得在生活方式领域中基于阶层地位的消费模式还远未普遍化，中间阶层的模式还没有形成，但阶层化的过程已经开始，社会下层已经形成了具有阶层特征的生活方式。

第十一章 “患不均，更患不公”——转型期的“公平感”与“冲突感”①

社会分层研究的核心是社会不平等。改革开放以来，两个充满张力或矛盾的过程得到了国内外各界越来越多的关注，即：一方面，中国取得了经济飞速发展、人民生活水平大幅提高的历史性成绩，另一方面，贫富差距拉大、阶层分化加剧、社会冲突与不稳定因素增加。三十多年来，伴随着中国GDP保持着近10%的年均增长速度，社会贫富差距也在持续拉大，城乡之间、区域之间、阶层之间悬殊的收入差距已是一个不争的事实。尽管自2001年以来国家统计局就没有再公布过基尼系数，但根据专家学者和包括世界银行在内的一些专业权威组织的测算，当前中国社会的基尼系数已在0.45以上，保持在0.49～0.51之间，大大超过了通常定义的0.4的收入分配差距“警戒线”，更是达到了改革开放之初（1978年）农村基尼系数的0.21和城市的0.16的2～3倍之多。与此相对应的是，普通民众对不断上升的社会不平等和不公平程度越来越表达出不安甚至是不满，近年来社会抗争及群体性事件频发且呈上升趋势即是一个明显的危险信号，这些对社会和谐、政治稳定都构成了不小的威胁。

在学术界，社会不平等相关议题的研究向来是一个焦点和热点话题。相当多的成果集中在对社会结构分化、流动机会（大/小）、社会开放程度（增强/减弱）、贫富差距（扩大/缩小）等一系列客观社会现实的经验测量和描述分析上，而在民众对社会不平等的“主观”认知与评价等议题上缺乏有效讨论。诚然，以基尼系数为代表的一些经济指标是对财富分配差异状况的客观反映，对于了解、评估和预测社会不平等状况有着显著的社会

① 本章主要内容曾发表于《中国人民大学学报》2012年第4期。

意义和政策启示意义。但是，就实质而言，该系数是一个反映收入分配的“均等”（平均、平等）状况的指标，不涉及公众感知与价值判断。与之相比，有关收入分配“公平”、“合理”的认知与评价则涉及收入/财富应该如何分配的问题，属于一种伦理的判断。并且，就最终意义而言，收入差距究竟严重与否，取决于公众的价值判断。[①] 原因在于：一方面，民众自身对不平等状况的感知是真实、具体的，排除了区域、经济发展等宏观结构性因素的干扰；另一方面，作为一个“社会人”，个体所处的社会历史环境、依循的社会价值观念以及在此情境内的认知与评价，最终决定了其心理承受、社会选择与行为模式。也就是说，在客观地位结构与行动性社会后果之间，有一个中间的判断、认同和选择的主观能动过程，忽视了这一中间环节而直接通过客观的社会性指标来预测和评估一系列社会后果，容易得出武断的、不切实际的结论。从这个意义上讲，开展社会不平等主观层面的分析与探讨，对于预测与评估其社会与政治后果显然更具价值。

社会不平等的主观层面关注的议题非常广泛，既包括对社会结构尤其是阶层结构的认同及阶层间关系的认知，也包括对当前（收入）不平等程度的认知、对社会分配公平与否以及如何才能更加公平的看法、如何看待政府在促进平等和公平方面应扮演的角色、对当前普通人向上流动以及能被公平对待的机会是否持乐观态度[②]，尤其是对通过家庭背景和社会网络关系实现上升流动的看法与评价，还包括阶层意识、群体间的对立与冲突意识，等等。

本章聚焦于民众对社会不平等尤其是收入不平等的态度、“公平性”评价，对当前社会矛盾和冲突状况的判断与认识，以及对分配公平与冲突意识之间关联的探讨。在这里需要指出的是，社会分层研究中的“公平”既有资源与生活机会“均等”、“平均”分配的指向，也有分配机会和规则

① See Xiaogang Wu, “Income Inequality and Distributive Justice: A Comparative Analysis of Mainland China and Hong Kong,” *The China Quarterly 200*, 2009, pp. 1033 - 1052.

② 参见怀默霆：《中国民众如何看待当前的社会不平等》，载《社会学研究》，2009（1）。

“公正”、“合理”的含义。“公正与均等不是一回事，公正的可能不均等，均等的也可能不公正”[1]，本章在后者也就是“公正”、“合理”的意义上使用“公平”一词。本研究对社会不平等主观层面的探讨，不仅是对总体性概况的描述，更重要的是对阶层/群体间差异以及历时性变化进行深入的比较分析。

由中国人民大学社会学系和香港科技大学社会调查中心共同组织开展的第一期“中国综合社会调查”（CGSS）以及由中国人民大学中国社会调查与数据中心组织的第二期“中国综合社会调查”，在历次调查中均设置了有关社会不平等之主观认知、评价方面的变量、指标。其中在2005年、2006年、2008年的年度调查中，均设置了借鉴自“国际社会调查项目”（International Social Survey Program，ISSP）跨国比较模块中有关社会不平等（收入不平等）研究的问题。同时，对民众社会冲突和社会矛盾意识的测量，也出现在2006年、2008年、2010年的调查之中。本章将主要基于历次CGSS调查数据，从“收入分配公平”和“社会冲突意识”角度，对处于社会转型期的中国民众的社会不平等认知与评价进行一个初步分析。

第一节 收入不平等：“患不均，更患不公”

2005年、2006年和2008年的CGSS问卷中均设置了一项考察收入不平等的指标，该指标要求被访者评估几类特定职业群体“实际”获得了多少年收入以及这几类群体“应该”获得多少年收入。这些收入并非各类职业群体的客观、真实所得，而都是被访者主观认为的、估计出的数字。“实际收入”可以被看作是一种关于收入的经验评估，而“应得收入”可以被视为一种包含价值评判的“道德评估”。按照吴晓刚的论述，使用“实得”与“应得”收入来评估民众的不平等认知具有显著的优势[2]：首先该量表是

---

① 李强：《社会分层与社会空间领域的公平、公正》，载《中国人民大学学报》，2012（1）。

② See Xiaogang Wu & Donald J. Treiman, “The Household Registration System and Social Stratification in China：1955－1996,” *Demography*，2004－2005，pp. 1033－1052.

对社会中具有明显标识的几大职业群体的收入评估，这就避免了诸如家庭规模、收入来源、税率或福利等复杂问题对被访者填答所带来的干扰；另一方面，“实得”与“应得”收入相互参照，能够在较大程度上控制被访者在填答收入类问题上容易出现的偏差。

刨除其在测量上的优点，从该指标本身亦能获得诸多有关不平等之公平性评判的信息：第一，“实得”与“应得”收入之间的差距能够反映出人们对该职业群体的收入是否合理、公平的判断；第二，“实得”收入最高的职业群体的收入与最低职业群体收入之间的差距是民众感受到的收入不平等程度，而“应得”收入最高的职业群体的收入与最低职业群体收入之间的差距是民众认可的或者说能够容忍的收入不平等程度；第三，年度之间“实得”与“应得”收入的差距能够反映出不平等程度的演变趋势。

在对“实得”与“应得”收入这对指标进行充分数据信息挖掘的基础上，我们将吴晓刚教授的“公平指数”[①] 加以简化，用于本部分主要关注的不同社会阶层和群体的不公平感分析；同时，本部分还对其他有关社会不平等认知的变量进行了分析，如对社会不平等程度的总体性判断、对政府在减少社会不平等方面的责任与扮演的角色的评价、对先赋性因素及后致性因素在取得成功中所起的作用的认识，等等。

一、收入分配不公："实得”收入与“应得”收入

（一）概况

表11—1描述了2005年和2008年受访群体评估的各类职业群体的年度“实得”收入、“应得”收入及其二者之间的差距。需要说明的是，这些职业群体是被作为“代表性群体”列为评估对象的，其中，全国性大企业总经理代表了大型企业的高级管理人员，中央部长代表了高级公务员。收入以两种方式计算出来——均值和中位值，其中括号内显示的为中位值的

① Xiaogang Wu & Donald J. Treiman, “The Household Registration System and Social Stratification in China: 1955 - 1996,” *Demography*, 2004 - 2005, pp. 1033 - 1052.

统计结果。在收入水平估计值差异较大的情况下，用收入的中位数作为群体收入水平的代表值常常被认为是一种合适的做法，因为它排除了极端值的干扰和影响。数据结果显示，无论是以均值还是以中位值计算的结果来看，各类职业群体的“实得”与“应得”收入之间均不对等。这表明，在民众看来，当前社会在收入分配上存在一定的不合理、不公平现象。具体而言，工人这一低层职业群体的“实得”收入被认为低于其应该获得的收入，而医生、总经理、销售人员以及中央部长等群体的收入则高于其应该得到的收入，其中尤以全国性大企业总经理的收入不公平性最高，他们实际得到的收入是其应得的 1.7 倍。2005 年的数据结果也反映出各职业群体的收入不合理现象。

表 11—1　　公众感知的几类职业群体的“实得”收入与“应得”收入

	2008 年			2005 年		
	“实得”	“应得”	“实得”/“应得”	“实得”	“应得”	“实得”/“应得”
普通医生	6.3 (4)	5.2 (4)	1.2 (1)	——	——	——
全国性大企业总经理	51.5 (20)	30.1 (12)	1.7 (1.7)	28.0 (12)	24.5 (9.6)	1.1 (1.25)
销售助理	11.3 (7)	8.6 (5)	1.3 (1.4)	——	——	——
工厂工人	2.5 (2)	3.2 (2.5)	0.8 (0.8)	1.6 (1.2)	2.2 (1.5)	0.7 (0.8)
中央部长	29.3 (20)	21.7 (10)	1.4 (2)	9.2 (6.5)	7.1 (5)	1.3 (1.3)

“不患寡，而患不均”这句古训反映的是传统社会中人们对财富、资源分配的一种社会心态。在社会主义新中国成立初期，平均主义也一度成为执政者和普通大众追求的一种理想的社会分配原则。但是在三十多年的市场化改革之后，民众对财富均分的诉求逐渐下降，对贫富差距和社会分化有了更高的容忍程度和接纳程度，这一点从表 11—1 中各职业群体间“应得”收入均不相等且有的相差较多上反映出来。

当然，民众对收入差距的容忍和接纳程度仍然与他们对公平、合理与否的判断密切相连。图 11—1 和图 11—2 描绘了最高与最低收入职业群体之间的收入差距，“实得”收入上的差距反映的是民众感知到的收入不平等程度，而“应得”收入上的差距则可以看作是民众能够容忍和接纳的不平等程度。数据显示，2008 年民众认为高低收入群体间的“实得”收入差距已经达到了 49 万（年收入），而合理的“应得”收入最大差距应该在 26.9 万；“实得”最高与最低之间的收入之比已经达到了 20 倍，而他们认为合理的差距或能够容忍的“应得”差距应该在 9 倍左右。2005 年的数据结果同样反映了较高的收入差距。

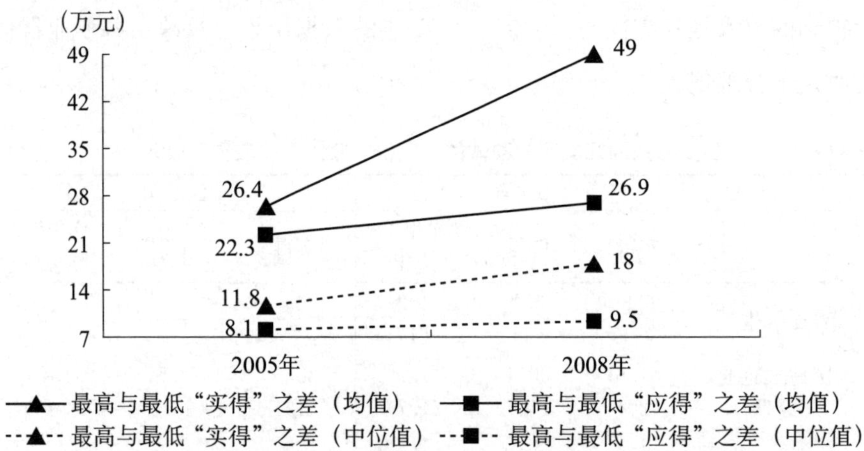

图 11—1　最高收入职业与最低收入职业群体间收入之差

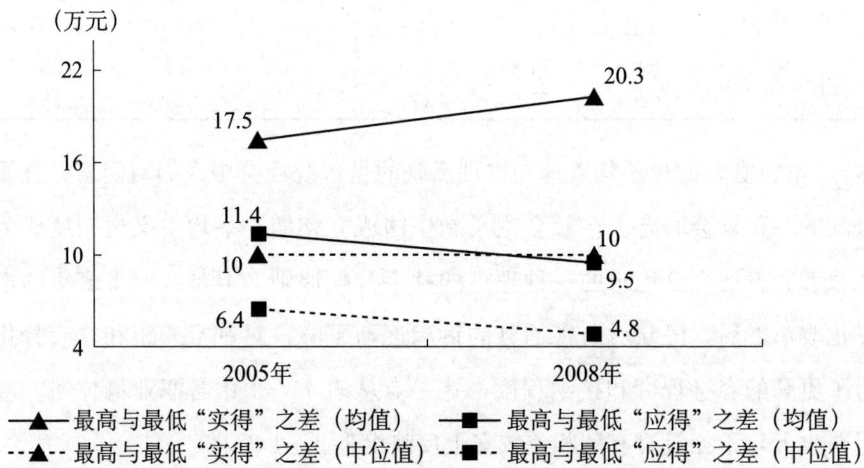

图 11—2　最高收入职业与最低收入职业群体间收入之比

（二）演变趋势

比较2005年和2008年的收入可以知晓，民众感知到的“实得”收入差距在扩大，从2005年的17.5倍扩大至2008年的20.3倍，从26.4万元的绝对差距扩大至49万元；从能够容忍的“应得”收入差距来看，相对比值从2005年的11.4倍下降至9.5倍，即民众对收入差距的容忍度有所降低，但从绝对值来看，这种容忍度是升高的，从2005年的22.3万元的可接受差距提升至2008年的26.9万元。在这一主题上，不少学者对民众收入差距容忍度变化趋势的判断依据的是相对比值之差，其实这种做法是值得商榷的。在本部分，从相对比值和绝对差值得出的结论不太一致。我们认为，综合来看，民众的容忍度实际是上升的，因为低收入群体的收入基数较小，从而其相对增长速度有可能稍快于高收入群体，但二者间的绝对差距仍在拉大，绝对差值比相对比值反映的数据结论更直观、更可靠。

（三）阶层差异

收入不平等的评价认知上存在显著的阶层或群体差异，这一点是大多数相关研究中忽视的重要内容。整体数据分析反映的是社会公众对收入不平等的普遍认知，而分群体的比较研究则能获得更多微观的、有关群体认知差异性的信息，它有助于我们了解哪些群体拥有最为强烈的收入不公平感以及其背后可能的缘由。

表11—2描绘了六大社会阶层在收入不平等认知上的差异，表中数字是各阶层所评估的五种职业的“实得”收入与“应得”收入之比。数据结果显示，在每类职业的收入合理性评价上，工人、农民和商业服务业人员这三大阶层的数值都是较高的（在对非技术工人收入的评估上，工人和农民的比值则非常低，表明他们认为非技术工人的收入远低于其所应得），其中尤以农民群体的数值最高，表明他们的收入不公平感要高于其他阶层。

表11—2　　　各社会阶层在收入不公认知上的差异（2008年）

	社会与经济管理者	专业技术人员	办事人员	商业服务业人员	工人	农民
普通医生	1.08	1.11	0.85	1.32	1.27	1.25
全国性大企业总经理	1.57	1.54	1.44	1.77	1.66	2.05

续前表

	社会与经济管理者	专业技术人员	办事人员	商业服务业人员	工人	农民
销售助理	1.20	1.36	1.13	1.31	1.34	1.28
工厂的非技术工人	0.84	0.80	0.81	0.86	0.76	0.79
中央政府的部长	1.18	1.22	1.13	1.45	1.35	1.54

进一步地，我们比较各个社会阶层所感知的和能够容忍的最大限度的收入不平等状况。表11—3数据显示，工人、农民两大底层社会群体评估的收入差距最为悬殊，他们认为当前社会最高和最低收入群体之间的比值分别达到了23.8和22.6倍，上层的社会与经济管理者们也感受到了较高的收入不平等状况，他们认为最高与最低收入比超过了20倍；其他几类处于中间阶层位置的群体感受到的收入不平等相对较弱。

在各阶层群体能够容忍的最高与最低收入差距上，工人和社会与经济管理者阶层的容忍度最高，而农民和商业服务业人员的容忍度较低，处于中间阶层位置的专业技术人员和办事人员的容忍度也处于中间水平。

表11—3　各社会阶层感知和容忍的最大收入差距（2008年）

	社会与经济管理者	专业技术人员	办事人员	商业服务业人员	工人	农民
最高与最低“实得”收入之比（感受到的不平等）	20.5	17.7	17.6	17.9	23.8	22.6
最高与最低“应得”收入之比（能够容忍的不平等）	10.9	9.2	9.9	8.7	11.0	8.7

2006年CGSS数据中设置的让被访者评估其“实得”与“应得”收入的职业群体的类别较多，基本涵盖了从底层到高层的各种代表性群体。由此，我们可以结合被访者本身的职业信息，探讨各职业阶层对自身阶层收入不平等状况的评估和认知。表11—4中列出了根据7个客观社会群体对自身“实得”与“应得”收入的评估得出的比值数据以及由总体样本得出

的评估结果。①

比较有意义的发现有以下几点：第一，农民和工人两个群体认为自己“实得”收入远低于“应得”收入，且“实得”收入低于“应得”收入的幅度比一般公众评估的差距还要大，这体现出底层群体较为强烈的收入不公平感。第二，行政办事人员、大学教授两类群体对自身收入不平等状况的评价与公众评价一致，并且大家一致认为这两类群体的“实得”与“应得”收入基本持平，他们的收入较为合理和公平。第三，私营业主群体认为自身“实得”收入高于“应得”收入（1.33），并且高出的幅度远大于一般公众所评估的比例（1.17）；这一现象也出现在街道、乡镇以上党政负责人对中央部长收入的评价上。职业从业者对其职业群体内部的经济收入状况有着更为详细的了解，从高端经济精英和公务员的自评结果中可以知晓，收入不公状况远比一般公众认知的严重、复杂。第四，企业经理和董事长对自身收入的评价结果是“公平合理”（1.00），但公众认为他们的“实得”远高于其“应得”，这反映了不同群体在公平感上的巨大差别。

表 11—4　收入不平等（“实得”与“应得”之比）的群体自评结果（2006 年）

待评职业／客观阶层	农民	工人	行政办事人员	私营业主	大学教授	中央部长	大企业经理
农民	0.50						
工人		0.81					
行政办事人员			1.00				
私营业主				1.33			
有高级技术职称的专业技术人员					1.00		
街道、乡镇以上党政负责人						1.29	
经理、董事长							1.00
总体	0.57	0.83	1.00	1.17	1.00	1.25	1.25

上面的数据结果显示，工人、农民等底层社会群体被认为在财富与收

① 囿于数据资料，7 个客观阶层与用于进行收入评估的 7 个职业群体之间并不能完全一一对应。在我们的操作中，“大学教授”职业对应的客观阶层是有高级技术职称的专业技术人员、对“中央部长”收入进行评估的对应群体是街道、乡镇以上党政负责人，对“全国性大企业经理、董事长”群体进行收入评估的对应群体是经理人员和董事长。

入分配中处于极为不利的境地，其实际所得大大低于其应得，与之相比，国家高级公务员、经济精英则被认为获得了远高于合理范围的财富，在收入不平等中属于获益的一方。

另一项独立的指标数据也反映了同样的信息，在 2003 年、2005 年和 2006 年三次 CGSS 调查中，均设置了一项对“近 20 年来获益最多的群体”进行考察的题项。图 11—3 结果显示，历次调查中，国家干部（公务员）

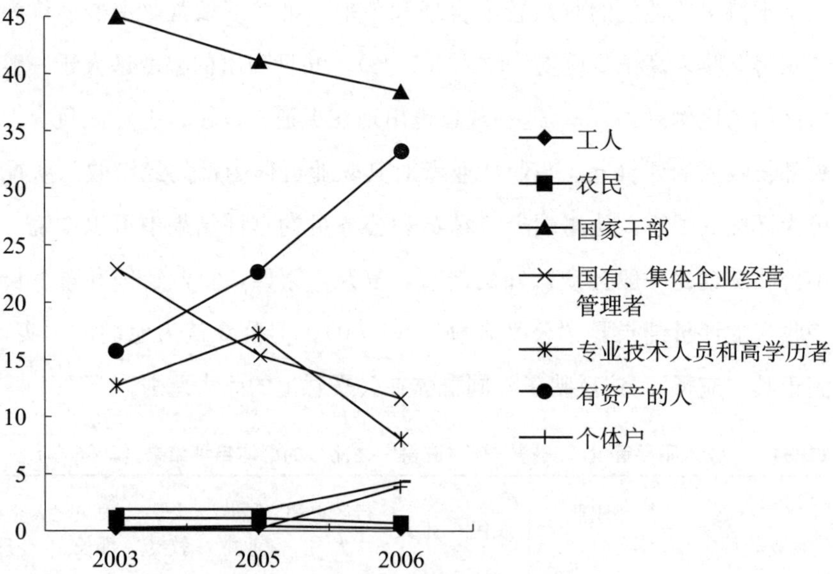

图 11—3　近 20 年来获益最多的群体

注：其中 2006 年调查问卷中的设问是“近 10 年来……”；另外，各年份调查问卷中对这些群体的分类大体相同，但也有个别差异，我们根据相同、相近的原则对三年的分类进行了微调，使其具有一致性和可比性。

都被认为是在改革开放进程中获益最多的群体；国有、集体企业经营管理者在 2003 年时被认为是获益量仅次于国家干部的群体，但在 2005 年和 2006 年时，他们被有资产的人取代，后者上升势头较猛，越来越被人们认为是获益较多的群体；专业技术人员和高学历者一直处于中间水平，但从发展趋势来看，他们获得的利益被认为不如前几年那么多了；毫无疑问，工人、农民、个体户被认为是在改革中受益幅度最小的一群人，或者可以说，他们是利益相对受损者，在财富与资源分配中处于弱势的地位。

改革确实已经深深地改变了中国。阶层/群体地位关系的急剧调整可能会造成一系列结构性冲突和矛盾，两极分化的加剧和社会公平的丧失，将构成威胁政治稳定的重要因素。①

二、公平指数

在本部分，我们结合上文提到的“实得”与“应得”指标，沿袭吴晓刚的“公平指数”的逻辑思路并借用他的概念，构建一个简化的公平指数。② 公平指数的基本逻辑思路是：“实得”与“应得”收入相等是最为公平、合理的收入分配状态，而二者相差幅度越大，则表明越不公平。公平指数就是用来衡量这种距离公平状态的差距幅度的大小，数值越大，则表明越认为收入不合理、不公平。本文简化的公平指数的计算程序如下：首先计算出被访者评估的某一职业群体的“实得”与“应得”收入的比值；其次，将该比值减去 1 之后取绝对值，即得到该个体对这一职业群体收入的公平性判断得分，也就是公平指数得分；最后将被访者在所评估的这五个职业群体上的绝对值相加，即得到该被访者的收入公平指数总得分。

表 11—5 列出了依据上述计算程序得出的 2008 年所有被访者在 5 类职业群体收入不平等认知上的公平指数得分（平均值）。可以看出，大型全国性企业总经理的收入被认为是最为不公平和不合理的，其收入水平远远高于公众认为的合理水平；中央部长的收入水平同样被认为具有较高的不公平性；相比较而言，工厂工人的收入距离合理水平较近，公众一般认为二者间距离相差不是很大。

---

① 参见康晓光：《未来 10 年中国政治发展策略探讨》，载《战略与管理》，2003（1）。

② 基于国际比较的目的，吴晓刚用基尼系数对每个被访者对收入不平等的评估进行了归纳总结。他特别计算了估计的实际收入的基尼系数和应得收入的基尼系数，然后用这两个基尼系数的比率表示被访者自己对收入不平等的实际程度的估计和他们对应得收入不平等程度的估计差距有多大。这个比率就是“公平指数”。本章沿袭了吴晓刚的逻辑思路和概念，根据文本的分析目的加以简化，主要用于分析不同社会阶层或群体的公平感。特此说明。

表 11—5　　公众在 5 类职业群体收入不平等认知上的公平指数得分

普通医生	大型全国性公司总经理	销售助理	工厂工人	中央部长
0.59	1.92	0.77	0.37	1.25

将被访者在 5 个职业群体收入上的公平感指数相加可以得到总的公平指数，从阶层或群体比较的角度来看，他们之间存在着较为明显的差异。表 11—6 结果显示，农民、工人和商业服务业人员作为社会中的中下层群体，公平指数得分最高，表明他们认为当前存在着严重的收入分配不公现象，相比而言，办事人员和高层的社会与经济管理者则没有如此强烈的分配不公平感。

表 11—6　　公平指数的群体差异

	均值	标准差
社会与经济管理者	3.0	4.2
专业技术人员	4.1	8.4
办事人员	2.7	3.4
商业服务业人员	4.7	8.3
工人	4.8	8.1
农民	4.9	7.7
总计	4.5	7.8

三、有关社会不平等的态度认知

表 11—7 展示的是各阶层对当前我国社会不平等及政府责任的主观态度和看法，表中数字代表的是受访群体中对这些说法持有同意（“非常同意”和“同意”）观点的比例。结果显示，当前收入差距过大已成为各方的一个共识；政府应缩减贫富差距、为失业者提供基本保障已成为各方对政府责任的共同期待；各方也认为应该实现教育机会的均等。

表 11—7　　各阶层对贫富差距及政府责任的评价（2008 年）

	社会与经济管理者	专业技术人员	办事人员	商业服务业人员	工人	农民
我国的收入差距太大了	95.7	90.9	95.7	91.0	92.3	90.6
缩小高低收入差距，是政府责任	81.5	82.4	87.1	81.1	84.0	78.9

续前表

	社会与经济管理者	专业技术人员	办事人员	商业服务业人员	工人	农民
政府应为失业者制定像样的生活标准	92.6	88.9	81.4	89.8	87.4	86.1
政府应减少穷人福利的开销	46.6	50.4	50.7	51.1	53.3	56.2
人人都有同样的获得大学教育的机会	78.5	73.0	80.0	74.6	75.5	73.1

表11—8从机会平等的角度揭示了人们对社会不平等状况的认知。对于先赋性因素、自致性因素以及关系网在人生发展和成功中的作用的判断，也是有关社会不平等之主观层面研究的一个重要组成部分。结果显示，工人、农民等低层社会群体中认为家庭富裕、性别等先赋性因素对人生成功和发展更为重要的比例最高，而中上层群体更为看重人力资本、努力工作等自致性因素；对于政治关系网络，低层群体认为其重要的比例较高。上述结果表明，在低层群体眼中，当今社会并不是一个公平的、机会均等的社会，家庭出身、关系网络等发挥了更为重要的作用。

表11—8　各阶层认为下列因素在人生发展/成功中“重要”的数量比例（2008年）

	社会与经济管理者	专业技术人员	办事人员	商业服务业人员	工人	农民
家庭富裕	62.3	66.2	68.6	69.1	74.9	73.0
父母有良好教育	82.2	82.1	82.6	80.7	81.9	80.9
个人有良好教育	89.6	91.1	88.6	87.5	87.8	87.8
努力工作	90.2	86.9	81.4	88.0	86.3	81.6
有政治关系	53.5	53.3	48.6	51.8	58.9	56.9
行贿	25.8	25.6	29.0	28.4	25.3	28.1
性别	19.7	22.5	22.7	23.7	22.4	28.7

第二节　社会冲突意识：状况及趋势

对阶层/群体间相互关系尤其是利益对立、矛盾冲突关系的判断，同样是社会不平等主观层面研究的一个重要视角和议题。著名的“国际社会调查项目”也一直设置了“不同群体间的断裂和冲突”这样的模块。在“中国综合社会调查”项目的 2006 年、2008 年和 2010 年度调查中，均设置了这一指标。从中我们可以了解当前民众对社会群体间冲突现实的真实感受，并能够从群体差异和纵向年份比较中发现更多丰富而细致的信息。

一、总体概况

在这三次调查中，被访者均被要求对四对社会群体间冲突的严重程度做出评估，图 11—4 展示了 2008 年调查得出的结果。从中可以看出，在四对群体冲突关系中，穷人和富人阶层、上层和底层之间的冲突被认为较为严重，分别有 65.5%和 61.8%的被访者认为这两对群体间冲突严重或非常严重，远高于其他两对群体间冲突。就民众的普遍感受而言，社会上层和下层群体，尤其是基于财产分配的富人和穷人之间差距的拉大，已经引起了各界越来越多的不满，两者间的利益摩擦、冲突甚至对立已达到了非常严重的程度。相比较而言，底层和中层、中层内各群体间的关系则没有那么紧张。

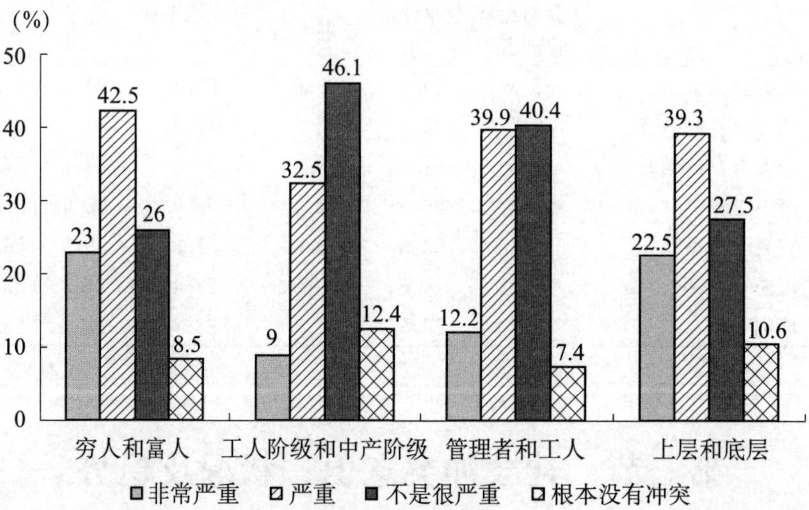

图 11—4 不同社会群体间冲突严重程度评价（2008 年）

二、阶层差异

图 11—5 描绘了五个主观认同阶层对于四对群体间冲突严重程度的看法，比例数字代表的是认为冲突“非常严重”和“比较严重”的比例之和。图中反映的基本趋势是，无论是在哪种群体间冲突上，阶层地位越低的群体，越认为存在较为严重的社会冲突，当然这一基本趋势在中上层这一群体中出现了例外。如前文得出的结论，下层群体在改革之中受益微弱，且有着较为强烈的收入不公平感，这种感受有可能会转化为激烈的冲突意识和行动倾向，甚至会成为社会不安定的潜在诱导因素。

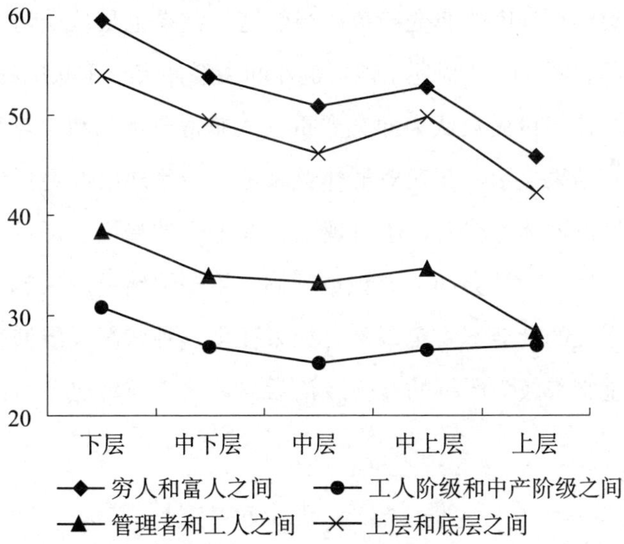

图 11—5 各阶层中认为群体间冲突严重的比例（2010 年）

进一步地，我们对冲突严重程度的五个等级进行赋分，以生成一个反映民众社会冲突意识的指数，“根本没有冲突”赋分为 0，“不太严重”赋分为 1，“一般”赋分为 2，“比较严重”赋分为 3，“非常严重”赋分为 4。将被访者在上述四对群体冲突关系上的得分加总，即可得到他们对当前社会群体间冲突状况的总体性判断。表 11—9 展示了各阶层的社会冲突指数得分，与前文得出的结论一致，社会下层群体如预期的那样拥有最高的社会冲突意识，社会经济地位越高，社会冲突意识越低。

表 11—9　　各阶层社会冲突指数得分（2010 年）

社会下层	9.5
社会中下层	9.0
社会中层	8.7
社会中上层	8.9
社会上层	8.3
总计	9.0

三、纵向趋势：2006—2008—2010

我们将跨越了 5 个年度的三次调查的结果呈现出来，从中可以看出群体间社会冲突严重程度的演变趋势，当然这一结果也是从受访群体的主观判断中得出的。图 11—6 描述了四对群体间关系冲突严重状况的演变趋势，数字显示的是该年份民众认为冲突严重（“非常严重”和“较为严重”相加）的比例。结果显示，在四对群体关系上，均呈现出冲突意识逐渐上升的趋势，在有的群体冲突上，还出现了大幅上升的局面。可见，在过去的一段时期里，民众的社会冲突意识或不满、不安情绪是越来越强烈的，这构成了一个潜在的社会不安定因素，如果任由这种状况发展演变下去，那么甚至有可能带来较为严重的社会政治后果，这一问题应该引起各方足够的重视。

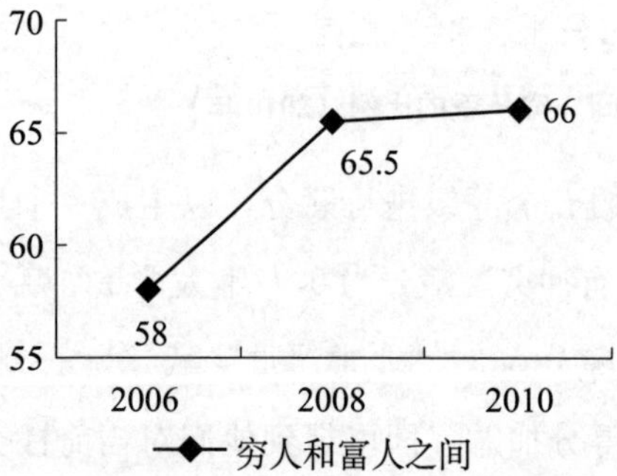

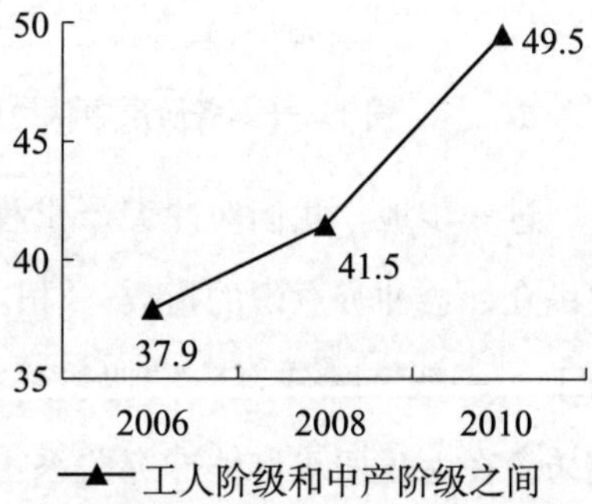

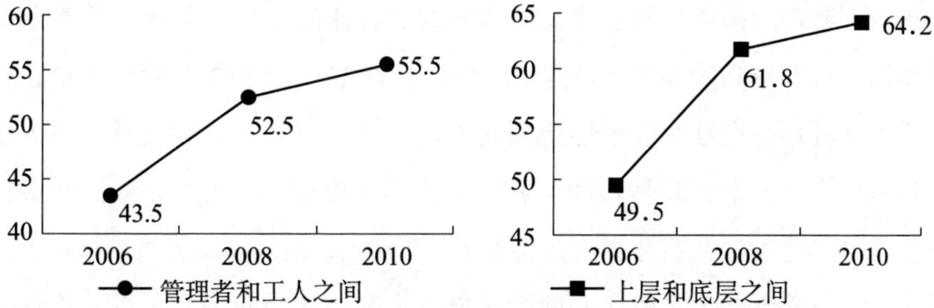

图 11—6　各群体间冲突严重程度（非常严重和严重）及其趋势

注：这里需要说明的是，2006 年和 2008 年问卷中有关各类群体间冲突问题的答案均为"非常严重"、"严重"、"不是很严重"和"根本没有冲突"四项，而 2010 年问卷中的答案项目为五项："非常严重"、"比较严重"、"一般"、"不太严重"、"根本没有冲突"，并且"一般"这一较为中性的选项占据了相当比例的人选。对此，我们的处理是，出于与前两年数据进行比较的考虑，在计算时，我们将半数的"一般"选项比例归为"严重"行列，另一半比例则视为"不是很严重"。这一操作主要是出于研究需要且操作本身具有一定合理性，尽管这一做法不够严谨。

第三节　二者间关联：分配不公是否会招致冲突？

影响人们社会冲突意识的因素有很多种，既可能由客观地位决定的阶层间、群体间社会经济差异、利益摩擦导致，也可能由主观的相对受益/剥夺感产生。在本部分，我们考察个体公平性认知与其社会冲突意识之间的关联，具体来说，公平性认知从对收入分配的公平性判断和对整体社会的公平性判断两个方面来操作。从前者那里，我们可以判断社会冲突感受到物质性因素影响的程度，而从后者那里，则可以判断社会冲突感受到价值性因素影响的状况。①

一、基本描述

2010 年 CGSS 问卷中设置了让被访者评价"目前个人收入是否公平（考虑到自身的教育背景、工作能力、资历等各方面因素）"和"当今社会是否公平"这两道有关社会不平等之公平性认知的题目。对社会冲突意识

① 参见李培林：《现代性与中国经验》，载《社会》，2008（3）。

的衡量，我们的做法依然是将被访者对四对群体间冲突严重程度的判断得分相加，分值越高则表明冲突意识越强烈。表 11—10 数据显示，无论是在收入公平性还是在社会公平性的判断中，在公平感与社会冲突意识的关系上均呈现出“公平感越高，冲突意识越低”的趋势。在公平感最高和最低的受访群体之间，社会冲突指数相差了接近 1/3。通过方差分析结果也可以看出，在有着不同公平感认知的受访群体之间，社会冲突意识得分体现出了非常显著的差异性。

表 11—10　　持不同公平态度的群体在社会冲突意识上的得分（2010 年）

个人收入是否公平	社会冲突指数	N	当今社会是否公平	社会冲突指数	N
不公平	10.31	1 854	完全不公平	10.58	1 005
不太公平	9.41	2 338	比较不公平	9.67	3 176
一般	8.87	3 451	居中	8.92	2 814
比较公平	8.24	2 098	比较公平	8.26	3 781
公平	7.81	1 212	完全公平	7.72	593
$F=137.11^{***}$			$F=147.52^{***}$		

二、统计模型分析

进一步地，我们在统计模型中检验“公平感”与“冲突感”二者间的关系。基于 2010 年 CGSS 调查数据，在以社会冲突意识得分为因变量的回归模型中，使用的控制变量有性别、年龄、教育程度、阶层地位，被作为解释变量的收入公平感与社会公平感均被视为定距变量而纳入模型（取值 1～5，数值越大，公平感越高）。与此同时，在两个模型中，我们分别纳入了收入公平感、社会公平感与阶层地位的交互项，因为公平感与阶层地位间可能存在着一定的关联。

表 11—11 统计结果显示，性别、年龄两变量对冲突意识得分无显著影响，教育程度变量影响显著，文化程度越高，冲突意识得分越高，这与李春玲在研究中产阶级的社会冲突意识时得出的研究结果基本一致。[①] 在控制

① 参见李春玲：《寻求变革还是安于现状——中产阶级社会政治态度测量》，载《社会》，2011 (2)。

其他变量的基础上，阶层地位变量在两个模型中均统计显著，与社会上层相比，阶层地位较低的群体有着更高的冲突意识。

收入公平指数与社会公平指数均统计显著，个体收入公平感越高，社会冲突意识得分越低；社会公平感越高，社会冲突意识得分同样越低。也就是说，在一个让成员能够感受到更多公平和合理的社会中，成员的不满情绪、冲突意识会明显减弱；反之，一个让成员感受到严重不公、不合理的社会，将会是一个矛盾丛生、怨怒弥漫，充斥着浓厚“火药味”的危险社会。李培林及其合作者使用2002年全国调查数据，检验了收入分配公平性评价和财产占有公平性评价两个自变量对社会冲突意识的影响，其结论亦是如此。[①] 但是，他们并没有考虑公平性认知与阶层地位之间的交互效应，在统计模型中纳入交互项，将能够获得二者对因变量影响的更为细致、复杂的数据信息及其现实启示意义。

从阶层地位与公平指数（收入/社会整体）的交互项上看，与上层群体相比，中下层群体与公平指数的交互项系数均为负值，且中上层与公平指数交互、下层与公平指数交互两个系数均统计显著。这表明，与处于社会上层的群体成员相比，处于中下层的群体成员，其公平感上升能够显著降低其社会冲突意识。也就是说，中下层群体成员对收入分配和整个社会的公平性有较高的敏感度，如果在资源分配和机会获得上赋予他们更多的公平性与合理性，那么与上层群体成员相比，他们的社会冲突倾向将得到显著的减弱。

表 11—11　　以社会冲突意识得分为因变量的一般线性回归结果

	模型1 收入公平与 冲突意识	模型2 社会公平与 冲突意识
男性	−0.094 9	−0.075 9
年龄	−0.005 07*	−0.003 18
教育程度（初中及以下为参照）		
高中或中专	0.466***	0.442***

① 参见李培林等：《社会冲突与阶级意识》，115～118页，北京，社会科学文献出版社，2005。

续前表

	模型 1 收入公平与 冲突意识	模型 2 社会公平与 冲突意识
大专及以上	0.839***	0.754***
阶层地位（上层为参照）		
中上层	1.590**	1.522*
中层	1.144*	1.755**
中下层	1.271*	1.382*
下层	2.355***	2.081**
收入公平指数	−0.305*	
交互项：阶层×收入公平指数		
中上层×收入公平指数	−0.319+	
中层×收入公平指数	−0.238	
中下层×收入公平指数	−0.2	
下层×收入公平指数	−0.492**	
社会公平指数		−0.354*
交互项：阶层×社会公平指数		
中上层×社会公平指数		−0.308
中层×社会公平指数		−0.424*
中下层×社会公平指数		−0.225
下层×社会公平指数		−0.322+
截距	9.261***	9.343***
样本量	10 918	11 332
调整的 R^2	0.059	0.059

显著性水平：+ $p<0.1$，* $p<0.05$，** $p<0.01$，*** $p<0.001$。

第四节 小结与讨论

首先，本章使用“实得”/“应得”收入这对指标来测评受访群体对收入不平等状况的感知和公平性判断。结果显示，无论是从受访群体感受到的收入分配状况，还是从他们认为合理的收入分配状况中，均可以得出这样的信息：民众并不追求“平均主义”的“理想式”分配原则，而是认可和接受财富分配上的差距，但是，这种差距要以公平、合理为前提。“不患寡，而患不均”这句描述民众在财富分配时心态的古训在社会转型的今天应该更恰当地表述为“患不均，更患不公”。

其次，民众普遍反映当前的收入不平等持续拉大，收入分配欠缺公平性与合理性。第一，在受访群体看来，高级公务员和经济精英在改革之中受益最多，这些群体获得了远高于他们应得的收入，而低层的工人、农民群体的收入则远低于其应得。收入不平等以及收入分配不满不仅来源于高低收入群体的差距在拉大，而且还来源于人们在收入上的“相对不公平感”，即：人们认为“实得”收入和“应得”收入之间的差距也在拉大，后者和“公平”、“合理”概念有更直接的联系。第二，民众感受到的实际贫富差距程度远高于他们能够接受和容忍的程度，而低层群体对收入不平等的容忍程度相对要低于其他群体，这是一个值得关注的危险的社会信号。第三，纵向比较结果显示，社会上层和底层群体间的收入差距在持续拉大，尽管民众对差距容忍的限度也在提高，但民众容忍度增加的幅度要远小于实际差距拉大的幅度。第四，在阶层或群体差异上，低层群体在收入分配上的不公平感、相对剥夺感更为强烈。

再次，一些群体间的矛盾与冲突被认为达到了较为严重的程度，并有持续恶化的趋势。一方面，穷人和富人之间、上层群体和底层群体之间冲突的严重程度远高于其他阶层、群体间的冲突，这很大程度上是因为这两类群体在改革发展中分别处于获益最多和获益甚微或相对利益受损的两个位置；另一方面，各群体间冲突的严重程度在过去几年中有持续上升的势头。尽管对社会冲突状况的评估与真实的冲突意识不能直接画等号，并且社会成员的认知、意识与真实的社会政治行动亦不存在必然性关联，但一个被认为群体间关系剑拔弩张、利益摩擦与冲突不断的社会，是一个有着较高运行风险的社会。社会冲突意识居高不下，其背后根由及可能带来的社会政治后果等议题均值得关注与深思。

又次，对财富和资源分配的公平性认知与社会冲突意识之间被证实有着紧密的关联，不公平感越高，群体的社会冲突意识就越高，反之亦然。

社会不平等的持续拉大以及分配过程和结果的不公平性，将造成社会怨怒的积聚及冲突意识的上升，成为潜在的不安定因素的诱导元素，如若重视不足或处理不当，甚至会带来严重的社会政治后果。与此同时，数据表明，在中下层群体中，公平感的提升能够显著降低其社会冲突意识，且该减幅要高于上层群体。由此引申的政策与实践意义在于：维护社会的公平正义，尤其是维护中下层群体的权益和利益，保障他们获得公平参与社会竞争的机会以及在资源分配中获得合理的份额，将社会政策适当"向下"倾斜，对于消减社会冲突、增进社会和谐的大局，将具有非常重要的战略意义。

最后，社会不平等的主观层面相关议题的研究应该得到更多的重视。与以基尼系数、社会流动率为代表的客观描述社会不平等经验现实的指标相比，社会不平等之主观层面的研究则关注"是否公平合理"、"应该如何"等一系列涉及规范性价值评判的议题。仅仅从客观指标出发并不能准确预测民众的主观认知和评价。与之相比，主观评价指标反映的信息更为真实、具体，并且能够与一系列社会政治后果性指标相连。即便不能作为预测和评估社会经验现实的唯一指标，它们亦能在视角转换、解释论证等方面为预测和评估过程提供有益的补充。

第十二章　分配公平观：国际比较的视角

2005年、2006年、2008年的CGSS年度调查中，均设置了借鉴自“国际社会调查项目”跨国比较模块中有关社会不平等（收入不平等）研究的问题。ISSP 2009的“国际社会不平等调查”模块的数据，更是提供了对于“公平观”进行国际比较的条件。本章将以ISSP 2009“国际社会不平等调查”模块提供的数据为基础，就公平观的国际比较进行分析。

第一节　收入差距认知

从民众对经济收入差距的主观认识来看，35个被调查国家或地区（其中美国和俄罗斯为1999年的调查数据）的大多数民众都认为自己国家的收入差距太大（见表12—1）。

表12—1　　您是否赞同你们国家的收入差距太大？(2009年)(%)

国家或地区	非常同意	同意	无所谓同意不同意	不同意	非常不同意	总计
阿根廷	37.8	54.1	4.1	3.4	0.6	100.0
澳大利亚	28.8	45.2	15.7	9.1	1.2	100.0
奥地利	46.3	42.0	7.8	3.3	0.6	100.0
比利时	25.0	49.7	14.6	8.2	2.5	100.0
保加利亚	57.6	36.7	4.4	0.9	0.4	100.0
智利	37.8	49.7	7.0	4.4	1.1	100.0
中国大陆	38.5	52.9	5.4	2.9	0.3	100.0
中国台湾	44.9	46.2	2.6	5.3	1.0	100.0
克罗地亚	59.2	33.2	3.5	3.5	0.6	100.0
塞浦路斯	26.3	40.7	17.6	10.6	4.8	100.0

续前表

国家或地区	非常同意	同意	无所谓同意不同意	不同意	非常不同意	总计
捷克	51.4	33.0	9.3	4.8	1.5	100.0
丹麦	28.1	34.3	15.1	14.2	8.3	100.0
爱沙尼亚	67.3	25.9	3.2	2.5	1.1	100.0
芬兰	31.4	40.1	15.2	11.7	1.6	100.0
法国	68.9	22.1	5.9	2.3	0.8	100.0
匈牙利	77.5	19.6	2.4	0.3	0.2	100.0
以色列	53.5	30.4	12.0	3.6	0.5	100.0
日本	43.2	34.7	14.9	4.5	2.7	100.0
韩国	46.5	43.7	6.3	2.5	1.0	100.0
拉脱维亚	58.1	36.8	4.2	0.8	0.1	100.0
新西兰	21.1	43.8	20.3	12.7	2.1	100.0
挪威	12.0	48.7	21.0	16.1	2.2	100.0
菲律宾	21.0	30.4	15.3	21.5	11.8	100.0
波兰	53.3	35.1	6.6	4.0	1.0	100.0
葡萄牙	60.3	35.1	3.3	1.2	0.1	100.0
斯洛伐克	62.1	29.9	6.5	1.1	0.4	100.0
斯洛文尼亚	58.2	37.1	2.7	1.7	0.3	100.0
南非	45.3	47.9	3.9	2.2	0.7	100.0
西班牙	32.1	59.1	4.8	3.8	0.2	100.0
瑞典	32.2	40.9	17.2	7.5	2.2	100.0
瑞士	38.9	48.5	7.1	5.1	0.4	100.0
乌克兰	75.2	20.9	3.2	0.5	0.2	100.0
英国	29.3	47.9	14.9	6.5	1.4	100.0
美国[a]	25.0	41.2	21.5	9.2	3.1	100.0
俄罗斯[a]	79.5	16.0	2.2	1.2	1.1	100.0

资料来源：ISSP 2009；[a]来自 ISSP 1999 的数据。

从表 12—1 的数据来看，尽管中国大陆有 91.4%的民众赞同“收入差距太大”这一说法，但“非常同意”这一说法的人的比例相对而言并不是太高，为 38.5%，处于中间水平。在“非常同意”这一说法里，匈牙利、俄罗斯（1999 年）、乌克兰等国的比例相当高，超过 75%；而挪威最低，仅 12%，其次是菲律宾和新西兰，在 21%左右。总体来看，菲律宾人对自己国家的收入公平性最为满意，而乌克兰、俄罗斯及东欧一些国家，其民众对收入分配的公平性最为不满。中国大陆民众对收入差距的态度与西方发达国家相比，虽然总的赞同比例要高，如英国为 77.2%，美国为

66.2%，但比法国、葡萄牙的比例要低，与西班牙的比例相当。

民众对于本国的收入差距是否太大的认识其实属于笼统的认识，对这一问题的回答，实际上反映出的是人们的社会心态。这里之所以强调选择“非常同意”一项的比例，是因为此项比例越高，在一定意义上表明民众对收入公平的态度越激进或激烈。虽然高比例或许是一国收入差距客观情况的反映，但对极端选项选择的比例很高，说明有更多的人持有极端的态度。在这方面，中国大陆民众的极端态度处于中间状态，比韩国和日本要低，与英国、美国高，与瑞士、智利、阿根廷相当。

如果从收入和财富分配差距的客观情况来看，进入21世纪，中国收入差距和财富的过度集中化趋势是不可否认的。但是，中国社会是不是真的如有些人所说的那样，“国际上通常认为，基尼系数0.4是警戒线，一旦基尼系数超过0.4，表明财富已过度集中于少数人，该国社会处于可能发生动乱的‘危险’状态。我国基尼系数已从改革开放初的0.28上升到2007年的0.48，近两年不断上升，实际已超过了0.5，这是十分严重的信号”①？事实上，这种观点在某种意义上说也是在建构社会不公平，因为他们过于强调客观情况，而忽视了民众的主观感受和态度。当然，追求和实现客观的社会公平是任何社会都需要努力的方向和理想目标，但收入和财富的差别程度一提高到某个水平就必然造成社会动乱，这似乎有点危言耸听。对社会稳定和良性运行条件及机制的考量，可能需要考虑更加综合的因素。

第二节　社会不平等归因

民众对社会不平等的归因也能反映出他们的主观态度。尽管对个人来说，要真正准确地认识自己所处社会为何产生不平等或社会差别，只能根据自己个人的感受，但是，众多个人的主观反映也会在一定程度上代表一个社

① 从亚平、李长久：《中国基尼系数实已超0.5　财富两极分化》，载《经济参考报》，2010-05-21。

会的民众心态或关于社会不平等的信念。在ISSP 2009的“国际社会不平等调查”模块里，我们设计了多个关于不平等归因的问题，这里从中选取了三个较为重要的归因维度：一是家庭出身，反映社会不平等的代际传递；二是个人教育，反映个人资本在不平等中的作用；三是认识关键人物，反映的是人际关系或社会资本在不平等中的作用。具体的调查结果可见表12—2。

表12—2　　您认为在你们社会取得领先位置哪些因素重要？（2009年）

	出生在富裕家庭有多重要？		受到良好教育有多重要？		认识关键人物有多重要？	
国家或地区	重要	不重要	重要	不重要	重要	不重要
阿根廷	21.6	57.6	69.2	4.9	65.3	8.6
澳大利亚	21.6	46.6	80.7	2.4	38.9	19.8
奥地利	31.0	28.0	78.6	2.8	60.4	8.6
比利时	14.4	47.1	72.9	3.4	51.4	9.0
保加利亚	45.9	23.0	80.1	4.2	71.8	7.7
智利	37.6	39.8	79.6	4.1	55.9	15.9
中国大陆	70.8	13.1	88.4	1.8	79.1	4.8
中国台湾	33.5	41.4	66.5	13.3	78.9	6.4
克罗地亚	46.9	24.1	74.9	6.1	69.4	8.8
塞浦路斯	35.2	35.2	82.3	5.4	49.4	22.5
捷克	24.2	49.3	48.1	20.9	56.3	13.9
丹麦	8.6	60.1	58.9	5.2	34.6	22.1
爱沙尼亚	26.6	32.8	78.5	3.0	54.8	12.2
芬兰	6.4	68.8	53.5	8.5	29.8	26.5
法国	10.2	61.1	65.9	4.4	22.6	38.9
匈牙利	42.5	25.1	53.8	13.9	55.1	14.7
以色列	34.8	31.5	71.6	8.6	68.1	8.0
日本	12.3	47.6	36.7	16.1	14.6	45.8
韩国	45.8	19.1	67.7	11.3	78.0	3.1
拉脱维亚	40.0	28.3	73.8	2.8	51.4	13.4
新西兰	9.1	62.6	72.0	2.8	26.5	30.1
挪威	11.1	53.8	50.0	7.5	36.2	20.9
菲律宾	34.2	39.0	89.9	2.4	43.0	26.6
波兰	49.8	21.2	91.7	1.3	73.4	5.9
葡萄牙	35.4	27.2	58.0	10.6	45.0	13.8
斯洛伐克	35.4	33.1	70.9	6.0	70.0	5.3
斯洛文尼亚	31.4	33.2	70.2	6.1	67.3	6.1
南非	56.3	27.0	94.0	1.6	65.9	12.3
西班牙	32.4	38.2	69.5	5.8	52.4	12.2
瑞典	13.5	52.7	64.2	4.1	40.0	17.3

续前表

	出生在富裕家庭有多重要？		受到良好教育有多重要？		认识关键人物有多重要？	
国家或地区	重要	不重要	重要	不重要	重要	不重要
瑞士	12.6	60.0	75.8	2.9	50.1	12.2
乌克兰	44.8	27.1	71.2	6.0	60.9	8.6
英国	15.0	59.4	74.9	3.3	34.1	22.2
美国[a]	19.0	47.0	/	/	44.4	13.6
俄罗斯[a]	41.4	27.2	/	/	59.5	9.8

资料来源：ISSP 2009；[a]来自 ISSP 1999 的数据。

从表 12—2 的数据来看，中国大陆民众在对社会不平等的归因方面有一个非常突出的特点，就是强调家庭出身的重要性，即认为个人在社会中的地位差别，家庭出身起了重要作用。在这方面，中国大陆的比例为 70.8%，其次是南非，比例为 56.3%，最低是芬兰，比例为 6.4%。大多数国家只有不过 50%的人认为家庭出身对地位差别起重要作用，而在中国大陆，却有超过 2/3 的人认为家庭出身重要。这在某种意义上说，既可能是现实状况的反映，又是中国人关于不平等观念的一个重要特色。中国人之所以有如此高的比例认为出生在富裕家庭对取得较优势的社会地位重要，是因为在客观事实层面上，现行的社会分层机制和制度确实在较大程度上维护了不平等的代际传递；而从主观层面上看，这种观念和认识里，实际上隐含了中国人对社会不平等的一种宿命论式的态度，此一态度或许让人们在精神上对不平等现实得以自慰，因而可能也使得人们对社会不平等的容忍度得以提高，因为更多的个体会将自己的劣势归因于自己的家庭出身，而这一因素在中国人的一般观念里似乎又是合理的。

在对个人是否接受良好教育之于不平等的重要性的主观认识方面，数据显示，南非人似乎最看重教育，有 94.0%的人认为个人受过良好教育对于自己取得较高社会地位很重要，其次是波兰（91.7%）和菲律宾（89.9%），然后就是中国大陆，有 88.4%的人认为教育之于社会分层很重要。只有日本人（36.7%）和捷克人（48.1%）似乎不太看重良好教育对于获得较高地位的重要性。从国际比较的角度看，中国民众非常看重良好教育对获得优势社会位置的作用，而非常奇怪的是，日本人却截然相反，大多数人并不认为良好的教育会对个人取得较高社会地位发挥重要作用。中国人在社会不平等归因方面的偏重教育归因的特点，在一定意义上反映了当前中国社会分层机制的客观特征，即教育程度对社会差别有重要显著影响。与此同时，偏重教育归因也反映了中国民众倾向于认为当前的社会不平等属于“正义的不平等”。因为，不平等是个人教育程度的差异造成的，即个人的能力差异造成的，因而属于“正义的”。而且，目前中国依然实施较为严密的考试制度，中考、高考、考研、考博等考试制度，相对来说对个人获得良好教育的机会是较为公平的，个人只有靠自己的考试能力才能获得良好的教育机会。

在关于认识关键人物对个人取得领先地位的重要性方面，中国大陆有79.1%的人认为重要，而仅有4.8%的人认为不重要。这一数据显示出中国民众有着最为强烈的社会不平等的关系资本归因倾向，即强调那些取得更高社会地位的人之所以如此，是因为他们认识了一些关键性人物。中国台湾（78.9%）、韩国（78.0%）、波兰（73.4%）、保加利亚（71.8%）、斯洛伐克（70.0%）等国家和地区有很高比例的人认为认识关键人物对获得较高社会位置重要。其中韩国人明确认为认识关键人物不重要的比例最低，仅为3.1%。日本人正好相反，有将近一半的人明确地表示认识关键人物不重要，比例为45.8%，而认为认识关键人物重要的人仅有14.6%，在所有调查的35个国家和地区中比例最低。

民众关于社会不平等的关系资本归因态度，自然会在一定程度上反映自己所在社会的分层机制或不平等的形成机制。从对调查数据的统计结果来看，具有中国文化传统的国家和地区，如中国大陆、中国台湾和韩国，民众的不平等关系资本归因倾向最显著，其次是东欧国家，如波兰、保加利亚等国，再次是南美和非洲国家，然后再是美国及西北欧国家，最后是日本。中国（包括台湾地区）及韩国人之所以有很多人认为认识关键人物对获得较高社会位置重要，可能是因为在社会客观现实中，关系对个人地位获得确实很重要。而关系为何在个人地位获得中起到重要作用，或者说关系资本为何成为社会分层的重要机制，就中国与韩国的比较而言，我们或许会发现文化的作用似乎更显著。因为在中国与韩国之间，社会制度是存在角度差别的，而不同制度间出现相似的分层机制，或许与两国民众所拥有的相同文化传统有着密切关系。

就当前的社会心态而言，偏重关系资本的不平等归因类似于偏重家庭出身的归因，它们共同作用且相互建构，构成中国民众带有宿命论式的对待社会不平等的态度，这一态度可能提高了民众对不平等的容忍度，因为个人倾向于把现实的不平等作类似于“命中注定”的归因，从而消解了部分不满。

第三节　分配公平观

“不患寡，而患不均”实际反映的是人们最朴素的分配正义观念。一个社会，个人所分配到的收入和财富不可能是完全一样的，分配上的差别是不可避免的，但分配的不公平是可以避免的。然而，一个社会的民众是否感到分配的公平性，一方面取决于分配体制的公平性，另一方面也在一定程度上与民众的主观认知相联系。

在考察民众关于分配是否公平的观念方面，通常用个人对“实得”与“应得”之比较这一指标来衡量。如果个人觉得自己的“实得”与“应得”相等，则反映他们认为分配是正义的；如果个人觉得自己的“实得”比“应得”少，则反映他们认为现行分配是不公平的；如果个人觉得自己的“实得”比“应得”多，则反映个人在分配正义观念上是非常乐观的。表12—3的数据是关于分配正义观念的国际比较，主要考察了35个国家或地区民众对分配的主观评价。

表12—3　关于分配正义的观念（2009年）

国家或地区	您认为您现在的收入如何？					总计
	比我应得的少很多	比我应得的少	与我应得的相当	比我应得的多	比我应得的多很多	
阿根廷	29.9	43.8	25.0	0.9	0.4	100.0
澳大利亚	13.1	38.1	45.9	2.5	0.4	100.0
奥地利	9.4	34.4	54.7	1.2	0.3	100.0
比利时	7.3	32.7	56.7	2.8	0.5	100.0

续前表

国家或地区	您认为您现在的收入如何？					总计
	比我应得的少很多	比我应得的少	与我应得的相当	比我应得的多	比我应得的多很多	
保加利亚	25.0	44.0	29.8	1.1	0.1	100.0
智利	31.2	39.2	26.4	2.2	1.0	100.0
中国大陆	11.9	48.0	37.1	2.6	0.4	100.0
中国台湾	13.0	25.8	56.4	4.4	0.4	100.0
克罗地亚	20.8	47.0	29.7	2.1	0.4	100.0
塞浦路斯	12.5	35.6	47.7	4.0	0.2	100.0
捷克	26.6	34.0	35.6	2.6	1.2	100.0
丹麦	7.6	38.7	52.3	1.3	0.1	100.0
爱沙尼亚	25.7	32.8	39.5	1.7	0.3	100.0
芬兰	12.1	48.7	35.8	2.7	0.7	100.0
法国	14.8	43.9	38.9	1.6	0.8	100.0
匈牙利	26.6	49.2	23.3	0.8	0.1	100.0
以色列	15.9	38.3	41.9	3.2	0.7	100.0
日本	20.5	39.6	34.4	4.9	0.6	100.0
韩国	10.1	39.6	44.7	4.7	0.9	100.0
拉脱维亚	20.8	51.7	27.0	0.4	0.1	100.0
新西兰	9.6	40.5	46.8	2.8	0.3	100.0
挪威	6.6	45.0	45.1	3.2	0.1	100.0
菲律宾	20.9	27.6	47.1	2.2	2.2	100.0
波兰	31.8	36.2	28.6	2.7	0.7	100.0
葡萄牙	17.5	48.0	29.0	4.6	0.9	100.0
斯洛伐克	25.4	46.0	26.8	1.4	0.4	100.0
斯洛文尼亚	15.6	48.6	32.8	2.6	0.4	100.0
南非	16.9	43.6	35.4	2.9	1.2	100.0
西班牙	10.6	50.1	34.1	4.6	0.6	100.0
瑞典	14.1	52.4	31.3	2.2	0	100.0
瑞士	6.1	30.8	59.3	3.6	0.2	100.0
乌克兰	36.5	44.8	18.1	0.5	0.1	100.0
英国	12.8	40.9	44.9	1.3	0.1	100.0
美国[a]	17.0	42.7	36.9	3.1	0.4	100.1
俄罗斯[a]	55.6	25.6	18.1	0.4	0.3	100.0

资料来源：ISSP 2009；[a]来自 ISSP 1999 的数据。

从表 12—3 的结果来看，中国大陆民众的分配正义观念处于中间状态，有 11.9%的人认为现在收入比应得的少得多，48.0%的人认为自己收入比应得的少，两项加起来为 59.9%。认为现在收入与应得相当的为 37.1%。

这一状态与美国民众（1999年的调查数据）较为相近，美国有59.7%的人认为自己收入比应得的少，而认为收入与应得持平的为36.9%。相对而言，俄罗斯（1999年）、乌克兰、波兰等东欧国家以及阿根廷和智利等南美国家的民众似乎对本国收入分配的正义性非常不满。俄罗斯（1999年）有高达55.6%的人认为自己收入比应得的少很多，还有25.6%的人认为收入比应得的少，两项加在一起达到81.2%，而仅有18.1%的人觉得收入与应得相当。乌克兰的情况与俄罗斯非常相近，南美的阿根廷和智利，也有超过70%的民众觉得自己的收入比应得的少，而仅有1/4左右的人认为收入与应得相当。

在分配正义观方面，瑞士、比利时、丹麦、中国台湾地区和奥地利的民众似乎较为积极，这些国家和地区超过50%的人都认为自己收入与应得相当，而认为收入比应得的少很多的比例相对较低。

从民众关于分配正义性的态度中，其实可以探寻两个问题：一是社会分配客观现实；二是民众的价值观和社会期望。当较多民众认为自己所分享到的成果比应得的少甚至少很多时，其中一个非常重要的原因就是较多民众实际得到的收入分配太少，即收入水平较低。此外，还有一个重要原因也可能是民众的期望值过高。也就是说，当民众越是提高“应得”的水平，那么形成“实得”与“应得”的落差自然会越大。民众提高“应得”水平，通常与人们的相对剥夺感有关。所谓相对剥夺感，就是人们在把自己的收入和财富状况与他人或其他参照系进行比较时而形成的“剥夺感”，即认为自己与他人之间的差别是某种“剥夺”造成的。所以，民众在进行社会不平等评价时，所选择的参照系非常重要：如果参照的是较低标准，那么就会产生满足感；如果参照更高水平，必然产生相对剥夺感。从这个意义上说，舆论导向会在较大程度上影响民众关于收入分配的公平性观念。

代结语：社会结构阶层化 利益关系市场化——中国社会管理面临的新挑战[①]

一、问题与背景

社会建设是中国发展与转型进入关键阶段后所面临的重大历史性任务，可包括两方面的基本内容：民生建设（包括社会事业建设）和社会管理。

我们认为，社会管理的核心是协调各种社会群体之间的利益矛盾与冲突，保持社会秩序。对于正在经历飞速发展和急剧转型的中国社会来说，社会管理创新在某种意义上就是面对中国社会的新变化及其挑战，重塑社会秩序。

讨论中国社会管理，必须注意到两个基本的问题与背景。

第一，中国处于社会矛盾与冲突凸显期。在最近的30多年中，中国以高速的经济增长著称于世。二战结束以后，在世界范围内，中国几乎是世界上唯一的在30多年时间内人均GDP保持年均9.8%增长速度的国家。高速的经济发展带来社会财富的巨大增长，中国已经成为经济总量排名第二的国家。经过30多年的经济增长，中国已经从低收入国家进入（下）中等收入国家行列，由基本小康社会开始迈向全面小康社会，这是举世瞩目的成就。但是必须看到，伴随中国经济高速增长的是社会矛盾与冲突的增长，一个突出的指标是群体性事件的增长。[②] 正是从20世纪90年代后半期开

① 本部分主要内容曾发表于《社会学研究》2012年第2期。

② 有研究报告指出，群体性事件在1994年后开始出现不断增长趋势，1995—1996年增长速度在10%左右，1997—2004年间年均增长速度高达25.5%。参见刘科：《群体性事件敲响警钟 民主化解过激情绪》，载《共产党员》，2009（6）。《2005年中国社会形势分析与预测》表明，1993—2003年间，群体性事件数量已由1万起增加到6万起，参与人数也由约73万增加到约307万。参见汝信等主编：《2005年：中国社会形势分析与预测》，235页，北京，社会科学文献出版社，2005。

始，伴随中国经济进入一个新的高速增长期，各种群体性事件以超过经济增长速度一倍多的速度在增长。无论是否愿意使用所谓“发展陷阱”或“拉美陷阱”这样的概念来描述中国社会所面临的问题，至少“社会矛盾与冲突的凸显期或多发期”判断揭示了当前中国社会的一个基本特征。

第二，中国社会处于社会转型期。社会矛盾与冲突在任何社会中都存在，在经历了经济起飞（或增长）的国家（社会）中也表现出类似特征。在讨论中国社会问题时，必须强调的是，30 多年来中国社会经历了由高度集中的中央计划经济体制向社会主义市场经济体制转型的过程，中国的经济增长是在巨大的体制转型过程中实现的，中国社会矛盾与冲突的凸显也是在巨大的体制转型过程中积累的。它不仅是经济增长，更是体制转型带来的问题。只有将中国社会当前所遇到的矛盾与冲突置于 30 多年来中国社会大转型的背景下，才能更为深刻地理解当前中国社会的矛盾与冲突、社会管理面临的挑战以及作为历史性新任务的社会管理创新。

对于理解当前中国社会的矛盾与冲突，最重要的是揭示社会矛盾与冲突的社会基础和关系性质，即社会结构特征和利益关系性质。社会管理创新面对的是变革带来的问题，矛盾与冲突的协调取决于对社会变革的“解读”。

在巨大的社会变革过程中，我国的社会结构和利益关系与 30 多年前的传统社会主义社会相比，已经发生重大变化。这些变化表现在众多方面，但最为突出的特征可以用两个概念概括：社会结构阶层化、利益关系市场化。下文将对这两个概念及其意义分别给予讨论。

二、社会结构阶层化

特定社会结构及其构成昭示了该社会的基本特征。可以从不同角度对社会结构进行分析，其中一个基本视角是阶层结构视角。阶层结构不仅被认为是社会最基本的结构之一，同时也被认为是一个社会矛盾与冲突的最重要基础。

（一）传统社会主义的社会结构

由于各种条件限制及不同理论传统，对于改革开放前中国传统社会主义社会的社会结构特征，理论上存在不同认识。

毛泽东曾对中国传统社会主义社会的结构做过一个最为宽泛的界定，他在《关于正确处理人民内部矛盾的问题》一文中提出“人民”和“人民的敌人”区分，指出拥护社会主义、拥护共产党的人属于人民的范畴，那些反党、反社会主义的人则属于人民的敌人（地、富、反、坏、右）；并在以后的论述中，进一步确定人民占人群的95%，敌人只占人群的5%。在早期社会主义文献中，一个更为经典的结构划分是，在社会主义社会消灭了生产资料私人占有制度后，由于社会主义是共产主义社会的初级阶段，在社会主义社会中还存在工人阶级、农民阶级和知识分子阶层。前二者的差别是社会主义公有制在公有化程度上的差别，知识分子阶层则因为不参与直接的生产过程，不是一个独立的阶级，而是一个依附于其他阶级的阶层，随着知识分子社会主义改造的深入，知识分子将逐渐成为工人阶级的一部分。

后来“两个阶级、一个阶层”的经典理论逐渐发生变化，如毛泽东的“无产阶级专政下继续革命”的理论指出，在整个社会主义阶段，阶级和阶级斗争都还存在，一个集中的表现是在党内逐渐形成了一个党内走资本主义道路的当权派，即所谓“党内资产阶级”；无产阶级与党内资产阶级和社会上敌对势力的阶级斗争是社会主义社会的主要矛盾。[①]

在学术研究领域，对于传统社会主义社会的社会结构也存在两种不同的观点：一种认为，社会主义社会因为消灭了生产资料私人占有制度和市场经济，不再存在阶级，社会主义社会中的主要结构区分是“精英集团”和“原子化大众”之间的区分。[②] 另一种认为，随着社会主义社会由革命转

---

① 参见毛泽东：《关于正确处理人民内部矛盾的问题》，北京，人民出版社，1976。

② See Goldthorpe, J. H., “Social Stratification in Industrial Society,” in Paul Halmos, ed., *The Sociological Review Monograph* No. 8: The Development of Industrial Societies, Keele: University of Keele, 1964, pp. 97 - 122.

向现代化建设，无阶级的社会主义社会将逐渐出现阶级分化，例如形成“中产阶级”，同时工人阶级与中产阶级、权力精英之间的区分将越来越明显。当然，这种阶级化过程和资本主义社会的阶级结构有很大的差异。[①]

另外，相当多的中国学者则持另外一种观点，认为改革开放前在中国社会中形成了一种具有中国特色的社会结构，即所谓“身份社会”或“身份体制”：几乎所有社会成员都依据“城乡户籍制度”、“干部身份制度”、“所有制身份制度”和“单位体制”等被区分为不同的社会群体，享有不同的权利和社会机会。

虽然存在以上理论分歧，但有一点是共同的：尽管社会中存在着不同的社会群体或社会集团，享有不同的资源分配权利和社会机会，从而存在各种各样的社会不平等，而且不同社会群体或社会集团具有不同的利益，但是，社会主义社会本质上已经不同于资本主义社会：首先，社会主义公有制占据绝对主导地位，高度中央集权的计划经济体制控制了绝大部分社会资源和生活机会的分配；其次，基于这样的基本制度，相当多的社会差别属于社会主义公有制内部的差别，例如，“身份分割体制”是基于国家高度集中的计划体制，依据国家的发展目标，有差别地分配社会资源和社会机会的次级体制，因此，它是一种在国家集中再分配基础上形成的身份分割体系。[②]

（二）阶层化及其理论

30 多年前开始的改革开放，给中国社会带来巨大变迁。可以从不同角度（如经济增长和现代化、从贫穷到小康、从计划到市场、从集中到分散、从一元到多元、从固定到流动、从封闭到开放等）描述这一变迁过程，如果从“社会（而非经济、政治或文化）”的角度对 30 多年的社会变迁特征做出一个界定，社会学中的一个概念——“社会分化”——最为集中地揭

---

① See Parkin, F., “Class Stratification in Socialist Societies”, *The British Journal of Sociology*, 1969, pp. 355 - 374.

② See Ivan Szelenyi, “Social Inequalities in State Socialist Redistributive Economies,” *International Journal of Comparative Sociology*, 1978, Vol. 19, No. 1 - 2, pp. 63 - 87.

示了这种变化特征。①

改革开放以来，中国的社会结构相对于传统社会主义社会，开始出现明显的分化，其中最为重要的分化过程之一就是阶层化的过程：阶层地位越来越明确，阶层边界越来越清晰，阶层利益越来越凸显。

必须承认，“社会阶层化”是一个充满争议的论题。这主要有三个原因：第一，中国社会曾经历过一个阶级斗争时代，“文革”的阶级斗争给中国社会带来巨大灾难。第二，30多年前改革开放的核心就是告别以“阶级斗争为纲”的时代，转向“以经济建设为中心”。至此，才有了30多年经济的高速增长和人民生活水平的根本提升。第三，通常讲阶级阶层都是和社会革命联系在一起的，那么，在当前中国社会进入转型关键期之时，重提阶层概念又具有怎样的意义呢?

回答这个质疑虽然有些复杂，但并非不可能。为了与过去那种很大程度上是错误的阶级理论区分开来，也应该做出明确的说明。

1. 阶层分析的理论意义

首先，至少在学理上，“阶层”的一般概念是指，相对于那些基于数量特征的社会分化来说，基于某种社会关系的分化所形成的社会地位（可称之为阶级地位或阶层地位）以及相应的利益群体（可称之为阶级或阶层）；相对于其他各种社会差别和利益群体之间的关系，阶层地位是最基本的社会地位，阶层关系是最基本的社会关系，阶层利益是最基本的利益，阶层矛盾是最基本的社会矛盾。阶层概念的根本意义在于，强调社会关系的分化是一个社会中最值得重视的社会分化，社会关系分化所造成的社会不平等或矛盾与冲突，是一个社会中最值得重视的不平等或矛盾与冲突。因此，“阶层”是分析社会矛盾与冲突的最重要的概念工具之一。

其次，阶层也是一个意义多元的概念，包括不同的理论传统，所关注

---

① 中国社会学家早在20世纪90年代大规模市场化改革刚开始时，就已使用“社会分化”概念来揭示中国社会结构变化的基本特征。社会结构分化是指在社会变迁过程中结构性要素产生新的差异的过程，包括社会异质性增加和社会不平等拉大两种基本形式。参见孙立平等：《改革以来中国社会结构的变迁》，载《中国社会科学》，1994（2）。

的社会关系既包括剥削关系，也包括例如统治与支配关系；所关注的矛盾与冲突，既包括政治、革命以及阶级行动含义，也包括经济、改良、协调以及生活机会分配等含义。不同理论范式在阶级阶层理论传统中特别是在社会学的阶级阶层理论传统中，都取得了显著的理论成就。因此，关键的问题不在于我们曾（错误地）使用过阶级分析工具，而在于为了能够正确认识当前中国社会的分化以及相应的矛盾与冲突，应选择怎样的更适合的概念工具。

最后，相对于社会不平等、社会矛盾与冲突等分析对象，阶层概念是众多竞争性分析概念中的一种，除此以外，完全可以采用收入（财富）差距、身份差别等视角；不同理论视角揭示了社会的不同侧面。

2. 阶层化过程

一些学者尝试使用阶层分析范式揭示当前中国社会结构的阶层化过程和形成逻辑。这一努力归结起来大致有如下几种观点。

第一，现代化逻辑。其核心观点是：随着中国社会向以现代化建设为中心转变，现代化和技术的发展导致职业地位在很大程度上取代了过去的政治地位、“身份”地位等，成为社会地位的核心和资源与机会分配的基础。职业地位所拥有的不同组织资源、文化资源和经济资源，决定了职业地位的高低，导致中国社会形成了基于职业地位的阶层结构，即国家与社会管理者阶层，管理人员阶层，私营企业主阶层，专业技术人员阶层，办事人员阶层，个体工商户阶层，商业服务业人员阶层，产业工人阶层，农业劳动者阶层，城乡无业、失业半失业者阶层。①

在理论上，职业阶层不仅可以借助现代化和劳动分工的逻辑进行解释，而且还可以从社会关系角度给予解释，即职业群体是在劳动力市场的权力和利益斗争中对外封闭和排斥、对内同质化的社会性群体，在后工业化社会中构成了阶级阶层的真正基础。②

---

① 参见陆学艺主编：《当代中国社会阶层研究报告》，北京，社会科学文献出版社，2002。

② See Grusky, David B., and Jesper B. Sorensen, "Can Class Analysis Be Salvaged?" *American Journal of Sociology*, 1998, 103: 1187-1234.

第二，制度主义逻辑。其核心观点是：阶层的形成嵌入在社会的制度体系之中。不同的研究者强调不同的制度体系，有研究者特别强调产权制度以及国家权力，认为现在中国社会中存在两种基本产权（国有产权和私人产权）和相应的三种权力（国家公共权力、国有产权控制权力、私人产权或市场控制权力），结合其他因素，导致中国社会形成如下阶层结构：有技术的权力精英，无技术的权力精英，国有企业经理和管理人员，私营企业主和经理，高级专业技术人员，低级专业技术人员，职员、办事人员，自雇佣者，技术工人，非技术工人。① 与强调产权制度和国家权力不同，有学者强调，当代中国社会中对于资源和机会分配影响最大的是户籍制度、干部身份制度、所有制制度和单位体制，基于这四种制度形成了如下阶层：国家干部，国企工人，私营企业主，新中间阶级（“白领”），非技术工人，自雇佣者，集体单位干部，集体企业工人，农村干部，农民。②

第三，权力逻辑。其核心观点是：社会阶层的分化基于权力的形式和权威结构；依据权力和权威的形式和类型，当代中国社会形成了（权力）优势阶层，管理人员阶层，专业技术人员阶层，工人阶层，农民阶层，自雇佣者阶层。在权力逻辑视角看来，传统社会主义社会逐渐出现依据权力分化逻辑而呈现的阶层化过程，体制改革和市场化的引入致使这种分化有了新的动力机制和结构特征。③

可以看到，不同研究者有不同的理论逻辑，对中国社会的阶层结构也存在不同的观点，重要的是他们都强调中国社会正在经历一个阶层化过程，力图揭示中国社会结构的阶层化特征。

3. “结构与行动”

在讨论社会结构阶层化时，必须回答的问题是：如果阶层存在的话，

---

① 参见刘欣：《当前中国社会阶层分化的制度基础》，载《社会学研究》，2005（5）。

② 参见林宗弘、吴晓刚：《中国的制度变迁阶级结构转型和收入不平等：1978—2005》，载《社会》，2010（6）。

③ 参见李路路：《制度转型与阶层化机制的变迁——从“间接再生产”到“间接与直接再生产”并存》，载《社会学研究》，2003（5）；Parkin，F.，“Class Stratification in Socialist Societies，” *The British Journal of Sociology*，1969，pp. 355 - 374。

是否会产生以阶层为基础的集体行动？即通常所说的“结构和行动”的问题。首先，围绕以阶级阶层为基础的集体行动问题，20 世纪 80—90 年代在有关“阶级消亡”的大争论中，不同的阶级阶层理论范式对此给出了不同的回答，有研究者以“强调阶级阶层位置决定生活机会”的观点对阶级消亡论做出了回应。① 其次，在坚持阶级阶层位置与集体行动之间关联的研究者中，形成了关注社会变迁和关注利益斗争两种不同的取向。② 在此基础上要回答“结构和行动”的问题，实质上就是马克思所讲的从“自在的阶级”向“自为的阶级”转变的问题。在这个转变过程中，阶层意识的形成是核心环节之一。阶层化理论给出的解释是：第一，由于中国社会正处于急剧变动过程中，人们的社会地位、工作和生活状况、价值观念、政策重点和社会热点也都处于急剧变化中，这种状况会极大影响稳定的阶层意识的形成。③ 第二，随着中国向市场经济体制的转型渐趋成熟，社会意识的“阶层化”特征开始显现。例如，在经济利益方面，社会意识的阶层化特征相对突出，社会上层的阶层化意识较其他阶层更为突出。④ 在阶层意识问题方面，分析的逻辑起点首先应该确认阶层是社会关系分化的产物，是基于客观的社会关系所形成的社会地位。尽管阶层的形成要经过阶层意识这一中介环节，但是，反过来的推论是不成立的：不能因为在一定时期没有形成阶层意识，就否认阶层的存在。

综上，在经历了 30 多年的改革开放后，中国社会中社会成员之间的社会差别和社会不平等的结构性基础已经发生重大变化。国家仍居于主导地位，但是，以权力和制度分化为基础的阶层已经构成中国社会的结构性基础。

（三）社会结构阶层化的意义

阶层化的社会结构（或者说社会结构正在经历一个阶层化的分化过程）

---

① See Goldthorpe, J. H. and Marshall, G., “The Promising Future of Class Analysis: a Response to Recent Critiques,” *Sociology*, 1992, 3: 381 - 400.

② See Grusky, David B., and Jesper B. Sorensen, “Can Class Analysis Be Salvaged?” *American Journal of Sociology*, 1998, 103: 1187 - 1234.

③ 参见李培林等：《社会冲突与阶级意识》，北京，社会科学文献出版社，2005。

④ 参见李春玲：《断裂与碎片：当代中国社会阶层分化实证研究》，北京，社会科学文献出版社，2005。

意味着新时期的社会建设和社会管理面临新的挑战。

1. 阶层整合

如何将日益分化的结构性因素（包括新的阶层和社会群体）整合起来是社会结构变迁无法回避的挑战。

在传统社会主义社会，尽管存在不同的（身份）群体，甚至利益集团，但在社会主义公有制基础上和高度集中的中央计划经济体制下，人们的地位、权利和相互关系是国家自上而下统一建构的结果。这些群体之间的相互关系与其说是相对独立的群体，不如说是国家确定的社会差别。转型社会的阶层，不仅表现为收入或财富的差距，更表现为基于社会关系的分化特征，不同阶层之间的地位、权力、利益越来越趋向于相对独立，其相互关系常常充满张力。因此，以阶层化为基础的社会整合将不同于传统社会主义社会。中国社会自改革开放之初，就面临着重新整合的问题，例如，曾经成为社会焦点的“体制内”和“体制外”的整合问题，最终是通过大规模的市场化改革实现的。现在面临的问题是，相对于正在弱化的体制内外差别，社会阶层的分化越来越凸显。从社会建设和社会管理的角度，中国社会的整合越来越从体制内外的整合转变为不同阶层的重新整合。

2. 主要社会矛盾与冲突

中国社会面临的矛盾与冲突不仅多发，而且形式多样，如现在较受关注的收入和财富分配差距问题、民生问题、腐败问题、干群关系问题、利益群体问题等。阶层分析并不否认这些矛盾的重要性和紧迫性，阶层分层范式认为，阶层矛盾与冲突已成为中国社会中最为重要的矛盾与冲突之一。对于多数人而言，对收入差距或腐败问题的“认知”往往是间接的，而有关社会关系的分化几乎是每一个社会成员都能感受到的分化，如劳资关系与劳资矛盾、干群关系与干群矛盾。其挑战在于：面对众多纷繁复杂的社会矛盾，人们更应该关注哪些矛盾与冲突？阶层矛盾与冲突与其他矛盾与冲突具有怎样的关系？对此，阶层分析提供了一种不同于其他分析视角的概念工具。

3. 阶层矛盾与冲突

阶层矛盾与冲突的社会基础和性质不同于其他的社会矛盾与冲突，尽管阶层也是以利益为基础的社会群体，但在阶层分析范式看来，基于社会关系分化基础上的阶层利益矛盾往往更稳定、更持续；这种矛盾与冲突常常是对立的，有时甚至是对抗的；阶层利益的集中和表达更系统，从而对社会的影响可能更深远。当今中国社会普遍存在的劳动关系的分化以及矛盾与冲突已显示出这种特征。

三、利益关系市场化

阶层化是中国社会结构经历的重大转变。与这种转变相伴随的是利益关系的重大变化。无论有关改革开放前后社会结构具有怎样特征的观点如何，无论人们是否接受社会结构阶层化观点，都应该承认，在中央计划经济体制向市场经济体制的转型过程中，中国社会中的利益关系发生了重大变化。

“利益”可以定义为任何值得追求的东西，包括物质性的和非物质性的。本文着眼于物质性利益关系的变化。对利益关系变化的分析同样需要置于社会转型的背景中。

（一）以国家再分配为基础的利益关系

中国传统的社会主义社会是一个中央计划经济体制占绝对主导地位的社会，不存在真正意义上的市场经济，几乎所有重要经济活动的产出都是“产品”，生产出来主要不是为了买卖交换，而是为了供国家（如中央政府）根据国家发展目标、发展战略以及意识形态，在全社会范围内进行分配。由于各种条件的限制，国家不可能完全平等地分配社会资源和社会机会，因而必须根据优先秩序有差别地分配资源和机会。因此，在广大社会成员之间形成了以“身份体制”为特征的各种结构性差别。

在这样的社会中，由于社会差别、社会不平等是客观存在的，因此，利益的差别、矛盾与冲突同样是客观存在的，认为在传统社会主义社会中消除了社会不平等和利益矛盾与冲突是不正确的。高度集中统一的计划经济体制和政治体制，决定了社会的利益关系具有国家再分配性质：国家自上而下地决定了每一个社会群体、每一个社会成员的社会地位和社会权利，决定了它们所拥有的资源和机会。这种地位和权利、资源和机会是有差别地“被”分配的，由此也会导致相应的利益矛盾与冲突，但是，这种利益矛盾与冲突既是国家分配的结果，也是由国家来协调或调节的。简言之，这类社会的利益矛盾与冲突是国家决定、国家分配和国家协调的结果。可以将这种利益关系称为国家自上而下的“决定性”关系，也可称为“命令性”关系，由此形成的矛盾与冲突也是国家“决定性关系”下的矛盾与冲突。①

一个具有广泛影响的概念恰当地揭示了这种利益关系的性质——“人民内部矛盾”，即在人民根本利益一致基础上的矛盾。其基本逻辑是：尽管“人民”之间有差别和不平等，但由于所有的资源和机会都属于人民（通过国家来代表），我们都是国家的主人，因此，我们的根本利益是一致的。

（二）市场经济背景下的利益矛盾

中国社会的改革开放，不仅带来了经济的高速增长和社会结构的巨大变化，也带来了利益取向和利益结构的极大改变。利益取向和利益结构的改变有着多种表现和特征，其中一个最为基本的改变是市场经济带来的改变。

随着中国社会由中央计划经济体制向市场经济体制转型的深入，市场机制越来越成为社会资源和机会分配的主要机制，商品生产和商品交换越来越成为社会成员获取社会资源和机会的主要方式。市场化的发展造成了两个方面的结果：第一，人们的“市场地位”逐渐取代了唯“政治地位”和“身份地位”，经济资源、文化资源也成为决定人们社会地位的主要因素；第二，社会成员之间的地位分化及相应的利益差别和利益矛盾，越来越多地不再是国家自上而下“分配或决定”的结果，而日益成为市场关系

① See Ivan Szelenyi, “Social Inequalities in State Socialist Redistributive Economies,” *International Journal of Comparative Sociology*, 1978, Vol. 19, No. 1-2 pp. 63-87.

作用的结果，是市场交换活动中不同地位和状况博弈的结果。市场关系在较大范围内很大程度上取代了国家再分配的关系。虽然转型社会中国家权力仍然在资源和机会分配中具有重要影响，但市场机制发挥着越来越重要的作用。

上述转变对于每一个生活在当今中国社会中的人而言都是耳熟能详的，几乎每一个人都能深切感受到中国向市场经济体制的转型以及市场机制的影响作用。如果人们的利益越来越多地基于市场经济体制而形成，那么，市场经济背景下的利益关系与传统利益关系相比，已经有了根本性的变化。市场机制绝不仅仅是一种经济协调机制或资源和机会分配方式，向市场经济的转型也绝不仅仅是经济的转型。在经济学的标准定义看来，“市场经济是一种主要由个人和私人企业决定生产和消费的经济制度”[①]。人们习惯于从经济形式的角度分析市场交易的条件和趋势。但是，从社会和政治的角度来看，市场关系或市场制度绝不仅仅是经济关系和经济制度。市场制度是一种社会制度，市场关系是一种社会关系，向市场经济的转型不但意味着经济协调机制的转变，更意味着社会关系包括利益关系的转变。列宁曾这样评价马克思的政治经济学理论：“凡是资产阶级经济学家看到物与物之间的关系（商品交换商品）的地方，马克思都揭示了**人与人之间的关系**。”[②]马克思深刻揭示了市场经济的社会关系意义。他在批判商品拜物教时指出：“商品形式在人们面前把人们本身劳动的社会性质反映成劳动产品本身的物的性质，反映成这些物的天然的社会属性……（商品形式和价值关系）只是人们自己的一定的社会关系，但它在人们面前采取了物与物的关系的虚幻形式”，“这是被物的外壳掩盖着的关系”[③]。他通过转述一位资产阶级政治经济学家的观点表达了他的观点：“资本不是一种物，而是一种以物为中介的人和人之间的社会关系”[④]。目前中国社会是在市场经济基础上创新社

① ［美］保罗·萨缪尔森、威廉·诺德豪斯：《经济学》，18版，7页，北京，人民邮电出版社，2008。

② 《列宁选集》，3版，第2卷，312页，北京，人民出版社，1995。

③ ［德］马克思：《资本论》，中文2版，第1卷，89～90、91页，北京，人民出版社，2004。

④ ［德］马克思：《资本论》，中文2版，第1卷，877～878页，北京，人民出版社，2004。

会建设和社会管理，因而有必要对市场关系的社会意义做出进一步分析，从社会关系的角度给予“解读”。

在笔者看来，市场关系具有两个基本特征，即交易性和对抗性，这两个特征深刻影响到当前的社会矛盾与冲突。

首先是交易性。市场关系具有交易性或交换性是不言而喻的，因为市场本身就是商品的交易或交换形式。市场交换的实质是利益交换，市场表面上交易的是商品，实际上交易的是商品拥有者的利益。市场交易要顺利进行，必须具有如下几个特征：第一，交易各方具有相对独立性。他们是相对独立的利益主体，为了交换自己想要获得的利益而来到市场中和他人进行交换。如果不是相对独立的主体，就无需通过交易的方式实现利益交换，直接通过暴力或强制性的手段可以更有效地获得自己所需利益。因此，马克思指出，为使商品交换成为可能，交换关系双方“只须默默地彼此当作那些可以让渡的物的私有者，从而彼此当作独立的人相对立就行了”①。第二，交易主体的相对独立性建立在对交换物的排他性占有权利之上，只有属于所有者的东西才能够被所有者用来交换，即所谓以财产所有权为核心的产权。正如马克思所说，商品交换的每一方“只有通过双方共同一致的意志行为，才能让渡自己的商品，占有别人的商品。可见，他们必须彼此承认对方是私有者”②。人们不能也无法用不属于自己的东西在正常的市场上进行交易。同时，也正因为有排他性产权的限制，人们才需要交换。第三，市场交易关系是竞争性的关系，因而也是可替代的关系。由于交易双方追求的是效益最大化，交易各方总是想方设法以尽可能小的成本获取尽可能大的收益，包括寻求最有利于自己的交易对象。产权权利和竞争决定了市场交易关系具有替代性。第四，市场作为一种竞争性的交易制度，是为了追求可持续的效益最大化，交易各方为了保持交易的连续性和效益最大化的可持续性，一般会形成一种“具有契约形式的（不管这种契约是

① ［德］马克思：《资本论》，中文2版，第1卷，107页，北京，人民出版社，2004。

② ［德］马克思：《资本论》，中文2版，第1卷，103页，北京，人民出版社，2004。

不是用法律固定下来的）法的关系"[①]，通过理性的方式（如合约、谈判等）使得交易关系和交易过程规范化、可预期。

市场关系在形式上具有"平等"和"自由"的特征。"平等"是指交易各方的地位和权利在形式上是平等的，他们的身份都仅仅是交易中的一方；"自由"是指交易是由各方自愿达成的，交易是可替代的、竞争性的，市场交易过程是一个理性选择的过程。市场关系的这一特征目前并没有被深刻理解。

其次是对抗性。市场关系虽然在形式上具有平等性和自由性，但实质上经常表现为权力关系或权力结构。之所以如此是因为：第一，与形式上的平等相对立，在现实的市场交易关系中，形式上平等交易的各方在很多情况下因为资源要素禀赋的不平等，其关系实际上是不平等的。第二，如果没有其他限制，利益最大化的诉求会驱使追求者，特别是那些在资源要素禀赋上占有优势的一方，通过设置各种不正当竞争手段甚至设置种种障碍（如各种限制和封闭策略），排斥、打击竞争对手，建立其在市场竞争和交易中的优势地位，侵害交易对象的利益；其典型形式是垄断，垄断最终会破坏市场的平等竞争性。那些最发达的市场经济社会都有最完善的反垄断制度，说明了市场关系的这一实质特征。

例如，雇主和工人在形成劳动关系时，雇主因为占有物质资源或生产资料而在与工人的交易中占据优势地位；那些在交易关系中资源要素禀赋处于弱势的群体在看似平等或自由的交易中实际上处于弱势地位。正如布劳在分析权力来源时所指出的，当交换一方存在某种需求，但不拥有必要的资源与其他人进行交换，又无法从替代的资源获得这种需求时，他/她只有用服从来进行交换。[②] 当交易一方（如工人）只拥有活劳动而必须和雇主占有的生产资料相结合才能进行生产时，工人只能用自己的劳动和雇主进行交换，交易另一方（雇主）因此获得了在一定时间内支配其劳动力的权

① ［德］马克思：《资本论》，中文 2 版，第 1 卷，103 页，北京，人民出版社，2004。

② 参见［美］彼德·布劳：《社会生活中的交换与权力》，138～142 页，北京，华夏出版社，1988。

力。在市场交换关系中，交易双方都不是抽象的人，而是具有各种社会特征、占有不同资源和机会的现实的人。

因此，市场关系实质上常常表现为权力结构以及被结构化了的经济关系系统[①]，在很多情况下内在地具有对抗性，人们使用诸如剥削、统治、支配、不平等等概念从不同侧面揭示这一特征。对于市场关系的对抗性和不平等性，人们一般会将其作为一种社会后果，在笔者看来它们不是后果，而是其内在特征。[②]

市场关系就是这样一种两面体：形式上的平等和实质上的对抗（不平等），二者都是市场关系不可缺少的特征。只不过有些人在分析市场关系的“正面”特征时会从平等自由的社会关系层面解读；在分析市场关系的“缺点或缺陷”时更喜欢做技术层面的经济分析，如失衡、盲目性、自发性等。无论是交易性还是对抗性，市场关系都不同于国家再分配关系，市场关系下的利益关系也完全不同于以国家再分配为基础、自上而下“决定性”的利益关系。市场经济背景下的利益关系同时具有平等性（自由性）和对抗性（不平等性）两种特征。

（三）利益关系市场化的挑战

利益关系市场化带来的挑战是双向的。

市场关系的平等性或自由性的核心是基于法律或制度保障层面的权利[③]，如果这种权利无法得到保障或受到破坏，市场交易就无法顺利完成，市场就无法顺利运行。目前人们看到的是这种市场关系的基础不断受到挑战，“维权”成为描述矛盾与冲突时最常出现的词语：

第一，在交易性的市场关系中“滥用”国家行政权力，从而侵害交易

---

① See Giddens, A, *The Class Structure of the Advanced Societies*, London: Hutchinson, 1973, pp. 99 - 117.

② 例如萨缪尔森认为，“自由主义的竞争会带来严重的不平等……收入和财富的不平等代代相传……富人越来越富，穷人越来越穷……（市场中）并不存在一只看不见的手来保证自由主义经济能够公平地分配收入和财产”，“对有些人来说，无管制竞争所带来的收入的分配，就像丛林中的动物依靠暴力来捕获食物的达尔文式分配一样，充满着随意性”。参见［美］保罗·萨缪尔森、威廉·诺德豪斯：《经济学》，18版，209、279页，北京，人民邮电出版社，2008。

③ 本章主要在法律和制度保障的相关利益的意义上使用权利概念。

对象的权利，破坏交易性关系。国家权力和市场交换是两种完全不同的运作机制，前者是强制性（命令性）的，后者是交易性的。当人们的大多数利益是由国家决定、国家分配的，并在出现矛盾后由国家调节时，这种体制下不存在真正的相对独立的利益主体，不存在与市场交换相联系的利益相关方。而市场交易关系无论在实质上是多么的不平等，至少交易各方在形式上是平等的，是拥有相对独立权利和相对独立利益的主体。当强制性的行政权力缺乏制约而介入市场交易中时，其后果只能是破坏市场交易关系，造成市场交易对象的利益受到侵害。当人们的利益越来越多地来自市场体制时，行政权力在市场关系中的“滥用”意味着市场关系背景下的权利及其利益越来越多地受到侵害，毫无疑问会引发越来越多的所谓“权力与权利”的矛盾。

那么，中国改革的特点之一是向市场体制的转型，为什么还会有这种破坏市场体制的现象？一个重要因素是市场经济对于中国社会而言还是一个相对较新的制度。中国的改革开放不过 30 余年，大规模、实质性的自上而下的市场化改革才不过 20 年，几乎不到一代人的时间。对于很多掌握国家行政权力的人来说，他们更加熟悉的是在计划经济体制下“全能国家”的“命令权力”，而中国的市场经济恰恰是在这样的“全能国家”推动下发展起来的，因此，“命令权力”往往成为面对新状况时最容易“拾起”的工具。新的市场关系和转型过程中的路径依赖造成了相应的矛盾与冲突。

第二，在对抗性的市场关系中“放纵”财产权力，侵害或威胁交易对象的基本权利。这一挑战往往源自既不了解市场关系的平等性，更不了解市场关系的对抗性。当市场经济处于缺乏管制的情况下时，资源要素禀赋占据优势的一方会在利益（或利润）最大化机制的推动下，“疯狂地攫取”任何可能得到的利益。[①] 当这种“攫取”达到一定程度时，甚至有可能威胁或侵害弱势交易对象的生存权利，必将产生与弱势交易对象激烈的矛盾和冲突。相当多的“劳资冲突”属于此类冲突；这类冲突还包括越来越多的

① 参见马克思在《资本论》第一卷中著名的有关资本追逐利润的引注。

业主与开发商的冲突、消费者的维权行动，等等。在分析此类冲突的起因时，会发现一种相对没有受到有效制约的财产权力；最坏的情况是国家行政权力的“滥用”和财产权力的“放纵”结合起来。

本章强调在市场体制背景下讨论此类挑战，因为相应（或可能）的矛盾与冲突内在地嵌入在市场经济体系中。从市场关系维度来看，在市场交易中如果对那些本身就占有优势的财产权力不加以限制，不仅会破坏市场关系，而且可能损害整个社会的秩序。值得指出的是，同样是在市场经济体制背景下，国家行政权力和财产权力引发问题的机制有所不同，如果说前者主要来自路径依赖的话，后者则主要来自幼稚的“市场崇拜症”，认为市场经济是最有效也是最公平的资源分配机制，但实质上并非如此。

第三，与向市场经济体制的转变相关联，矛盾与冲突还产生于在公共领域中放任市场关系“泛滥”，破坏了公共领域应有的公平或公正。一般来说，公共领域以全体社会成员的普遍利益为基础，以普惠性的公平或公正为特征。人们通常认为市场关系具有平等性，而且市场机制富有效率，因此认定，在公共领域中引入市场关系不仅有效率，而且是公平的。这些认识忽略了市场关系实质的不平等性。市场关系在公共领域中的“泛滥”，会破坏公共领域中的一般特征，导致社会不平等的加剧和社会矛盾与冲突的扩大。例如市场化取向的医疗体制改革、愈演愈烈的学校“占坑费”、房价飞涨与基本住房保障不足并存等，都成为引发社会不满和矛盾的重要因素。

四、社会管理创新

当前中国社会建设所面临的挑战的实质，是在经济发展和体制转型达到一定阶段后，社会结构和利益关系已经发生重大变化，即社会结构阶层化、利益关系市场化所带来的挑战。社会管理创新在一定意义上可表述为：如何在阶层化和市场化的背景下，整合日益分化的阶层结构，处理不同阶层和群体之间日益市场化的利益矛盾与冲突；对涉及利益或资源分配的权利（和权力）结构进行重组，形成一个新的协调利益矛盾与冲突的社会体制。

本章对于上述矛盾与冲突给予特别关注，不是基于这些矛盾与冲突在任何社会都普遍存在，而是因为对于急剧转型的中国社会来说，这是一个变化了的社会提出的新挑战。

人们无法消除这些矛盾与冲突，而只能面对它，并创新社会管理体制，在矛盾与冲突中推进社会发展。

正如人们需要在社会转型的背景下认识中国社会的矛盾与冲突一样，协调新时期的社会矛盾与冲突同样需要在社会转型的背景下思考。其中，在这种思考中需要特别强调两个问题：第一，中国是一个发展中国家。这是一个历史性的判断，尽管在一些经济总量指标上中国已经名列世界前茅，但中国仍然是一个正在经历工业化、城市化，向自我增长和自我创新发展阶段转型的社会。第二，中国是一个正在经历体制转型的国家，这种转型不仅是从中央计划经济体制向社会主义市场经济体制的转型，而且还包括了政治、文化和社会各体制的转型。发展中国家“迟发展”的性质会普遍导致国家在启动、推动整个社会的现代化过程中处于主导地位①，而经济、政治、文化和社会体制的转型，则决定了中国社会现在和未来对于改革和创新的任何选择，都会通过不同方式在不同程度上受到原有体制的影响。因此，中国社会管理的创新将是渐进而非激进的，国家在社会管理创新中具有主导作用。

这样一种社会管理体制的创新可凝聚在下述三个概念或方向上。

首先是“公开”。“公开”主要指在涉及公共事务和公共利益分配时国家行政权力决策和实施的公开，即所谓“政务公开”。这不是一个新概念，在很多人看来它主要关注的是廉政问题，因而不属于社会管理体制的创新。这意味着人们并没有充分认识到其重要意义。笔者认为，一方面，“国家主

① 参见［美］格申克龙：《经济落后的历史透视》，北京，商务印书馆，2009。

导”是当代中国推进现代化和体制转型的主要形式，另一方面，“国家主导”与社会的分化和市场化之间存在着相当程度的张力；“公开”意味着社会和市场对国家权力的监督，监督意味着约束，当然这只是一个基本的约束。

在一个国家主导的日益分化与市场化的社会中，如果国家行政权力没有受到合理、有效的约束，势必导致对其他权利主体的侵害（损害）。而政务公开是在这种背景下对国家行政权力决策和运用进行约束的有效制度之一；因此，“政务公开”具有创新的意义。虽然国家和地方政府在政务公开方面已经进行了很多探索，但相对于社会分化和市场化的发展，特别在涉及不同群体和各相关方自身利益时，政务公开制度都远未能够发挥监督和约束功能，其制度化程度和创新程度都无法适应协调新时期社会及利益分化的需要。目前，提到日程上的“官员财产公开”仍然停留在讨论之中，“三公经费公开”以及政府信息公开刚刚开始，而“村务公开”则不属于政府政务公开的范畴，国家或各级政府公共事务和公共资源分配的决策与实施的公开基本上没有形成制度化的体制。“公开”还没有成为社会管理体制创新的战略选择。

其次是“参与”。“参与”意味着在国家主导下，各社会阶层、社会群体和利益相关者通过各种方式，参与到涉及公共事务和公共利益分配的政府决策与实施过程中，从而参与到社会管理之中。“参与”在理论上也不是新概念，但对于协调社会转型（社会分化和市场化）背景下的社会矛盾与冲突，同样具有创新的意义：相对于“公开”，“参与”不仅是一种更为直接、有效的约束机制、利益表达机制，而且对于一个日益分化的社会来说，它还是一种重要的社会整合机制。

这里所说的“参与”，是指一个包括了多种参与主体和参与形式的参与体系。对当代中国社会来说，两类主体的参与应该在创新性的社会管理体制中得到更多关注：一是那些伴随中国现代化和体制转型成长起来的新社会阶层，特别是民营企业家阶层和中产阶层。企业家阶层在中国的现代化过程中将发挥越来越重要的、具有战略性的引领作用，而中产阶层则将逐渐发展为现代社会最重要的社会基础，并发挥不可忽视的社会—政治功能。[①]二是那些在社会中处于弱势地位的社会阶层或群体，如失业者、工人、农民以及小生产者等。尽管他们处于弱势地位，但他们对任何社会秩序的稳定和变革都拥有巨大的力量，对于当代中国社会来说更是如此。中国不仅是一个依然在经历工业化的国家，而且在可以预见的未来也将还是一个保有庞大农村人口的国家。参与的形式也不仅仅表现为“选举”一种形式，而是应该包含多种层面上的多样形式。

最后是“平衡”。“平衡”绝非“平均”，在一个日益阶层化和市场化的社会中也不可能达到平均，它是指分化了的不同社会群体在保护自身利益和权利的能力（权力）方面达到一种相对平衡，以维持整个社会的基本权利和利益的秩序。因为在社会现实中，由于资源要素禀赋的差别以及多种因素的影响，社会权力的分布常常表现为不平等的分布，一些群体或组织据有优势的权力地位，而另外一些群体或组织处于弱势地位。正如前面已经指出的，过大的不平衡势必激化社会矛盾与冲突，最终破坏社会秩序。有了相对平衡才会有一定的秩序，才会有相对的稳定。

在达到相对平衡的状态中，有两个因素是非常重要的：一是弱势群体维护自身利益和权利的能力，以及表达利益的能力。这种能力往往来自集体的力量，例如，“工资集体谈判”不仅是有序表达利益、处理矛盾的有效形式，而且是维护雇员利益和权利的有效形式。二是国家的作用。社会转型期的矛盾与冲突往往基于相对独立甚至对立的利益和权利，需要国家作为第三方介入矛盾与冲突的协调，成为超越直接利益相关者、居于社会各群体之上的维持相对平衡状态的重要因素。在一个已经日益阶层化和市场化的社会中，更为重要或基础的平衡是直接利益相关方或权力关系主体之间的相对平衡。国家不可能也不应该直接介入大量基于市场关系的矛盾与冲突。当这种矛盾与冲突有可能损害整个社会的利益、破坏基本社会秩序时，国家的介入和协调将是至关重要的。

---

① 参看本书第八章。

中国社会已经并还会经历重大而急剧的变革；即使在一个相对稳定的社会中也不可能消除矛盾与冲突，社会能够做到的是协调矛盾与冲突；更为重要的是面对变化了的矛盾与冲突，社会能够创造新的协调机制和制度。维持社会秩序的最优方式是根据变化的社会重塑社会秩序。在中国社会基层，已经产生并还在不断产生大量的有关社会管理体制的创新，其创新是整个社会管理制度的基础和来源。

参考文献

中文文献

1. 边燕杰. 城市居民社会资本的来源及作用：网络观点与调查发现. 中国社会科学，2004（3）.

2. 边燕杰，刘勇利. 社会分层、住房产权与居住质量——对中国“五普”数据的分析. 社会学研究，2005（3）.

3. 边燕杰，罗根. 市场转型与权力的维续：中国城市分层体系之分析//边燕杰编. 市场转型与社会分层. 北京：三联书店，2002.

4. 边燕杰，吴晓刚，李路路编. 社会分层与流动——国外学者对中国研究的新进展. 北京：中国人民大学出版社，2008.

5. 边燕杰编. 市场转型与社会分层——美国社会学者分析中国. 北京：三联书店，2002.

6. 蔡禾，赵钊卿. 社会分层研究：职业声望与职业价值. 管理世界，1995（4）.

7. 蔡翥. 马克思阶级分析理论及其当代价值. 合肥：安徽大学博士学位论文，2010.

8. 陈顺强. 探析新时期凉山彝族社会分层现状及特征. 西南民族大学学报（人文社会科学版），2010（8）.

9. 陈艳丽. 论汤普森的阶级史观. 长春：东北师范大学硕士学位论文，2007.

10. 仇立平. 回到马克思：对中国社会分层研究的反思. 社会，2006（4）.

11. 仇立平. 阶级分层：对当代中国社会分层的另一种解读——基于学理层面思考的中国阶级分层. 上海大学学报，2007（2）.

12. 仇立平，顾辉. 社会结构与阶级的生产：结构紧张与分层研究的阶级转向. 社会，2007（2）.

13. 崔树义. 当代英国社会阶级结构研究. 济南：山东大学博士学位论文，2005.

14. 戴建中. 中国私营经济的社会状况与“市场过渡”. 战略与管理，1995（4）.

15. 邓晓臻. 社会分层论. 北京：中国人民大学博士学位论文，2006.

16. 董运生. 网络阶层：一个社会分层新视野的实证分析. 吉林大学社会科学学

报，2006（2）.

17. 杜德斌等. 论住宅需求、居住选址与居住分异. 经济地理，1996（1）.

18. 樊志宏，张卫东. 交易费用经济学：对于正式组织内部特征研究的最新进展. 企业导报，1999（10）.

19. 方晓玲，仓木拉. 西藏社会分层研究. 西藏研究，2009（5）.

20. 费孝通. 江村经济. 北京：商务印书馆，2007.

21. 冯仕政. 重返阶级分析？——论中国社会不平等研究的范式转换. 社会学研究，2008（5）.

22. 国家人口和计划生育委员会流动人口服务管理司编. 中国流动人口发展报告2011. 北京：中国人口出版社，2011.

23. 韩建伟. 伊斯兰革命后伊朗社会分层结构探析. 西北大学学报（哲学社会科学版），2010（4）.

24. 何建章. 当代社会阶级结构和社会分层问题. 北京：中国社会科学出版社，1990.

25. 何平立. 现实与神话：东亚中产阶级与政治转型. 上海大学学报，2006（3）.

26. 洪岩璧. 族群与教育不平等——我国西部少数民族教育获得的一项实证研究. 社会，2010（2）.

27. 怀默霆. 中国民众如何看待当前的社会不平等. 社会学研究，2009（1）.

28. 康晓光. 未来10年中国政治发展策略探讨. 战略与管理，2003（1）.

29. 赖静萍. 新加坡的威权政治及其历史走向. 南京师大学报（社会科学版），2007（3）.

30. 李斌，王凯. 中国社会分层研究的新视角——城市住房权利的转移. 探索与争鸣，2010（4）.

31. 李春玲. 当代中国社会的声望分层——职业声望与社会经济地位指数测量. 社会学研究，2005（2）.

32. 李春玲. 断裂与碎片：当代中国社会阶层分化实证研究. 社会科学文献出版社，2005.

33. 李春玲. 高等教育扩张与教育机会不平等. 社会学研究，2010（3）.

34. 李春玲. 寻求变革还是安于现状——中产阶级社会政治态度测量. 社会，2011（2）.

35. 李春玲. 中国当代中产阶层的构成与比例. 中国人口科学，2003（6）.

36. 李春玲，吕鹏. 社会分层理论. 北京：中国社会科学出版社，2008.

37. 李春玲编. 比较视野下的中产阶级形成过程、影响以及社会经济后果. 北京：社会科学文献出版社，2009.

38. 李汉林. 中国单位现象与城市社区的整合机制. 社会学研究，1993（5）.

39. 李路路. 当代中国社会分层的制度化结构. 教学与研究，1996（3）.

40. 李路路. 阶层化：居住空间、生活方式、社会交往与社会认同. 社会学研究，2005（3）.

41. 李路路. 社会分层结构：机制变革与阶层相互关系. 江苏社会科学，2004（1）.

42. 李路路. 社会分层结构的变革：从"决定性"到"交易性". 社会，2008（3）.

43. 李路路. 社会结构变迁中的私营企业主：论"体制资本"与私营企业的发展. 社会学研究，1996（2）.

44. 李路路. 再生产的延续——制度转型与城市社会分层结构. 北京：中国人民大学出版社，2002.

45. 李路路. 制度转型与分层结构的变迁——阶层相对关系模式的"双重再生产". 中国社会科学，2002（6）.

46. 李路路. 制度转型与阶层化机制的变迁——从"间接再生产"到"间接与直接再生产"并存. 社会学研究，2003（5）.

47. 李路路. 中国非均衡的结构转型//袁方等. 社会学家的眼光——中国社会结构转型. 北京：中国社会出版社，1998.

48. 李路路. 中间阶层的社会功能：新的问题取向和多维分析框架. 中国人民大学学报，2008（4）.

49. 李路路. 转型社会中的私营企业主：社会来源与企业发展. 北京：中国人民大学出版社，1998.

50. 李路路，孙志祥编. 透视不平等——国外社会阶层理论. 北京：社会科学文献出版社，2002.

51. 李路路，王奋宇. 现代化进程中的中国社会结构及其变革. 杭州：浙江人民出版社，1992.

52. 李路路，王宇. 当代中国中间阶层的社会存在：阶层认知与政治意识. 社会科学战线，2008（10）.

53. 李路路，陈建伟，秦广强. 当代社会学中的阶级分析：理论视角和分析范式. 社会，2012（5）.

54. 李路路，李汉林. 单位组织中的资源获得. 中国社会科学，1999（6）.

55. 李路路，李升. "殊途异类"：当代中国城镇中产阶级的类型化分析. 社会学研究，2007（6）.

56. 李路路，苗大雷，王修晓. 市场转型与"单位"变迁——再论"单位"研究. 社会，2009（4）.

57. 李路路，秦广强，陈建伟. 权威阶层体系的构建：基于工作状况与组织权威的分析. 社会学研究，2012（6）.

58. 李路路，王修晓，苗大雷. "新传统主义"及其后——"单位制"的视角与分析. 吉林大学社会科学学报，2009（6）.

59. 李路路，王宇. 当代中国中间阶层的社会存在：社会生活状况. 江苏社会科学，2009（1）.

60. 李淼，王岩. 城乡二元结构下的社会分层与教育公平的相互影响. 理论与改革，2010（4）.

61. 李培林. 现代性与中国经验. 社会，2008（3）.

62. 李培林. 研究中国当代社会冲突意识的七个发现. 理论参考，2006（5）.

63. 李培林. 中国社会结构转型对资源配置方式的影响. 中国社会科学，1995（1）.

64. 李培林，张翼. 中国中间阶层的规模、认同和社会态度. 社会，2008（2）.

65. 李培林，李强，孙立平等. 中国社会分层. 北京：社会科学文献出版社，2004.

66. 李培林，田丰. 中国劳动力市场人力资本对社会经济地位的影响. 社会，2010（1）.

67. 李培林等. 社会冲突与阶级意识. 北京：社会科学文献出版社，2005.

68. 李强. "丁字型"社会结构与"结构紧张". 社会学研究，2005（2）.

69. 李强. 当代中国社会分层：测量与分析. 北京：北京师范大学出版社，2010.

70. 李强. 当代中国社会分层与流动. 北京：中国经济出版社，1993.

71. 李强. 关于中产阶级和中间阶层. 中国人民大学学报，2001（2）.

72. 李强. 农民工与中国社会分层. 北京：社会科学文献出版社，2004.

73. 李强. 社会分层十讲. 北京：社会科学文献出版社，2008.

74. 李强. 市场转型与中国中间阶层的代际更替. 战略与管理，1999（3）.

75. 李强. 试分析国家政策影响社会分层结构的具体机制. 社会，2008（3）.

76. 李强. 试析社会分层的十种标准. 学海，2006（4）.

77. 李强. 现代化与中国社会分层结构之变迁//中国社会学年鉴：1992—1995. 北京：中国大百科全书出版社，1996.

78. 李强. 政治分层与经济分层. 社会学研究，1997（4）.

79. 李强. 中国社会分层结构的新变化//李培林等. 中国社会分层. 北京：社会科学文献出版社，2004.

80. 李强. 转型时期的中国社会分层结构. 哈尔滨：黑龙江人民出版社，2002.

81. 李强. 转型时期中国社会分层. 沈阳：辽宁教育出版社，2004.

82. 李强，李洋. 居住分异与社会距离. 北京社会科学，2010（1）.

83. 李强. 社会分层与社会空间领域的公平、公正. 中国人民大学学报，2012（1）.

84. 李炜. 中国与韩国社会阶级意识的比较研究. 社会学研究，2004（5）.

85. 李友梅. 社会结构中的“白领”及其社会功能——以20世纪90年代以来的上海为例. 社会学研究，2005（6）.

86. 李友梅，孙立平，沈原编. 当代中国社会分层：理论与实证. 北京：社会科学文献出版社，2006.

87. 李煜，陆新超. 择偶配对的同质性与变迁——自致性与先赋性的匹配. 青年研究，2008（6）.

88. 李煜，徐安琪. 择偶模式和性别偏好研究——西方理论和本土经验资料的解释. 青年研究，2004（10）.

89. 李志刚. 中国城市的居住分异. 国际城市规划，2008（4）.

90. 林南，沃尔特·M·恩赛尔，约翰·C·沃恩. 社会资源和关系的力量：职业地位获得中的结构性因素. 国外社会学，1999（4）.

91. 林宗弘，吴晓刚. 中国的制度变迁阶级结构转型和收入不平等：1978— 2005. 社会，2010（6）.

92. 刘骥. 阶级分化与代际分裂——欧洲福利国家养老金政治的比较分析. 北京：北京大学出版社，2008.

93. 刘精明. 高等教育扩展与入学机会差异 1978—2003. 社会，2006（3）.

94. 刘精明，李路路. 阶层化：居住空间、生活方式、社会交往与阶层认同. 社会学研究，2005（3）.

95. 刘科. 群体性事件敲响警钟 民主化解过激情绪. 共产党员，2009（6）.

96. 刘欣. 当前中国社会阶层分化的制度基础. 社会学研究，2005（5）.

97. 刘欣. 市场转型与社会分层：理论争辩的焦点和有待研究的问题. 中国社会科学，2003（5）.

98. 刘欣. 中国城市的阶层结构与中产阶层的定位. 社会学研究，2007（6）.

99. 刘欣. 转型期中国大陆城市居民的阶层意识. 社会学研究，2001（3）.

100. 刘祖云. 生活资源与社会分层——一项对中国中部城市的社会分层研究. 江苏社会科学，2005（1）.

101. 刘祖云，戴洁. 再论社会分层的依据. 中南民族大学学报（人文社会科学版），2006（6）.

102. 刘祖云，胡蓉. 城市住房的阶层分化：基于 CGSS 2006 调查数据的分析. 社会，2010（5）.

103. 陆学艺编. 当代中国社会阶层研究报告. 北京：社会科学文献出版社，2002.

104. 陆学艺编. 当代中国社会流动. 北京：社会科学文献出版社，2004.

105. 陆益龙. 户籍制度：控制与社会差别. 北京：商务印书馆，2003.

106. 路风. 单位：一种特殊的社会组织形式. 中国社会科学，1989（1）.

107. 马戎. 2007 年西方社会学重要刊物发表论文综述. 社会，2009（2）.

108. 马戎，梁茂春，马雪峰，祖力亚提，阳妙艳，赵蕊. 2008 年国外社会学研究的前沿选题及其进展综述. 社会，2010（4）.

109. 毛泽东. 关于正确处理人民内部矛盾的问题. 北京：人民出版社，1976.

110. 倪志伟. 一个市场社会的崛起//边燕杰编. 市场转型与社会分层. 北京：三联书店，2002.

111. 潘毅，陈敬慈. 阶级话语的消逝. 开放时代，2008（5）.

112. 秦广强. 新韦伯主义阶级框架：起源与演变、操作与理论. 国外社会科学，

2011（6）.

113. 秦广强，李路路. 组织权威分化与雇员群体的阶级定位——论权威阶级体系的中间机制问题. 社会科学战线，2013（11）.

114. 秦广强，李路路. 从“经济决定”到“权威支配”：阶级研究的理论转向及内在逻辑. 中国人民大学学报，2013（6）.

115. 邱梦华. 中国城市居住分异研究. 城市问题，2007（3）.

116. 人民日报，红旗杂志和解放军报编辑部社论. 沿着十月社会主义革命开辟的道路前进——纪念伟大的十月社会主义革命50周年. 人民日报，1967-11-06.

117. 汝信等编. 2005年：中国社会形势分析与预测. 北京：社会科学文献出版社，2005.

118. 邵书龙. 国家、教育分层与农民工子女社会流动：contain机制下的阶层再生产. 青年研究，2010（3）.

119. 邵书龙. 社会分层与农民工子女教育：“两为主”政策博弈的教育社会学分析. 教育发展研究，2010（11）.

120. 沈原. 社会转型与工人阶级的再形成. 社会学研究，2006（2）.

121. 沈原. 市场、阶级与社会——转型社会学的关键议题. 北京：社会科学文献出版社，2007.

122. 宋时歌. 权力转换的延迟效应：对社会主义国家向市场转变过程中的精英再生产与循环的一种解释. 社会学研究，1998（3）.

123. 苏阳，冯仕政，韩春平编. 中国社会转型中的阶级. 北京：社会科学文献出版社，2010.

124. 孙立平. 警惕上层寡头化、下层民粹化. 中国与世界观察，2006（3）.

125. 孙立平. 利益关系形成与社会结构变迁. 社会，2008（3）.

126. 孙立平. 实践社会学与市场转型过程分析. 中国社会科学，2002（5）.

127. 孙立平. 我们在开始面对一个断裂的社会?. 战略与管理，2002（2）.

128. 孙立平. 中国社会结构的变迁及其分析模式的转换. 南京社会科学，2009（5）.

129. 孙立平，王汉生，王思斌，林彬，杨善华. 改革以来中国社会结构的变迁. 中国社会科学，1994（2）.

130. 孙远太. 消费社会的分层逻辑：一种研究取向. 北方论丛，2009（4）.

131. 涂肇庆，林益民编. 改革开放与中国社会——西方社会学文献书评. 香港：牛津大学出版社，1999.

132. 王朝明，曾传亮. 转型期我国居民收入差距与利益协调——基于社会分层的视角. 社会科学研究，2007（1）.

133. 王建平. 中产阶级研究：理论视角及其局限. 天府新论，2004（3）.

134. 王来法，黄俊尧，金基福. 市民社会兴起下的韩国政治变迁. 国际论坛，2004（1）.

135. 王天夫，赖扬恩，李博柏. 城市性别收入差异及其演变：1995—2003. 社会学研究，2008（2）.

136. 王天夫，李博柏. 平等主义国家理想与区隔主义官僚体系：一个社会分层结构的新模型. 社会，2008（5）.

137. 魏昂德. 职业流动与政治秩序//边燕杰编. 市场转型与社会分层. 北京：三联书店，2002.

138. 吴波现. 现阶段中国社会阶级阶层分析. 北京：中国社会科学院研究生院博士学位论文，2000.

139. 吴启焰. 城市社会空间分异的研究领域及其进展. 城市规划汇刊，1999（3）.

140. 吴清军. 从学理层面重新审视阶级的概念与理论. 社会，2008（4）.

141. 吴晓刚. 1990—2000 年中国的经济转型：学校扩招和教育不平等. 社会，2009（5）.

142. 吴愈晓，吴晓刚. 城镇的职业性别隔离与收入分层. 社会学研究，2009（4）.

143. 吴忠民. 从阶级分析到当代社会分层研究. 学术界，2004（1）.

144. 吴忠民，林聚任. 城市居民的社会流动——来自山东省五城市的调查. 中国社会科学，1998（2）.

145. 萧新煌. 变迁中台湾社会的中产阶级. 台北：巨流图书公司，1989.

146. 谢宇. 认识中国的不平等. 社会，2010（3）.

147. 徐安琪. 择偶标准：五十年变迁及其原因分析. 社会学研究，2000（6）.

148. 徐掬芬，张京祥. 中国城市居住分异的制度成因及其调控——基于住房供给的视角. 城市问题，2007（4）.

149. 许嘉猷. 社会阶层化与社会流动. 台北：三民书局，1992.

150. 许欣欣. 当代中国社会结构变迁与流动. 北京：社会科学文献出版社，2000.

151. 叶南客. 南京市民对职业声望的评价. 社会，1997（1）.

152. 袁方. 社会研究方法教程. 北京：北京大学出版社，2004.

153. 张乐，张翼. 从结论看方法：社会学研究的现实性维度思考关于美国社会学者对中国社会分层研究的讨论. 社会，2008（1）.

154. 张乐天. 国家话语的接受与消解——公社视野中的“阶级”与“阶级斗争”. 社会学研究，2001（6）.

155. 张宛丽. 对现阶段中国社会中间阶层的初步研究. 江苏社会科学，2002（4）.

156. 张宛丽. 非制度因素与地位获得——兼论现阶段中国社会分层结构. 社会学研究，1996（1）.

157. 张宛丽. 近期我国社会阶级、阶层研究综述. 中国社会科学，1990（5）.

158. 张宛丽，李炜，高鸽. 现阶段中国社会新中间阶层构成特征研究. 北京工业大学学报（社会科学版），2007（2）.

159. 张宛丽，李炜，高鸽. 现阶段中国社会新中产阶层的构成特征. 江苏社会科学，2004（6）.

160. 张翼. 中国阶层内婚制的延续. 中国人口科学，2003（4）.

161. 折晓叶，陈婴婴. 中国农村“职业—身份”声望研究. 中国社会科学，1995（6）.

162. 郑杭生，李路路等. 当代中国城市社会结构：现状与趋势. 北京：中国人民大学出版社，2004.

163. 郑杭生编. 当代中国农村社会转型的实证研究. 北京：中国人民大学出版社，1996.

164. 郑杭生等. 当代中国社会和社会关系研究. 北京：首都师范大学出版社，1997.

165. 郑杭生. 根本观点与具体论断：从前沿思潮看马克思主义. 中国党政干部论坛，2002（4）.

166. 郑路. 改革的阶段性效应与跨体制职业流动. 社会学研究，1999（6）.

167. 中共中央编译局国际共运研究室编. 德国社会民主党关于伯恩斯坦问题的争

论．北京：三联书店，1981.

168. 中国人民大学中国调查与数据中心，中国综合社会调查（CGSS）项目．中国综合社会调查报告（2003—2008）．北京：中国社会出版社，2009.

169. 中国社会科学院“当代中国人民内部矛盾研究”课题组．城市人口的阶层认同现状及影响因素．中国人口科学，2004（5）．

170. 钟云华，沈红．社会分层对高等教育公平影响的实证研究．复旦教育论坛，2009（5）．

171. 周晓虹．全球中产阶级报告．北京：社会科学文献出版社，2005.

172. 周晓虹．再论中产阶级：理论、历史与类型学．社会，2005（5）．

173. 周晓虹．中产阶级：何以可能与何以可为?．江苏社会科学，2002（6）．

174. 周晓虹编．中国中产阶层调查．北京：社会科学文献出社，2005.

175. 周雪光，侯立仁．“文革”的孩子们——当代中国的国家与生命历程//中国社会科学院社会学研究所编．中国社会学．第1卷．上海：上海人民出版社，2002.

176. 周怡．文化社会学的转向：分层世界的另一种语境．社会学研究，2003（4）．

177. 朱旭峰．政策决策转型与精英优势．社会学研究，2008（2）．

178. [德] 卡尔·曼海姆．意识形态和乌托邦．北京：华夏出版社，2001.

179. [德] 马克思．资本论．中文1版．第1卷．北京：人民出版社，2004.

180. [德] 托马斯·海贝勒，诺拉·绍斯米卡特．西方公民社会观适合中国吗?．南开学报（哲学社会科学版），2005（2）．

181. [德] 韦伯．经济与社会．北京：商务印书馆，1997.

182. [俄] 列宁．列宁全集．中文2版．第37卷．北京：人民出版社，1986.

183. [俄] 列宁．列宁选集．3版．北京：人民出版社，1995.

184. [法] 阿隆．阶级斗争——工业社会新讲．南京：译林出版社，2003.

185. [法] 布迪厄．实践与反思——反思社会学导引．北京：中央编译出版社，1988.

186. [法] 皮埃尔·布迪厄．实践与反思．北京：中央编译出版社，1998.

187. [法] 皮埃尔·布迪厄．艺术的法则．北京：中央编译出版社，2001.

188. [加] 伊莎白·柯鲁克，大卫·柯鲁克．十里店：中国一个村庄的群众运动．上海：上海人民出版社，2007.

189. [美] 艾尔·巴比. 社会研究方法 . 10 版. 北京：华夏出版社，2005.

190. [美] 艾尔文·古尔德纳. 知识分子的未来和新阶级的兴起. 南京：江苏人民出版社，2002.

191. [美] 保罗·福塞尔. 格调：社会等级与生活品位. 北京：中国社会科学出版社，1998.

192. [美] 保罗·萨缪尔森，威廉·诺德豪斯 . 经济学 . 18 版. 北京：人民邮电出版社，2008.

193. [美] 波普尔. 历史决定论的贫困. 上海：上海人民出版社，2009.

194. [美] 布劳. 社会生活中的交换与权力. 北京：华夏出版社，1998.

195. [美] 布劳. 不平等和异质性. 北京：中国社会科学出版社，1991.

196. [美] 丹尼尔·鲍威斯，谢宇. 分类数据分析的统计方法. 北京：社会科学文献出版社，2009.

197. [美] 丹尼尔·贝尔. 后工业社会的来临——对社会预测的一项探索. 北京：新华出版社，1997.

198. [美] 格伦斯基编. 社会分层. 北京：华夏出版社，2005.

199. [美] 格申克龙. 经济落后的历史透视. 北京：商务印书馆，2009.

200. [美] 赫斯特洛姆. 解析社会：分析社会学原理. 南京：南京大学出版社，2010.

201. [美] 赖特·米尔斯. 白领——美国的中产阶级. 杭州：浙江人民出版社，1987.

202. [美] 赖特. 后工业社会中的阶级. 沈阳：辽宁教育出版社，2004.

203. [美] 赖特. 阶级. 北京：高等教育出版社，2006.

204. [美] 赖特. 阶级分析方法. 上海：复旦大学出版社，2011.

205. [美] 李普塞特. 一致与冲突. 上海：上海人民出版社，1995.

206. [美] 伦斯基. 权力与特权：社会分层的理论. 杭州：浙江人民出版社，1988.

207. [美] 塞缪尔·P·亨廷顿. 第三波——20 世纪后期民主化浪潮. 上海：三联书店，1998.

208. [美] 塞缪尔·P·亨廷顿. 变化社会中的政治秩序. 上海：上海译文出版社，1989.

209. [美] 舒尔茨. 改造传统农业. 北京：商务印书馆，2006.

210. [英] 汤普森. 英国工人阶级的形成 . 南京：译林出版社，2000.

211. [美] 托马斯·库恩. 科学革命的结构. 北京：北京大学出版社，2003.

212. [美] 威廉姆森. 资本主义经济制度. 北京：商务印书馆，2010.

213. [澳] 沃特斯. 现代社会学理论. 北京：华夏出版社，2000.

214. [美] 约翰·斯梅尔. 中产阶级文化的起源. 上海：上海人民出版社，2006.

215. [美] 约瑟夫·熊彼特. 资本主义、社会主义与民主. 北京：商务印书馆，1999.

216. [美] 詹姆斯·布坎南. 经济自由与联邦主义//刘军宁，王焱，贺卫方编. 经济民主与经济自由. 上海：三联书店，1997.

217. [匈] 卢卡奇. 历史与阶级意识. 北京：商务印书馆，2004.

218. [英] 波普尔. 历史决定论的贫困. 上海：上海人民出版社，2009.

219. [英] 布鲁斯. 社会学的意识. 南京：译林出版社，2010.

220. [英] 戴维·李，特纳. 关于阶级的冲突——晚期工业主义不平等之辩论. 重庆：重庆出版社，2005.

221. [英] 斐欧娜·戴维恩. 美国和英国的社会阶级. 重庆：重庆出版社，2010.

222. [英] 戈兰·瑟伯恩. 从马克思主义到后马克思主义？. 北京：社会科学文献出版社，2011.

223. [英] 克朗普顿. 阶级与分层. 上海：复旦大学出版社，2011.

224. [英] 拉卡托斯. 科学研究纲领方法论. 上海：上海译文出版社，1986.

225. [英] 理查德·斯凯思. 阶级. 长春：吉林人民出版社，2005.

226. [英] 特里·伊格尔顿. 马克思为什么是对的. 北京：新星出版社，2011.

外文文献

1. Aron, R. La Lutte des classes. Paris: Gallimard, 1964.

2. Baron, J. N. & Bielby, W. T. Bringing the firms back in: Stratification, segmentation, and the organization of work. American Sociological Review, 1980, 45: 737-765.

3. Blau, P. M. & Duncan, O. D. The American Occupational Structure. New York: Free Press, 1967.

4. Bourdieu, P. Distinction: A Social Critique of the Judgement of Taste. London: Routledge & Kegan Paul Ltd, 1984.

5. Bourdieu, P. What Makes a Social Class? On the Theoretical and Practical Existence of Groups. Berkeley Journal of Sociology, 1987 (2) .

6. Braverman, H. Labor and Monopoly Capital: The Degradation of Work in the 20th Century. New York: Monthly Review Press, 1974.

7. Breen, R. & Rottman, D. Class Analysis and Class Theory. Sociology, 1995, 29: 453-73.

8. Breen, R. & Rottma, D. Class Stratification. Hemel Hempstead: Harvester Wheatsheaf, 1995.

9. Chan, T. W. &. Goldthorpe, J. H. Class and Status: The Conceptual Distinction and its Empirical Relevance. American Sociological Review , 2007, 72.

10. Clark, T. N. & Lipset, S. M. Are Social Classes Dying? International Sociology, 1991 (4): 397-410.

11. Dahrendorf, R. Class and Class Conflict in Industrial Society. Stanford: Stanford University Press, 1959.

12. Dahrendorf. R. Life Chances: Approaches to Social and Political Theroy. Chicago: University of Chicago Press, 1979.

13. Devine, F. Class Analysis and the Stability of Class Relations. Sociology, 1998, 32 (1) .

14. Doeringer, P. B. & Piore, M. Internal Labor Markets and Manpower Analysis. Lexington, Mass: D. C. Heath, 1971.

15. Edlund, J. The Influence of the Class Situations of Husbands and Wives on Class Identity, Party Preference and Attitudes towards Redistribution: Sweden, Germany and the United States. Acta Sociologic, 2003, 46 (3): 195-214.

16. Erikson, R. , Goldthorpe, J. H. , Portocarero, L. Intergenerational Class Mobility in Three Western European Societies: England, France, and Sweden. The British Journal of Sociology, 1979, 30: 415 - 441.

17. Erikson, R. & Goldthorpe, J. H. The Constant Flux. A Study of Class Mobility in Industrial Societies. Oxford: Clarendon Press, 1992.

18. Evans, G. Testing the validity of the Goldthorpe class schema. European Sociological Review, 1992 (3): 211-232.

19. Evans, G., Mills. C. Identifying Class Structure: A Latent Class Analysis of the Criterion-Related and Construct Validity of the Goldthorpe Class Schema. European Sociological Review, 1998 (1): 87-106.

20. Featherman, J. & Hauser. Assumptions of social mobilty research in the U. S.: the case of occupational status. Social Science Research, 1975 (4): 329-360.

21. Felson, M. & Knoke, D. Social status and the married woman. Journal of Marriage and the Family, 1974, 36 (3): 516-521.

22. Gamsey, E. Women's work and theories of class stratification. Sociology, 1978. 12 (2): 223-243.

23. Ganzeboom, H. B., Graaf, P. M. De & Treiman, D. J. A Standard International Socio-economic Index of Occupational Status. Social Science Research, 1992 (1): 1-56.

24. Ganzeboom, H. B., Luijkx, R. & Treiman, D. J. Intergenerational Class Mobility in Comparative Perspective. Research in Social Stratification and Mobility, 1989, 8: 3-79.

25. Gerth, H. & Mills, C. W. From Max Weber, London: Routledge, 1948.

26. Giddens, A. The Class Structure of the Advanced Societies, London: Hutchinson, 1973.

27. Goldthorpe, J. H. On Sociology Volume One: Critique and Program. Stanford, California: Stanford University Press, 2007.

28. Goldthorpe, J. H. On Sociology Volume Two: Illustration and Retrospect. Stanford, California: Stanford University Press, 2007.

29. Goldthorpe, J. H. Social Mobility and Class Formation: On the Renewal of A Tradition in Sociological Inquiry. Casmin Working Paper, Mannheim/Amsterdam, 1983.

30. Goldthorpe, J. H. Occupational Sociology, Yes, Class Analysis, No: A Comment on Grusky andWeeden' s Research Agenda. Acta Sociologica, 2002, 3: 211 - 217.

31. Goldthorpe, J. H. and Marshall, G. The Promising Future of Class Analysis: a Response to Recent Critiques. Sociology, 1992, 3: 381-400.

32. Goldthorpe, J. H., Llewellyn C., Payne, C. Social mobility and class structure in modern Britain. Oxford: Clarendon Press, 1987.

33. Goldthorpe, J. H. Class Analysis and the Reorientation of Class Theory: The

Case of Persisting Differentials in Educational Attainment. The British Journal of Sociology, 1996. 3: 481 - 505.

34. Goldthorpe, J. H. Rent, Class Conflict, and Class Structure: A Commentary on Sørensen. American Journal of Sociology, 2000 (6): 1572 - 1582.

35. Goldthorpe, J. H. On the Service Class, Its Formation and Future. In Giddens, A. and MacKenzie, G. (Eds), Social Class and the Division of Labour: Essays in Honour of Ilya Neustadt. Cambridge: Cambridge University Press, 1982.

36. Goldthorpe, J. H. Social Stratification in Industrial Society, in Paul Halmos, ed., The Sociological Review Monograph No. 8: The Development of Industrial Societies. Keele: University of Keele, 1964.

37. Goldthorpe, J. H. & Llewellyn, C. Class Mobility in Modern Britain: Three Theses Examined. Sociology, 1977, 2: 257 - 287.

38. Goldthorpe, J. H. & McKnight, A. The Economic Basis of Social Class. In Morgan, S. L., Grusky, D. B. & Fields, G. S. (Eds), Mobility and Inequality. Stanford University Press, 2006.

39. Goldthorpe, J. H. & Lockwood, D. The Affluent Worker in the Class Structure. Cambridge: Oxford University Press, 1969.

40. Grusky, D. B. & Sorensen, J. B. Can Class Analysis Be Salvaged? American Journal of Sociology, 1998, 103: 1 187 - 1 234.

41. Grusky, D. B. & Weeden, K. A. Class Analysis and the Heavy Weight of Convention. Acta Sociologica, 2002, 45 (3): 229 - 36.

42. Grusky, D. B. & Weeden, K. A. Decomposition without Death: A Research Agenda for the New Class Analysis. Acta Sociologica, 2001. 44 (3): 203 - 18.

43. Grusky, D. B., Weeden, K. A., Sorensen, J. B. The Case for Realism in Class Analysis. Political Power and Social Theory, 2000, 14: 291 - 305.

44. Halaby, C. N. & Weakliem, D. L. Ownership and Authority in the Earnings Function: Nonnested Tests of Alternative Specifications. American Sociological Review, 1993, 58: 16 - 30.

45. Hollingshead, A. Two Factor Index of Social Position. New Haven: Connecticut (mimeo), 1957.

46. Hollingshead，A. & Frederick. R. Social Class and Mental Illness. New York：Wiley，1958.

47. Holton，R. & Turner，B. Debate and Pseudo-Debate in Class Analysis：Some Unpromising Aspects of Goldthorpe and Marshall's Defence. Sociology，1994，3：799 - 804.

48. IvanSzelenyi. Social Inequalities in State Socialist Redistributive Economies. International Journal of Comparative Sociology，1978，19（1）.

49. Jackman，M. R. & Jackman，W. An Interpretation of the Relation Between Objective and Subjective Social Status. American Sociological Review，1973，38：569 - 82.

50. Janet L. B. & William B. L. Job Values，Rewards，and Work Conditions as Factors in Job Satisfaction among Men and Women. The Sociological Quarterly，1987，2：189 - 204.

51. Kalleberg，A. L. & Sørensen，A. B. The Sociology of Labor Markets. American Sociology Review，1979，5：351 - 379.

52. Kalleberg，A. L. Work Values and Job Rewards：A Theory of Job Satisfaction. American Sociology Review，1977（1）：124 - 43.

53. Kirby. M. An Interview with Erik Olin Wright. Social Science Teacher，2001.

54. Lee，D. J. Class as a Social Fact. Sociology，1994. 2：397 - 415.

55. Lett，D. P. In Pursuit of Status：the Making of South Korea' s "New" Urban Middle Class. Harvard University Asia Center and Harvard University Press，1998.

56. Lin，Nan，K. C. & Burt，R. Social Capital：Theory and Research. Aldine De Gruyter，2001.

57. Lippit，V. & Selden，M. The Transition to Socialism in China. Armonk，New York：M. E. Sharpe，1982.

58. Lipset，S. M. Whatever Happened to the Proletariat? Encounter，1981，56：18 - 34.

59. Lockwood，D. & Goldthorpe，J. H. Affluence and the British Class Structure. Sociological Review. 1963，11（2）：133 - 63.

60. Lockwood，D，Goldthorpe，J. H，Bechhofer，F and Platt，J. The Affluent Worker and the thesis of embourgeoisement. Sociology，1967，8（3）：11 - 31.

61. Lockwood，D. The black coated worker. London：Allenand Unwin，1958.

62. Lockwood，D. Solidarity and Schism，Oxford：Clarendon Press，1992.

63. Logan，J. R. & Moloch，D. Urban Fortunes：Political Economy of Place. Berkeley：University of California Press，1987.

64. Lucas，S. R. Effectively Maintained Inequality：Education Transitions，Track Mobility，and Social Background Effects. The American Journal of Sociology，2001，6：1642－1690.

65. Marshall，G. In Defence of Class Analysis：A Comment on R. E. Paul. International Journal of Urban and Regional Research，1991，1：114－118.

66. Marshall，G. John Goldthorpe and class analysis. ed. Clark，J. Phil，D. John Goldthorpe：Consensus and Controversy. The Falmer Press，1990.

67. Michelson，E. Climbing the Dispute Pagoda：Grievances and Appeals to the Official Justice System in Rural China. American Sociological Review，2007，72.

68. Moser，C. A& Hall，J. R. The Social Grading of Occupations，in Glass，D. V (ed)，Social Mobility in Britain. London：Routledge and Kegan Paul，1954.

69. Nee，V. Social Inequalities in Reforming State Socialism：between Review and Markets in China. American Sociological Review，1991，56：267－282.

70. O' Brien，K. & LiLianjia. Rightful Resistance in Rural China. Cambridge University Press，2006.

71. Ossowski. Images and Concepts of Class // Giddens，A. The Class Structure of the AdvancedSocieties，1973.

72. Pahl，R. E. Does class analysis without class theory have a promising future?：a reply to Goldthorpe and Marshall. Sociology，1993，27：253－8.

73. Pahl，R. E. Is the Emperor Naked? Some Questions on the Adequacy of Sociological Theory in Urban and Regional Research. International Journal of Urban and Regional Research. 1989，4：711－720.

74. Pakulski，Jan.，Waters，Malcolm. The Reshaping and Dissolution of Social Class in Advanced Societ. Theory and Society，1996，25 (5).

75. Pakulski，J. & Waters，M. The Death of Calss. London：Sage，1996.

76. Parkin，F. Class Inequality and Political Order. New York：Praeger，1971.

77. Parkin，F. Class Stratification in Socialist Societies. The British Journal of Sociology. 1969，20：355－374.

78. Parkin，F. Strategies of Social Closure in Class Formation//The Social Analysis of Class Structure. London：Tavistock Publication，1974.

79. Parkin，F. Marxism and Class Theory：A Bourgeois Critique. New York：Columbia University Press，1979.

80. Piore，M. J. On-the-job training in the dual labor market. In A. R. Weber，F. Cassell，W. L. Ginsberg，Public-Private Man-power Policies. Madison，Wisconsin University Press，1969.

81. Portes，A. The Resilient Importance of Class：A Nominalist Interpretation. Political Power and Social Theory . 2000，14：249 - 84.

82. Poulantzas，N. Classes in Contemporary Capitalism. London：Verso，1974.

83. Raftery. A. E. & Hout. M. Maximally Maintained Inequality：Expansion，Reform and Opportunityin Irish Education 1921 - 1975. Sociology of Education，1993，66 (1)：41 - 62.

84. Renner，K. The service class. In Bottomore，Tom and Patrick Goode (eds.) Austro-Marxism. Oxford：Clarendon Press，1978.

85. Robinson，R. V. & Jonathan，K. Class as Conceived by Marx and Dahrendorf：Effects on Income Inequality and Politics in the United States and Britain. American Sociological Review，1979，44：38 - 57.

86. Rose，D. & O' Reilly. Constructing Classes. Towards a New Social Classification for the UK. Swindon：ONS / ESRC，1997.

87. Rose，D. & Harrison，E. Social Class in Europe：An Introduction to the European Socio-economic Classification. London：Routledge，2007.

88. Rose，D. & Pevalin，D. J. A Researcher's Guide to the National Statistics Socio-economic Classification. London：Sage，2003.

89. Scott，J. Class analysis：Back to The Future. Sociology，1994，4：933 - 942.

90. Simpson，H.，Stark，D. and Jackson，R. A. Class Identification Process of Married，Working Men and Women. American Sociological Review. 1988. 53 (2)：284 - 293.

91. Smith，A. R. Race，Income，and Authority at Work：A Cross-Temporal Analysis of Black and WhiteMen (1972 - 1994) . Social Problems，1997，1：19 - 37.

92. Sobel, M. E., Graaf, N. D., Heath, A. and Ying Zou. Men Matter More: the Social Class Identity of Married British Women, 1985-1991. Journal of the Royal Statistical Society, 2004, 167 (1): 37-52.

93. Sørensen, A. B. On the Usefulness of Class Analysis in Research on Social Mobility and Socioeconomic Inequality. Acta Sociologica, 1991, 2: 71-87.

94. Sørensen, A. B. Toward a Sounder Basis for Class Analysis. American Journal of Sociology, 2000, 6: 1523-1558.

95. Sørensen, A. B. The Structural Basis of Social Inequality. American Journal of Sociology, 1996, 5: 1333 - 1365.

96. Szelenyi, I. Urban Inequalities Under State Socialism. New York: Oxford University Press, 1983.

97. Tahlin, M. Class Clues. European Sociological Review, 2007, 5: 557-572.

98. Treiman, D. J. Occupational Prestige in Comparative Perspective. New York: Academic Press, 1977.

99. Velsor, V. E & Leonard, B. The Process of Class Identification among Employed Married Women: A Replication and Reanalysis. Journal of Marriage and Family, 1979, 41 (4): 771-778.

100. Vermunt. J. K. LEM: A general program for the analysis of categorical data (Study Manual), 1997.

101. Weakliem, D. Class Consciousness and Political Change: Voting and Political Attitudes in the British Working Class, 1964 to 1970. American Sociological Review, 1993, 58.

102. Weber, M. The Theory of Social and Economic Organization. London: Oxford University Press, 1947.

103. Weeden, K. A. Why Do Some Occupations Pay More than Others? Social Closure and Earnings Inequality in the United States. American Journal of Sociology, 2002, 1: 55 - 101.

104. Weeden, K. A. & Grusky, D. B. The Case for a New Class Map. American Journal of Sociology, 2005, 1: 141-212.

105. Weeden, K. A. & Grusky, D. B. Are There Any Social Classes at All? The

Shape of Social Inequality：Stratification and Ethnicity in Comparative Perspective，edited by David Bills. Volume 22，Research in Social Stratification and Mobility. Amsterdam：Elsevier，2005.

106. Weininger，E. B. Foundations of Pierre Bourdieu's Class Analysis//Approaches to Class Analysis，edited by Wright，E. O. Cambrige：Cambridge University Press，1997.

107. Whyte，M. K. & William P. Urban Life in Contemporary China. Chicago：University of Chicago Press，1984.

108. Sewell，W. H. A Theory of Structure：Duality，Agency，and Transformation. The American Journal of Sociology，1992，98：1－29.

109. Williamson，O. E. The Economics of Organization：The Transaction Cost Approach. American Journal of Sociology，1981，3：548 － 577.

110. Wright，E. O. Class Structure and Income Determination. New York：Academic Press，1979.

111. Wright，E. O. & Luca P. Marxist Class Categories and Income Inequality. American Sociological Review，1977，4 (1) .

112. Wright，E. O. A General Framework for the Analysis of Class Structure//Uwe Becker，Johnanna Brenner，etc. The Dabate on Classes. London：Verson，1989.

113. Wright，E. O. The Biography of a Concept：Contradictory Class Locations// Holmwood，J. eds. Social Stratification. volume Ⅲ. London：Edward Elgar Publishing Limited，1985.

114. Wright，E. O. The Continuing Relevance of Class Analysis. Theory and Society，1996，25：697－716.

115. Wright，E. O. The Shadow of Exploitation in Weber' s Class Analysis. American Sociological Review，2002，6：832 － 853.

116. Wright，E. O. Class and Occupation. Theory and Society，1980，1：177－214.

117. Wright，E. O. The Continuing Relevance of Class Analysis. Theory and Society，1996，25：697－716.

118. Wright，E. O. Class，Exploitation，and Economic Rents：Reflections on Sorenson's "Sounder Basis". American Journal of Sociology，2000，6：1 559－1 571.

119. Wright, E. O. The Shadow of Exploitation in Weber's Class Analysis . American Sociological Review, 2002, 6: 832 - 853.

120. Wright, E. O. Approaches to Class Analysis. Cambridge: Cambridge University Press, 2005.

121. Wright, E. O. Understanding Class: Towards an Integrated Analytical Approach. New Left Review, 2009, 60: 101 - 116.

122. Xiaogang Wu & Donald J. Treiman. The Household Registration System and Social Stratification in China: 1955—1996. Demography, 2004, 5.

123. ZhouXueguang, Economic Transformation and Income Inequality in Urban China: Evidence from Panel Data. The American Journal of Sociology, 2000, 105 (4): 1 135 - 1 174.

124. 石井晃弘，等.みせかけの中流階級——都市サラリーマンの幸福幻想．日本：有斐閣，1982.

图书在版编目（CIP）数据

当代中国的阶层结构分析/李路路等著．—北京：中国人民大学出版社，2016.9
ISBN 978-7-300-22078-9

Ⅰ.①当… Ⅱ.①李… Ⅲ.①阶层-社会结构-研究-中国 Ⅳ.①D663

中国版本图书馆 CIP 数据核字（2015）第 253867 号

"十二五"国家重点图书出版规划项目
社会学文库　主编 郑杭生
当代中国的阶层结构分析
李路路 秦广强 等 著
Dangdai Zhongguo de Jieceng Jiegou Fenxi

出版发行	中国人民大学出版社		
社　　址	北京中关村大街 31 号	**邮政编码**	100080
电　　话	010－62511242（总编室）		010－62511770（质管部）
	010－82501766（邮购部）		010－62514148（门市部）
	010－62511173（发行公司）		010－62515275（盗版举报）
网　　址	http://www.crup.com.cn		
经　　销	新华书店		
印　　刷	天津中印联印务有限公司		
开　　本	720 mm×1000 mm　1/16	**版　　次**	2016 年 9 月第 1 版
印　　张	19.5 插页 2	**印　　次**	2025 年 9 月第 5 次印刷
字　　数	276 000	**定　　价**	68.00 元